Rudolf Eberstadt

Die Spekulation im neuzeitlichen Städtebau

Historisches Wirtschaftsarchiv

Rudolf Eberstadt

Die Spekulation im neuzeitlichen Städtebau

1. Auflage | ISBN: 978-3-86383-287-2

Erscheinungsort: Paderborn, Deutschland

Erscheinungsjahr: 2015

Historisches Wirtschaftsarchiv ist ein Imprint der Salzwasser Verlag GmbH, Paderborn.

Nachdruck des Originals von 1907.

Die Spekulation im neuzeitlichen Städtebau.

Eine Untersuchung der Grundlagen des städtischen Wohnungswesens. Zugleich eine Abwehr der gegen die systematische Wohnungsreform gerichteten Angriffe

von

Dr. Rud. Eberstadt,

Privatdozent an der Königlichen Friedrich-Wilhelms-Universität in Berlin.

Inhaltsverzeichnis.

Seite

Fünfter Abschnitt: Zur Entwickelung des neueren Städtebaus.

Einleitung.

Das Spekulationsproblem.

Die Periode städtischen Aufschwungs in Deutschland, die mit den sechsziger Jahren des vergangenen Jahrhunderts begann und ihre Intensität unausgesetzt steigerte, hat unseren Städtebau vor gewaltige Aufgaben gestellt. Die Städte bilden in der Hauptsache den Schauplatz, auf dem sich die mächtig aufsteigende wirtschaftliche Entwickelung der Gegenwart vollzieht. Wie dies zu allen Zeiten bei gesteigertem und schnellem Wachstum der Städte der Fall war, so hat auch die gegenwärtige Periode der städtischen Ausbreitung ein ihr eigentümliches System des Städtebaus und der ihm anhaftenden Institutionen ausgebildet.

Unter den Erscheinungen, durch die der gegenwärtige Abschnitt des Städtebaus in Deutschland gekennzeichnet wird, ragt eine besonders scharf hervor; es ist die Entwickelung und die schließlich vollständige Herrschaft der Spekulation auf allen Gebieten des Wohnungswesens. Von der Bereitstellung und Aufteilung des Baulandes bis zum Besitz der fertigen Wohnung ist die Gestaltung des Städtebaus und der Verkehr in Bodenwerten der Spekulation übertragen. Die Bodenparzellierung ist Sache der Spekulation. Die Bauweise, die Hausform und die Wohnungsproduktion werden durch die Spekulation bestimmt. In ihrer Hand stehen Grundeigentum und Hausbesitz; sie verfügt über den Realkredit und das Grundbuchwesen. Eine tiefgreifende, die meisten Gebiete des städtischen Lebens erfassende Umwälzung ist die Folge dieser Entwicklung, die ihre schärfsten Formen in Deutschland während der letzten drei Jahrzehnte angenommen hat.

In der wissenschaftlichen Auffassung ist diese Veränderung, die sich in der Stellung der Spekulation in unserer Volkswirtschaft vollzogen hat, bisher nicht vollständig zum Ausdruck gelangt. Allerdings hat die nationalökonomische Lehre ihre ursprüngliche Meinung von der Spekulation schrittweise in einer bemerkenswerten Enwickelung umgewandelt. Von der klassischen Nationalökonomie wurde die Spekulation durchaus geringgeschätzt und mißachtet. Nach der von Adam Smith gegebenen, noch heute bedeutungsvollen Definition ist die Spekulation nichts anderes als ein Gelegenheitserwerb von untergeordneter und minderwertiger Art. Irgend eine nützliche wirtschaftliche Leistung wurde ihr nicht zuerkannt.[1]) So hoch der Kapitalist und der Unternehmer von den Klassikern eingeschätzt wurde, so niedrig wurde die Spekulation bewertet. Diese ungünstige Meinung wurde in der Folgezeit während des neunzehnten Jahrhunderts zum Teil noch erheblich verschärft. Die Zunahme und Ausbreitung der Spekulation, ihr gesteigerter Einfluß auf die wirtschaftlichen und öffentlichen Zustände, gaben den einzelnen Autoren nur Anlaß, ihr noch entschiedener entgegenzutreten.[2]) Diese Ansicht, die die spekulative Tätigkeit als unerwünscht, als schädlich oder mindestens als unterwertig betrachtete, blieb die herrschende bis in die sechziger Jahre des neunzehnten Jahrhunderts.

Seit den siebziger Jahren trat insofern eine Änderung ein, als sich zwei entgegengesetzte Auffassungen von der Spekulation entwickelten, die etwa, wenn auch nicht vollständig, den beiden Richtungen in der Nationalökonomie, der sozialpolitischen und der

---

[1]) „Der spekulierende Kaufmann übt kein regelmäßiges, feststehendes oder wohlvertrautes Gewerbe aus. Er ist Kornhändler in diesem Jahr und Weinhändler im nächsten Jahr, und Zucker-, Tabak- oder Teehändler im Jahr danach. Er läßt sich auf jedes Geschäft ein, von dem er annimmt, daß es einen größeren als den allgemein erhältlichen Nutzen verspricht, und gibt es auf, wenn er voraussieht, daß der Gewinn auf den Stand der übrigen Erwerbszweige zurücksinken wird. Ein kühner Abenteurer mag mitunter ein großes Vermögen durch zwei oder drei erfolgreiche Spekulationen gewinnen; aber es ist ebenso wahrscheinlich, daß er es durch zwei oder drei unglückliche Spekulationen verliert. Ein derartiges Geschäft kann nirgends anders als in großen Städten betrieben werden.“ Zitiert und erläutert in meiner Abhandlung „Die Spekulation, ihr Begriff und ihr Wesen“, Schmollers Jahrb. 1905 XXIX 4. Heft S. 1489 ff.

[2]) Vergl. die Anschauungen von Musaeus, Bender, Lor. v. Stein, Proudhon, zitiert in der zuvor genannten Abhandlung S. 1498 ff.

individualistischen, entsprechen mögen und die sich heute in ihren Folgerungen schroff gegenüberstehen. Die sozialpolitische Richtung anerkennt zwar die Spekulation in ihrer wirtschaftlichen Bedeutung, hebt aber die ungünstigen und bedenklichen Wirkungen auf einzelnen Gebieten scharf hervor und verlangt hier eine Einschränkung oder Beaufsichtigung. Die entgegengesetzte Richtung bestreitet dagegen die schädlichen Folgen der Spekulation ganz oder teilweise und begnügt sich damit, die Spekulation als eine notwendige Zubehör der neuzeitlichen Wirtschaftsweise zu bezeichnen. Die für uns hier hauptsächlich in Betracht kommende Boden- und Grundstücksspekulation wird, so sehr sie ihrer Natur und Wirkung nach von der Spekulation in beweglichen Gütern abweicht, doch von dieser Seite vielfach nur als ein nicht grundsätzlich abzuscheidender Teil der Spekulation im allgemeinen behandelt.

Die Bewertung der Spekulation durch die nationalökonomische Wissenschaft zeigt demnach im einzelnen große Gegensätze. Indes diese Gegensätze — und vielleicht erklärt sich gerade dadurch ihre Schärfe — scheinen doch aus einer gemeinsamen Grundauffassung hervorzugehen: die Spekulation als solche ist von der Nationalökonomie bis in die jüngste Zeit vorzugsweise nur als eine Begleiterscheinung von Konjunkturen, nicht aber als eine selbständige Kraft oder Geschäftstätigkeit betrachtet worden. Diese Auffassung dürfte der heutigen Stellung der Spekulation nicht oder nicht mehr ganz entsprechen; vielmehr verlangt die Spekulation in der wirtschaftlichen Entwickelung der Gegenwart eine genaue Differenzierung. Versuche, die Spekulation von anderen Wirtschaftsfaktoren abzutrennen und sie gewissermaßen als besondere Kategorie zu behandeln, wurden schon in den fünfziger Jahren des neunzehnten Jahrhunderts in der nationalökonomischen Wissenschaft gemacht[1]). In den Kreisen der Praktiker unseres

[1]) Durch Lor. v. Stein und Proudhon. Lor. v. Stein scheidet das Kapital von der Spekulation, der er einen untergeordneten Rang zuteilt. Die Spekulation ist eine selbständige Unternehmung; aber ihr volkswirtschaftlicher Wert ist gering, ihre Grundlagen sind unsicher, ihre Leistungen sind ohne Bestand. — Schärfer noch urteilt Proudhon, der indes trotz seiner Gegnerschaft das eigentliche Gebiet der neuzeitlichen Spekulation erkennt, nämlich den Einfluß auf die Wertbildung. Vergl. die oben S. 2 Anmerkung 1 zitierte Abhandlung S. 1500.

Wirtschaftslebens dagegen ist in neuerer Zeit (seit etwas mehr als einem Jahrzehnt) eine Auffassung hervorgetreten, die noch sehr viel weiter geht; sie will auf Grund der neueren Entwickelung der Spekulation einen tätigen, zum Teil entscheidenden Einfluß auf die wirtschaftlichen Verhältnisse zuschreiben und stellt hierbei Spekulation und Produktion in einen unmittelbaren Gegensatz. Die „Spekulation“ wird von dieser Seite als eine Geschäftstätigkeit angesehen, deren Ziel die selbständige Beeinflussung der Wertbewegung bildet, und zwar in einer in der natürlichen Marktlage nicht begründeten oder sogar ihr widersprechenden Richtung[1]).

Durch die neuere Gesetzgebung ist ferner auch in der Rechtswissenschaft und in der Rechtssprechung die ältere einheitliche (übrigens schon früher angezweifelte) Auffassung von der Spekulation durchbrochen und eine grundsätzliche Scheidung der Spekulation von anderen Geschäftsabsichten durchgeführt worden[2]). Der gegenwärtige Stand der Streitfrage über die Bedeutung der Spekulation läßt sich demnach etwa darin präzisieren, daß sich in der nationalökonomischen Wissenschaft zwei verschiedene, aus älteren Grundlagen entwickelte Auffassungen gegenüberstehen, die die Spekulation nur als eine mehr oder minder unselbständige Begleiterscheinung der neueren Wirtschaft betrachten. Andererseits sind in unserer wirtschaftlichen Entwickelung neue Tatsachen und veränderte Anschauungen zutage getreten, die bereits ihren Einfluß auf Theorie und Praxis der Rechtswissenschaft ausgeübt haben. Der Wissenschaft der Nationalökonomie fällt nunmehr die Aufgabe zu, den ihr aus den verschiedenen Gebieten neu zugeführten Stoff zu verarbeiten und hierbei ihre eigenen Differenzen nach Möglichkeit zu klären und auszugleichen.

Diesen Weg wollen unsere vorliegenden Erörterungen beschreiten. Ein bestimmtes Programm an den Anfang zu stellen,

---

[1]) Es sind dies die Anschauungen, die vertreten werden von einem Teil der Sachverständigen in der Börsenenquete-Kommission von 1892; vgl. meine oben zitierte Abhandlung über die Spekulation, S. 1516 fg.; ferner von einer Reihe von Berichterstattern der Krisenenquete des Vereins für Sozialpolitik; vgl. Schriften des Vereins f. Sozialpol.: Kuntze, Wollindustrie Bd. 105 S. 182, 184, 185, 188, 300 und 302; Bosselmann, Erzbergbau Bd. 106 S. 28; Felix Kuh, Hüttenindustrie S. 157.

[2]) Vergl. die neuere Rechtsprechung des Reichsgerichts und deren Begründung a. oben a. O. S. 1508 und 1526.

wäre sowohl unzweckmäßig wie auch untunlich. Nur soviel sei hier im voraus bemerkt, daß wir im folgenden die neuzeitliche Spekulation in jedem Fall nicht bloß als einen Nebenläufer der Konjunkturen, sondern als eine selbständige Unternehmungsform mit eigenen Zielen und eigenen Mitteln erfassen wollen. Die Klarstellung der Voraussetzungen und der Folgen des Spekulationsbetriebs ist eine der hauptsächlichen Aufgaben unserer Untersuchung. Nicht nach den Kategorien von gut oder böse, nicht nach persönlichem Gefühl oder Temperament, sondern nach ihren sachlichen Vorbedingungen, nach ihren Leistungen und ihren Wirkungen wollen wir die Spekulation im neuzeitlichen Städtebau behandeln.

Das Spekulationsproblem in seinen Beziehungen zum Wohnungswesen steht darnach im Mittelpunkt unserer Darlegungen und das Ziel unserer Ausführungen ist hierdurch gegeben. Die Anordnung wie die Auswahl des Stoffes dagegen wurden zum Teil durch äußere und fremde Einwirkungen bestimmt. Während man bisher im allgemeinen das herrschende System unseres Städtebaus für unzulänglich und fehlerhaft hielt, ist neuerdings eine umfangreiche Arbeit erschienen, die das zwiefache Ziel verfolgt: das heutige System unserer Wohnungsproduktion zu verteidigen und festzuhalten, und bestimmte, auf die Reform des Städtebaues gerichtete Bestrebungen in heftigster Weise zu bekämpfen. Das bemerkenswerte Buch ist unter dem Titel „Kleinhaus und Mietkaserne“ von Andreas Voigt, Professor an der Akademie für Sozial-Wissenschaften in Frankfurt a. M. und Paul Geldner, Bauführer der von Direktor Emil Geldner geleiteten Berlin-Schöneberger Baugesellschaft, kürzlich veröffentlicht worden[1]). Die Verfasser behandeln nicht das städtische Wohnungswesen als Ganzes, wohl aber eine Reihe bedeutsamer Einzelfragen aus spekulationsfreundlichen Gesichtspunkten, und zwar in einer ebenso sensationellen wie anfechtbaren Form. Angriffe von einer Heftigkeit, wie sie in nationalökonomischen Erörterungen bis jetzt kein Gegenstück gefunden haben, füllen das Buch. Die Verfasser haben, nach der eigenen Angabe von Professor Andreas Voigt, diese auffällige Form der Darstellung gewählt, um die öffentliche Aufmerksamkeit auf sich zu ziehen.

---

[1]) 324 und XVI S., Berlin 1905 bei Julius Springer.

Es bestand die Gefahr, daß die notwendige Auseinandersetzung mit den gegnerischen Anschauungen nach dem von den Verfassern der Streitschrift gegebenen Beispiel den Charakter eines unfruchtbaren, persönlichen Meinungsstreites annehmen würde. Der Leser wird sich bald davon überzeugen, daß er diese Gefahr hier nicht zu fürchten braucht. Erörterungen über subjektive Auffassungen werden uns im folgenden nicht beschäftigen; wir haben lediglich sachliche Angaben und Behauptungen zu behandeln. Gewiß würde man mir, als dem in gehässigster Weise angegriffenen Teil, jede Form der Abwehr zugute gehalten haben. Aber schon in meinem eigenen Interesse habe ich vorgezogen, auf dieses Benefizium zu verzichten.

Die vorliegenden Erörterungen sind vielmehr durchgängig von dem Standpunkte des Lesers aus geschrieben. Ich gehe hierbei von der Annahme aus, daß nicht allzuviele Leser imstande sein werden, ein Buch von 360 Seiten, das meist Polemik enthält, durchzulesen und seinen inneren Kern herauszuschälen. Andererseits muß es für einen weiteren Leserkreis von hohem Interesse sein, die Beweisführungen zugunsten der Bodenspekulation und der Mietskaserne genau kennen zu lernen, und zwar unter Ausscheidung des im Original geradezu erdrückenden Ballasts persönlicher Polemik. So unwillkommen die erwähnte Schrift durch ihre Form und ihren Inhalt sein mag, so hoch willkommen ist sie als ein zuverlässiger Katechismus des Spekulantentums, der uns die Lehren und die Argumente dieser Auffassung übermittelt. Auch über den gegenwärtigen Stand der Nationalökonomie, oder mindestens eines Teils derselben, gibt uns das Buch bemerkenswerte Aufschlüsse.

Unsere Darstellung empfängt durch diese Umstände eine bestimmte Form, auf die ich den Leser im voraus hinweisen möchte: den Vertretern der Spekulation ist der breiteste Raum gegönnt; ihre Anschauungen stehen an erster Stelle und bilden den Ausgangspunkt unserer Erörterungen. Daß aber die Argumente der Verteidiger des Kasernierungssystems durchaus nicht die Grenze für unsere eigenen Ausführungen bilden, versteht sich von selbst; die vorliegende Arbeit ist nicht etwa nur als eine Gegenschrift zu betrachten. Ich habe vielmehr versucht, in den einzelnen Abschnitten möglichst viel sachliches Material aus der Wissenschaft und Praxis beizubringen, wenn ich auch in dem Aufbau selbst meist an die von der Gegenseite gewählte Anordnung gebunden war. Vollständig frei konnte ich mich allerdings nur in dem letzten Abschnitt bewegen, der die Entwicklung des neueren Städtebaus behandelt. Doch dürfte es wohl von allgemeinem Werte sein, die Grundzüge des Wohnungswesens in kontradiktorischer Weise zu behandeln und die Einwendungen durchzusprechen, die einer Reformierung der in dem heutigen Bausystem begründeten Mißstände entgegengestellt werden. Ich hoffe, daß das vorliegende Buch als ganzes eine ziemlich vollständige Übersicht der Hauptprobleme des Wohnungswesens gibt und daß es für die praktische Arbeit und die Fortbildung unseres Städtebaus einige Anregung bieten wird.

ERSTER ABSCHNITT.

Drei Grundfragen der Städtischen Bodenpolitik.

Erstes Kapitel.

Die Bodenspekulation.

Eine Schwierigkeit für den Leser liegt in dem vorliegenden, als allgemeine Grundlegung zu betrachtenden Abschnitt darin, daß unsere Darstellung mehrfach, insbesondere zu Beginn der einzelnen Kapitel, durch Citate unterbrochen wird, an die die weitere Erörterung jeweils anknüpft. Die Wiedergabe von Originalstellen erschien mir indes nicht allein als der sicherste, sondern auch als der kürzeste Weg, um die hier zu behandelnden Anschauungen zur Kenntnis des Lesers zu bringen. Die Gliederung des Stoffes selbst wird hierdurch nicht berührt.

Die Bodenspekulation bildet die erste Grundfrage, durch deren Behandlung sich die Gegensätze im Wohnungswesen scheiden. An dieser entscheidenden Stelle müßte in jeder wissenschaftlichen Darstellung die begriffliche Umgrenzung die klarste, das tatsächliche Material das unanfechtbarste sein. Mit berechtigter Spannung sehen wir deshalb der Behandlungsweise entgegen, die die Verteidiger der Bodenspekulation dem Gegenstande angedeihen lassen. Die Verfasser des in der Einleitung erwähnten Werkes, Voigt & Geldner, lassen sich indes daran genügen, kurzweg zu behaupten, daß die die Bodenspekulation bekämpfenden Meinungen „auf Unkenntnis der Wirtschaftsgesetze beruhen“. Diese Auffassung wird von Voigt & Geldner bedauerlicherweise durch Unrichtigkeiten und Unterstellungen begründet:

„Die beweglichen Klagen, die uns aus den populären Agitationsschriften gegen die Bodenspekulation entgegenschallen, über die Spekulation selbst als eine an sich ungesunde wirtschaftliche Erscheinung, sowie über die angeblich unnatürliche und unberechtigte Vorwegnahme des zukünftigen Wertes des Bodens beruhen durchaus auf Unkenntnis der wirtschaftlichen Erscheinungen und Gesetze. Die Spekulation ist bei unserer Wirtschaftsorganisation eine Notwendigkeit, denn der Verkauf von Boden läßt sich nicht verbieten, und jedem Handel in noch nicht baureifem städtischen Boden bleibt notwendig der spekulative Charakter, weil keine Macht der Welt die unbestimmten und unsicheren Momente der Preisgestaltung bestimmt machen kann." (S. 130.)

Eine Richtigstellung dieser durchgängig unzutreffenden Darlegung ist hier, am Ausgangspunkt unserer Erörterungen, zunächst erforderlich. Die Gegner der Bodenspekulation haben stets auf das entschiedenste hervorgehoben, daß sie durchaus keine Gegner der Spekulation als solcher oder der spekulativen Unternehmung sind.[1]) Nur die Bodenspekulation in ihrer gegenwärtigen Form, und lediglich diese, wird bekämpft. Die von dem Städtebau zu lösende Aufgabe besteht gerade darin, die spekulative Unternehmung frei zu machen von den ihr bei der Bodenkultur hinderlichen Fesseln. In meinen Untersuchungen insbesondere wird die Bodenspekulation in ihrer heutigen Form nur als eine Folge bestimmter Verwaltungseinrichtungen und als eine nationaldeutsche Erscheinung betrachtet, die schon deshalb nicht aus allgemeinen Wirtschaftsgesetzen erklärt werden kann, weil sie sich in anderen Kulturländern (England, Belgien, Frankreich) nicht oder nicht in ähnlicher Bedeutung findet und weil sie selbst in Deutschland bei gleichen Wirtschaftsbedingungen in verschiedenen Gebieten eine durchaus verschiedene Intensität zeigt.[2]) Sachlich ist die Anschauung von Voigt & Geldner nach zwei Richtungen unzutreffend; sie verkennt ebenso sehr den Begriff der Spekulation, wie sie die Sonderstellung des Bodens und der mit ihm verbundenen Geschäftsformen und Einrichtungen übersieht.

Auf die obigen wider die Gegner gerichteten Ausführungen lassen Voigt & Geldner eine Darstellung ihrer eigenen Auffassung von der Bodenspekulation folgen. Was Voigt & Geldner hier

---

[1]) Vgl. insbesondere meine Abhandlung Berliner Kommunalreform 1892, abgedruckt „Städtische Bodenfragen", Berlin 1894 S. 13.

[2]) Zu der Behauptung von der angeblichen „Unbestimmtheit" der Bodenpreise (auf die wir später mehrfach zurückzukommen haben) ist hier nur vorweg zu bemerken, daß diese Unbestimmtheit hinsichtlich eines Hauptfaktors der Preisbildung da nicht vorhanden ist, wo auf eine bestimmte Bauweise (vielstöckige Bauweise, Mietskaserne) mit Bestimmtheit und im voraus gerechnet wird

bieten, ist eine rein naturrechtliche Konstruktion, die indes so bemerkenswert ist, daß man von ihrem genauen Wortlaut Kenntnis nehmen möge.

„Wie gehen denn die Spekulationsgeschäfte vor sich? Hier ist ein Verkäufer, dort ein Käufer, beides Spekulanten. Jener ist an einem hohen, dieser an einem niedrigen Preise interessiert (sic). Jener wird sich also bemühen, diesem eine möglichst gute Meinung von den Aussichten auf Bebauung beizubringen, dieser wird sich nach Kräften gegen den Optimismus des Verkäufers sträuben. So ist es in Zeiten aufsteigender Konjunktur. Fallen die Bodenpreise, wogegen die besten Gewinnabsichten des Verkäufers machtlos sind, so wird dieser in Defensivstellung sein und sich bemühen, den Pessimismus des Käufers abzuschwächen, um so wenig als möglich zu verlieren . . . Der Käufer wird den Preis im allgemeinen so zu drücken wissen, daß auch für ihn noch etwas übrig bleibt.“ (S. 148.)

Wenn man eine solche Hypothese in einem soziologischen Exkurs über den Tauschverkehr der Südseeinsulaner findet, so mag das hingehen. Aber als exakte Darstellung und Zergliederung eines komplizierten volkswirtschaftlichen Vorgangs dürfte eine solche Erzählung doch nicht verwendet werden. Man ist versucht, jeden Satz in der obigen Darlegung zu unterstreichen, jede Behauptung mit einem Ausrufungszeichen zu versehen. Für uns genügt indes die Feststelluug, daß die Voigt-Geldner'sche Grundanschauung über die Bodenspekulation aus einer Reihe rein hypothetischer Sätze gewonnen ist, die mit den Tatsachen nicht in der entferntesten Beziehung stehen und deren Inhalt aus lauter Fiktionen besteht.

Voigt & Geldner gehen nun dazu über, auf dieser Grundlage ein Gebäude von ineinandergreifenden Schlußfolgerungen zu errichten. Wie die Weiterführung des Arguments beschaffen sein mag, könnte der Leser sich vielleicht selber ausmalen; indes die Wirklichkeit übertrifft hier die kühnste Phantasie. Der Leitsatz, den Voigt & Geldner über die Bedeutung der Bodenspekulation aufstellen — auf die gehässige Polemik habe ich bereits zu Eingang vorbereitet — lautet wie folgt:

„Daß ein Spekulant genau soviel gewinnt, wenn sein Boden von 1 Mark auf 5 Mark steigt, als wenn er von 10 Mark auf 50 Mark steigt, nämlich jedesmal 400% — soviel Arithmetik versteht Eberstadt nicht, sie wird auch nicht verlangt von der historischen Methode“ (S. 151.)

Das einzige, was ich von der Wiedergabe dieses Satzes befürchte, ist, daß der Leser sich weigern möchte, in der Lektüre fortzufahren. Denn das wissenschaftliche Einmaleins von Voigt u. Geldner ist weit schlimmer als das Hexeneinmaleins der Sibylle in Goethes Faust. „Nur auf den Prozentsatz kommt es an“, belehren uns Voigt & Geldner; der Betrag dagegen ist gleichgültig. Ob man an einem Quadratmeter Boden 4 Mark oder 40 Mark verdient, tut nichts zur Sache, verkünden V. & G. Und diese Ausführung muß man für wissenschaftlichen Ernst nehmen. Die Berliner Bodenspekulanten werden also künftig die Streichholzhändler beneiden müssen, die sich mit ihrem Kram vor den Klubeingängen aufzustellen pflegen; denn der Prozentsatz, der an den Gegenständen dieses Handels gewonnen wird, übersteigt, wenn ich recht berichtet bin, die obigen 400 Prozent noch um ein ganz bedeutendes und erhebt sich sogar bis zu 900 Prozent; je nachdem nämlich dem Händler ein 5 Pfennig- oder 10 Pfennig-Stück für die Schachtel zugeworfen wird. Manch bescheidener Bodenspekulant erreicht dagegen oft nur einen Gewinnsatz von 100—200 Prozent, wenn er an einem Geschäft 1 Million Mark verdient. Wie viel wohler wäre dem Mann, wenn er statt dessen 9 Pfennige verdient hätte und stolz von sich sagen könnte: Du hast mit 900 Prozent gehandelt.

Auf diesem Grundbau wird nun von Voigt & Geldner ein weiteres Stockwerk aufgeführt.

„Wie hoch schließlich der Preis steigt, ist dem Spekulanten vollkommen gleichgültig, denn davon hängt sein Gewinn gar nicht ab, sondern davon, wie schnell er steigt“

heißt es bei V. & G. S. 151. Man dürfte in aller Ruhe einen Preis aussetzen für einen Satz, der in gleichem Maße, wie dieser, die Tatsachen auf den Kopf stellt. Ich sehe zunächst davon ab, daß Voigt & Geldner in ihrem eigenen später zu erörternden Material den Gegenbeweis zu der eben ausgesprochenen Behauptung erbringen. Vorläufig müssen wir den Satz nehmen, wie er ist. Wir sollen danach glauben, daß es dem Bodenspekulanten „vollkommen gleichgültig ist“, ob er für den Quadratmeter Boden 70 Mark bekommt: er wäre auch mit 10 Mark zufrieden, wenn er sie nur sofort bekäme. — Wäre dieser Widersinn richtig, dann wären die Schwierigkeiten in unserem Städtebau so ziemlich vollständig beseitigt. In der Wirklichkeit besteht indes, wie Voigt & Geldner selber am besten wissen, das entgegengesetzte Verhältnis. Die Bodenspekulation ist unter den Spekulationsformen gerade diejenige, die zu ihrer Durchführung Zeit und nochmals Zeit und wiederum Zeit gebraucht. Jeder, der mit Bodenspekulationen zu tun hat oder auch nur Aktien einer Bodengesellschaft kauft, weiß, daß es Jahre oder Jahrzehnte dauert, bis eine Bodenspekulation durchgeführt ist. Das einzige, was die Bodenspekulation im regelmäßigen Geschäft ganz umsonst zur Verfügung hat, das ist die Zeit; denn hierfür wird der sog. Zinsverlust auf den Bodenpreis berechnet. Den entscheidenden Gesichtspunkt für die Spekulation bildet dagegen die Höhe des Bodenpreises, und zwar in privatwirtschaftlicher wie in volkswirtschaftlicher Hinsicht. Die Höhe des Bodenpreises ermöglicht es der Bodenspekulation, ihre Unternehmungen durchzuführen und die Bodenfläche ohne Rücksicht auf den Zinsverlust und die Konjunktur festzuhalten. Die Höhe des Bodenpreises ist ferner entscheidend für die Art der Bebauung und der Ausnutzung des Bodens [1]).

Das einfache Spekulationsschema wird nun von Voigt & Geldner weiter dadurch verschlechtert, daß die Verfasser in ihren theoretisierenden Erörterungen die Bedeutung der Bodenspekulation als Ganzes und die Handlungen der einzelnen Bodenspekulanten beliebig auswechseln — ein ganz unzulässiges Verfahren. Insbesondere wird dieses Verfahren von Voigt & Geldner angewendet, um einen angeblichen Widerspruch darin festzustellen, daß die Gegner der Bodenspekulation einmal auf das Festhalten des Bodens, ein andermal auf den häufigen Verkauf der Grundstücke hinweisen. Ein Widerspruch liegt hier gewiß nicht vor. Beide Vorgänge, das Festhalten wie der Verkauf, sind nur verschiedene Seiten oder Abschnitte der gleichen einheitlichen Entwickelung. Das Endergebnis und die volkswirtschaftliche Wirkung der Bodenspekulation mag auf verschiedene Weise erzielt werden. Die gesamte Wertbewegung des Bodens — von dem Werte vorstädtischen Ackerlandes bis zu dem Preis der baureifen Parzelle — kann sich innerhalb einer einzigen Hand oder auch in mehrfachem oder häufigem Handwechsel vollziehen. Beide Modalitäten kommen in der Praxis des Bodengeschäfts stets vor. Voigt & Geldner erklären indes:

„Kein Spekulant pflegt die ganze „Spannung" zwischen 1 und 50 Mark auszunutzen, sondern er realisiert seine Gewinne, sobald als sich ihm eine ihn be-

---

[1]) Vgl. unten II. Abschnitt 4. Kapitel (Bodenpreis).

friedigende Gewinnchance bietet, um sein Kapital dann wiederum in neuem „jungen" (sic) Gelände anzulegen." (S. 151.)

Die allgemeine Behauptung, daß kein Spekulant die ganze Spannung im Bodenpreis ausnutze, ist falsch; vergl. die unten gegebenen Beispiele. Klassisch dagegen ist die in dem obigen Satz hervortretende Anschauung von den Voraussetzungen des spekulativen Bodengeschäfts. Und das beste ist vielleicht die Methode, vermöge deren Voigt & Geldner einen Wunsch, den sie dem Spekulanten andichten, sofort als das tatsächlich bestehende, keines Beweises bedürftige Verhältnis unterstellen.

Der Leser wird sich nach diesem Eingangskapitel eines Gefühls der getäuschten Erwartung nicht entschlagen können. Keinerlei sachliche Erkenntnis ist uns bisher begegnet; nichts als Fiktionen und naturrechtliche Märchen. Die „Bodenspekulation" ist gerechtfertigt, weil sie zu den neuzeitlichen Spekulationen gehört; die Gegner der heutigen Bodenspekulation sind Gegner der spekulativen Unternehmung überhaupt; diese unrichtigen oder wahrheitswidrigen Behauptungen bilden die Grundlagen der Voigt & Geldner'schen Darstellung. Man hätte zum mindesten erwarten müssen, daß die Bodenspekulation abgegrenzt werde, daß die hierher gehörigen Tätigkeiten und Leistungen gekennzeichnet und unterschieden, die Mittel und Vorraussetzungen irgendwie genannt oder bestimmt würden. Nichts von alledem ist geschehen.

Wiederholen wir nun unsrerseits die von Voigt & Geldner gestellte Frage: wie gehen denn die Spekulationsgeschäfte vor sich? Unter Bodenspekulation verstehen wir im vorliegenden Zusammenhang die Preisbewegung des Bodens, die sich bis zu der erstmaligen Bebauung eines bis dahin unbebauten Grundstücks abspielt. Die Preisbewegung findet ihren Abschluß in dem Verkauf der Baustelle an einen Bauunternehmer, der Mietwohnungen auf Spekulation baut. Der letzte Käufer der Baustelle also ist der Bauunternehmer; er will bauen; vom bauen lebt er. Der Bodenbesitzer dagegen will für sich denjenigen Nutzen realisieren, der durch die Bebauung des Bodens zu erzielen ist. Dies ist, kurz umrissen, die Stellung, in der sich beide Teile gegenüberstehen[1]). Die Frage ist nun, ob der Bauunternehmer die Instanz

[1]) Die beiden Namen, Bodenspekulant und Bauunternehmer, stehen hier, wie kaum gesagt zu werden braucht, nicht als Bezeichnungen zweier Individuen

ist, die der Preisforderung der Bodenspekulation das Gegengewicht halten kann? Ob also hier nicht allein zwei gleich starke, sondern auch zwei in ihren Interessen divergierende Kräfte sich gegenüberstehen?

Zunächst sei hier der Ausspruch des Geheimen Hofrat Dr. Felix Hecht zitiert: „in Berlin kann man im Bodengeschäft jede Taxe haben, die man will". Schon dieses Wort eines der besten Sachkenner zeigt uns, daß die Spekulationsgeschäfte sich doch nicht in der idyllischen Reinheit und Einfachheit vollziehen, wie das Voigt. & Geldner'sche Schema behauptet. Es scheint doch, als ob die Möglichkeit bestände, einen erhöhten Bodenpreis einzustellen, ohne dass nach den obigen Worten von V. & G. „der Käufer nach Kräften sich gegen diesen Optimismus sträubt". Es muß sogar eine Möglichkeit geben, eine Steigerung des Bodenpreises zu erzielen, die gar nicht auf Kosten des Baustellenkäufers geht, sodaß dieser nicht den geringsten Anlaß hat, gegen die Preishöhe Widerstand zu leisten.

Welche Funktionen der Bauunternehmer im allgemeinen (mit absoluter Einheitlichkeit lässt sich seine Stellung kaum definieren) erfüllt, zeigt uns das von mir an anderer Stelle mitgeteilte Wort eines der größten Bauherren Düsseldorfs: „Bauunternehmer sind Leute, die man annimmt, um ein Terrain zu verwerten"[1]. So weitgreifend diese Kennzeichnung ist, so erläutert sie doch genau die Richtung der spekulativen Interessen. Die Bodenspekulation ist an der Realisierung eines möglichst hohen Bodenpreises interessiert; die Frage geht nun dahin, ob im Gegensatz hierzu der Bauunternehmer an der absoluten Niedrigkeit des Bodenpreises interessiert ist und ob er auch nur den Wunsch und den Willen hat, auf niedrige Bodenpreise zu halten.

Diese Frage, wie die Bodenspekulation wirkt und der Bauunternehmer handelt, kann entweder an einzelnen Beispielen oder an den Institutionen des Städtebaus im ganzen untersucht werden. Behandelt man Einzelfälle, so zeigt sich die Wirkung der Bodenspekulation naturgemäß am reinsten da, wo der Boden von der Preisstufe vorstädtischen Acker- oder Gartenlandes bis zur baureifen Parzelle in einer Hand geblieben ist.

---

sondern als Sammelbezeichnung, gleichbedeutend mit Bodenspekulation und Bauunternehmertum.

[1]) Rheinische Wohnverhältnisse S. 37.

Ein solches Beispiel bietet die westliche Stadterweiterung von Cassel, die neuerdings von Karl Fabarius geschildert worden ist[1]). Das einen ganzen Bezirk umfassende Gelände wurde seiner Zeit von den kapitalkräftigen Besitzern für 80 Pfennig für den Quadratmeter Rohland angekauft. Unter Einrechnung der Straßenkosten, größerer Landabtretungen oder Schenkungen und des Zinsverlustes stellt sich der Kostenpreis des Baulandes heute auf 8 Mark. Die Errichtung dreigeschossiger[2]) Etagenhäuser mit Garten wäre möglich bei einem Bodenpreis von 25 Mark für den Quadratmeter — gewiß ein annehmbarer Gewinn für den Bodenbesitzer. Zu diesem Preis wird indes das Land nicht abgegeben; der Bodenbesitzer verlangt den Gegenwert der Mietskasernenbebauung, d. i. 50 bis 70 Mark für den Quadratmeter. Wie verhält sich nun Kraft und Gegenkraft in diesem Beispiel, das man geradezu als Schulbeispiel bezeichnen darf? Der Bodenbesiter setzt seinen Preis mit Leichtigkeit durch. Das Bauunternehmertum leistet nicht den geringsten Widerstand gegen diesen „Optimismus"; man baut einfach bei 50 bis 70 Mark Mietskasernen, wie man im anderen Falle, bei 25 Mark, mittlere Etagenhäuser mit Gärten bauen würde. Der Bauunternehmer geht hier vollständig Hand in Hand mit dem Bodenspekulanten.

Die gleichen Wirkungen zeigen sich in anderen Städten, wie etwa Berlin, in den zahlreichen Beispielen, in denen die Bodenpreisentwickelung großer Grundstücksflächen sich einheitlich vollzogen hat und bei denen sich die Beziehungen zwischen Bodenbesitzer und Bauunternehmer ganz in den gleichen Formen wie in dem obigen Fall abspielen. Auch die Bodenpreisentwickelung, die sich in Abschnitten, durch Handwechsel und Zwischenverkäufe vollzieht, läßt sich an Beispielen leicht darstellen. Voigt & Geldner hätten in den von ihnen selbst untersuchten Berliner Grundstücken (Bauten der Geldner'schen Baugesellschaft) ein vortreffliches Material für die Preisentwickelung der Bodenwerte gefunden. Leider haben V. & G. dieses (später zu besprechende) Material nicht benutzt, sondern sich auf die Fabel von den zwei Gegenkräften

---

[1]) Fabarius, Viel Häuser und kein Heim, Cassel 1905.

[2]) Unter „Geschoß" verstehen wir jeden durch Fußboden und Zimmerdecke umgrenzten Gebäudeteil; z. B. „Erdgeschoß". Als „Stockwerk" bezeichnen wir jedes aufgesetzte Geschoß, z. B. I. Stock = 1 über dem Erdgeschoß aufgesetztes Stockwerk.

beschränkt, die sich als Optimismus des Verkäufers und Pessimismus des Käufers bekämpfen sollen.

Der Bauunternehmer, der Mietwohnungen auf Spekulation baut, gebraucht ferner Kapital. Zunächst handelt es sich für ihn darum, Baukapital zu bekommen. Diese Kapitalbedürftigkeit spricht in keiner Weise gegen den Beruf des Bauunternehmers. Der spekulative Bauunternehmer, der auf Kredit baut, ist streng zu scheiden von dem sogenannten Bauschwindler. So wenig der mit Kredit arbeitende Börsenspekulant ein Börsenschwindler ist, so wenig oder eigentlich noch viel weniger darf der mit Kredit arbeitende Bauunternehmer mit dem Bauschwindler zusammengestellt werden. Beide Kategorien von Personen bilden vollständige Gegensätze[1]). Der auf Kredit bauende Unternehmer ist eine Notwendigkeit; er kann und wird regelmäßig ein durchaus solider, gut rechnender Geschäftsmann sein. Unsere Einrichtungen für das Hypothekenwesen sind gerade zu dem Zweck geschaffen, daß auf Kredit gebaut werden kann. Wenn größere Unternehmer, Großfirmen, Gesellschaften usw. Miethäuser auf Spekulation bauen, so pflegen sie — wir werden typische Beispiele hierfür kennen lernen — ebenfalls Kredit in größtem Umfange in Anspruch zu nehmen. Die Finanzierung der Baustelle steht für den Bauunternehmer in erster Reihe, wobei der Bodenspekulant direkt oder indirekt durch sogenannte Einräumung der Priorität (der Bodenbesitzer gibt die erste Stelle im Grundbuch frei zur Aufnahme eines Hypothekendarlehens für den Hausbau) in entscheidender Weise mitwirkt.

Der Bauunternehmer mag in einem einzelnen Fall einen Preisnachlaß von dem Bodenbesitzer erzielen; er mag umgekehrt in einem anderen Fall die Baustelle prozentweise über ihren Wert bezahlen; für die vorliegende grundsätzliche Untersuchung hat dies keine entscheidende Bedeutung. Als volkswirtschaftliche Gegenkraft gegenüber den Preistendenzen der Bodenspekulation kommt der Bauunternehmer jedenfalls nicht in Betracht. Der Bauunternehmer — um bei dem Fabarius'schen Beispiel zu bleiben; andere werden später folgen — steht sich bei einem Bodenpreis von 70 Mark für den Quadratmeter durchaus nicht schlechter als er bei 25 Mark stehen würde; er ändert nur die Bauweise

[1]) Vergl. die treffenden Ausführungen von J. Schneider, Praktische Ratschläge zur Beschaffung von Hypotheken, Berlin o. J. 3. Aufl. S. 71.

vom dreigeschossigen Etagenhaus zur Mietskaserne. Der Düsseldorfer Bauunternehmer läßt sich gern zu 30 Mark für den Quadratmeter „annehmen“ und macht ein gutes Geschäft dabei. Ein Berliner Bauunternehmer kann in einem Fall 70 Mark, in einem zweiten Fall 45 Mark für einen Quadratmeter zahlen; das geschäftliche Ergebnis ist für ihn in beiden Fällen das gleiche, nur die Bauweise ist eine verschiedene.

Es handelt sich in der vorliegenden Erörterung, wie noch bemerkt sei, nur um das regelmäßige Geschäft mit wirtschaftlich selbständigen Bauunternehmern. Daneben sind noch die bekannten häufigen Vorgänge zu erwähnen, bei denen der Bauunternehmer lediglich als Strohmann fungiert und von dem Bodenbesitzer völlig abhängt. In solchen Fällen ist der Bauunternehmer nur eine von dem Bodenbesitzer vorgeschobene Person; die Baustelle wird dem Bauunternehmer dann einfach zu einem bestimmten Preis angerechnet[1]).

Die Voigt & Geldner'sche Fiktion von dem preisregulierenden Einfluß des Bauunternehmers ist nicht bloß wertlos, sondern sie bedeutet eine vollendete Täuschung, die das tatsächliche Bild verändert. Gerade das Verhältnis zwischen Bodenspekulant und Bauunternehmer beweist, daß der Aufbau unseres Wohnungswesens an dieser Stelle nicht auf Kraft und Gegenkraft beruht. Daß Voigt & Geldner sich damit begnügt haben, ihre Grundanschauung von der Bodenpreisbildung auf ein schlechtweg erfundenes Schema und einige falsche Hypothesen zu stützen, ist bedauerlich. In diesem ersten Kapitel haben uns die Verteidiger der Bodenspekulation gänzlich leer ausgehen lassen; um so reichhaltiger wird die Ausbeute des folgenden Kapitels sein.

Zweites Kapitel.

Die Monopoleigenschaft des städtischen Bodens und die künstliche Wertsteigerung.

Nachdem zugunsten der Bodenspekulation die grundlegende Behauptung von der volkswirtschaftlichen Ebenbürtigkeit des Bodenbesitzers und des Bauunternehmers aufgestellt war, mußten

---

[1]) Vgl. meine Preisbildung der Bodenwerte, Bericht zum VI. Internationalen Wohnungskongreß, Berlin 1903, S. 82.

die Vorkämpfer des heutigen Systems mit Notwendigkeit einen zweiten fehlerhaften Schritt machen: sie mußten versuchen, die entgegengesetzten Anschauungen anzugreifen, die in dem Bodenbesitzrecht an sich oder auch in seiner heutigen Ausgestaltung die Konstituierung eines einseitigen wirtschaftlichen Vorteils erblicken. In der Volkswirtschaftslehre wird — allerdings mit verschiedenartiger Begründung und verschiedenen Schlußfolgerungen — von Adam Smith und Ricardo bis auf Henry George und Adolf Wagner angenommen, daß der Besitz des Bodens ein Monopol bedeute. Diese Annahme wird von Voigt & Geldner auf das entschiedenste bestritten.

In seinen früheren Arbeiten hatte Professor Andreas Voigt sich radikaler Weise schon gegen den Gebrauch der Bezeichnung „Bodenmonopol" gewendet und sie einfach für unzulässig erklärt; denn unter „Monopol" habe man seit je nur das absolute Ausschließungsrecht, d. h. „die Vereinigung von Gütern bestimmter Art in einer Hand verstanden"[1]. Es wurde nun meinerseits nachgewiesen, daß diese Angabe falsch ist. Denn seit wir eine freie gewerbliche Produktion haben, also seit dem XIII. Jahrhundert, wird der Ausdruck „Monopol" nur gebraucht, um das Bestehen und die Benutzung einer wirtschaftlichen Übermacht in der Verfügung über die Wirtschaftsgüter, keineswegs aber um die faktische Innehabung durch eine alleinberechtigte Person zu bezeichnen[2]. In seinem neuen Buch „Kleinhaus und Mietkaserne" erklärt Prof. Voigt nunmehr (S. 172), daß er die Entscheidung über den Monopolbegriff — andern überlassen wolle (sic). Daß er zur Zurücknahme einer von ihm selber erfundenen, sachlich unrichtigen Behauptung verpflichtet ist, erkennt Prof. Voigt nicht an.

Zur Sache selbst ist weiter zu bemerken, daß das wirtschaftliche Monopol nicht etwa weniger hart, sondern daß es regelmäßig viel härter und drückender ist, als das rechtliche. Das rechtliche Monopol untersteht in der Gegenwart stets der öffentlichen Aufsicht und Beeinflussung; es wird im öffentlichen Interesse oder zu öffentlichen Zwecken ausgeübt. Ganz anders das sogenannte wirtschaftliche Monopol, das auf einer privaten

---

[1]) Schriften des Vereins für Sozialpolitik, Band 94, S. 233.

[2]) Preisbildung der Bodenwerte, Bericht über den VI. Internationalen Wohnungskongreß, S. 72.

wirtschaftlichen Übermacht beruht. Die rechtlichen Monopole der Reichspost, der Münzprägung, die tatsächlichen Monopole der Staatsbahnen mögen dem gemeinen Nutzen dienen oder einen allgemeinen Vorteil bedeuten. Ein wirtschaftliches Monopol wie das der Bodenspekulation dagegen mag schädlich und unerträglich sein.

Nachdem die einfache Bestreitung der Terminologie nicht zum Ziele geführt hat, wenden sich Voigt & Geldner nunmehr gegen die Annahme der Monopoleigenschaft des Bodens selbst und widerlegen sie mit folgender Beweisführung, die eine der Glanzstellen des Buches bildet und der eingehendsten Prüfung wert ist:

„Zwar ist der Boden bestimmter Lage unvermehrbar, doch ist er darum nicht unersetzbar. Welcher Geschäftsmann ist denn tatsächlich auf eine ganz bestimmte Lage angewiesen? Im allgemeinen wird das sehr selten sein. Geschäfte der meisten Art finden wir in allen Teilen der Stadt, nicht bloß in den spezifischen sogenannten Geschäftslagen. Der betreffende Geschäftsmann hat also die Wahl zwischen verschiedenen Lagen, allerdings solchen von verschiedener Qualität, aber darum auch von verschiedenem Preise . . . Die bessere, d. h. frequentiertere Lage ist teurer, bringt aber auch größeren Umsatz, die geringere Lage hat weniger Verkehr, gleicht diesen Mangel aber durch Wohlfeilheit aus. Es wird Sache des Mieters sein, zu erwägen, was für ihn, bei dem besonderen Charakter seines Geschäfts, das vorteilhaftere ist" (S. 174).

Es ist die nationalökonomische Wissenschaft, die diese Ergebnisse feststellt. Nicht nachdrücklich genug kann darauf hingewiesen werden, daß es wissenschaftliche Lehrsätze sind, die wir hier vor uns haben. Nur Böswilligkeit kann also künftig von einer ungünstigen Lage der Mieter sprechen. Das Gerede von der Schädigung unserer Volkswirtschaft durch die Entwickelung der Bodenrente steht in seiner ganzen Nichtigkeit vor uns. In der Wirklichkeit besteht die schönste Harmonie, nur etwas gestört durch die Verbohrtheit und die Ansprüche der Mieter. Der „betreffende Geschäftsmann," dem die Miete in der Leipzigerstraße in Berlin zu teuer wird, kann ja nach der Ackerstraße ziehen; — und seine Kundschaft folgt ihm natürlich nach. Wer bei den hohen Mieten in der Friedrichstraße auf keinen grünen Zweig kommt, der mag sich einen der leerstehenden Läden in einer abgelegenen Nebenstraße nehmen; er spart ein erhebliches an der Miete und wird dann auch durch keine Käufer mehr gestört[1]).

[1]) Vgl. die Ausführungen von Graf Posadowski. Reichstagssitzung vom 7. Februar 1906: „Wenn man aber sieht, wie in den abgelegensten Straßen

Es ist eitel Wind, wenn die soliden Geschäftsleute sich über die unerschwinglichen Mieten beklagen; die Leute könnten weit billigere Mieten haben, wenn sie nicht die Caprice hätten, in ihrem Geschäftslokal obendrein auch noch Geschäfte machen zu wollen. — Ganz wie mit den Geschäftslokalen verhält es sich mit den Wohnungen. „An Baugelände ist im allgemeinen kein Mangel; jedem Mangel wird sofort abgeholfen, indem Ackerland in Bauland verwandelt wird," verordnen Voigt & Geldner S. 174; und — füge ich hinzu — selbstverständlich „ganz nach den Wünschen und Einkommensverhältnissen der geehrten Mieter-Kundschaft." Die Mieter sind also selber daran Schuld, wenn sie allenthalben und allgemein unbefriedigend wohnen. Kein Mensch hindert sie daran, auszuziehen und eine bessere, schönere, gesündere, billigere Wohnung „in anderen Gegenden" zu suchen oder zu verlangen.

Eines muß man Voigt & Geldner jedenfalls lassen: den weiteren Kommentar zu ihren Behauptungen ersparen uns die Herren. Aber sie tun noch mehr. Eine Eigentümlichkeit des Voigt & Geldner'schen Buches, die uns von jetzt ab regelmäßig begegnen wird, ist, daß die Verfasser ihre wesentlichen Behauptungen in bündigster Weise selber widerlegen. Man lese nun folgenden Satz, der sich an die obige Erörterung unmittelbar anschließt (S. 175):

„Gerade bei der Vermietung von Geschäftslokalen in den besten Lagen machen wir so häufig die Erfahrung, daß nicht die Vermieter, sondern die Mieter in gegenseitigem Wettbewerb die Mieten in die Höhe treiben, wohl der beste Beweis, daß es sich nicht um Monopolpreise handelt."

Auch bei der Wiedergabe dieses Satzes kann ich mich der Befürchtung nicht entschlagen, daß mir der freundliche Leser aus den Zügeln gehen werde. Denn eine solche krasse Vergewaltigung der Logik braucht man sich in einem wissenschaftlichen Buch nicht bieten zu lassen. Also die soeben bestrittene Notlage ist nach Voigt & Geldner's eigenem Zeugnis so schlimm, daß die Mieter um den Besitz — nicht in einer „Gegend", auch nicht

---

junge Leute stets neue Geschäfte gründen, die schon nach drei Monaten ihren Besitzer wechseln, so muß man sich doch fragen, ob hier für die Gründung das Bedürfnis der Konsumenten maßgebend war oder das Bedürfnis der Hausbesitzer, den Parterrestock ihrer neuerbauten Häuser zu Läden auszunutzen." Es scheint darnach, als ob leider in Regierungskreisen noch das richtige Verständnis fehlt für die relative Gleichwertigkeit aller Ladengeschäfte.

in einer Straße, nein, an einer ganz bestimmten Stelle kämpfen müssen. Gewiß, ein so wuchtiges Argument hat kein Bodenreformer, hat selbst nicht der „demagogisch" argumentierende Adolf Wagner — mit diesem Beiwort wird Wagner S. 164 bedacht — jemals zu Gunsten der Monopoleigenschaft des Bodens gebraucht.

Aber mit so wenigem lassen sich Voigt & Geldner nicht genügen; sie liefern einen zweiten Beweis gegen das „sogenannte natürliche Bodenmonopol" nebst sofort anschließendem Gegenbeweis. Diesmal ist der Beweis der Natur selber entnommen:

„Der Unvermehrbarkeit des Bodens steht außerdem ihre (sic) Unverzehrbarkeit gegenüber, eine Eigenschaft, durch die er (sic) sich wieder vorteilhaft vor den verzehrbaren Gütern auszeichnet. Weil er nie zerstört werden kann, bedarf er auch nicht der Reproduktion, wie die zerstörbaren Güter. Dieser Vorzug gleicht den Nachteil der Unvermehrbarkeit schon teilweise aus." (S. 173; s. Anmerkung[1]).

Es dürfte schwer halten in ein einziges Argument eine größere Anzahl von Sinnwidrigkeiten zusammenzupressen. Der Nachteil der Unvermehrbarkeit wird nach Voigt & Geldner ausgeglichen durch den Vorzug der Unzerstörbarkeit. Die Bekämpfer der Monopoltheorie übersehen dabei nur eines, nämlich die Verteilung beider Eigenschaften, die einen Monopolbeweis in bester Form darstellt. Denn der Nachteil der Unvermehrbarkeit des Bodens trifft die Mieter; der Vorzug der Unzerstörbarkeit kommt dagegen dem Besitzer zu gute. Der Ausgleich wird also nach Voigt & Geldner dadurch bewirkt, daß — der eine Teil durch den Nachteil belastet, der andere Teil durch den Vorzug begünstigt wird. Ganz dasselbe behaupten die Vertreter der Monopoltheorie. Die Unzerstörbarkeit macht überdies das Monopolrecht des Besitzers gleichfalls zu einem unzerstörbaren und ewigen.

Doch die „Natur" muß noch zu einem dritten Beweis und Gegenbeweis herhalten; er ist zwar etwas kindlich, aber dafür um so charakteristischer.

---

[1]) Ich fühle nicht den geringsten Beruf zum schulmeistern; aber ich muß doch auf die barbarische Mißhandlung deutscher Sprache und Grammatik als auf einen Grundzug des Voigt & Geldner'schen Buches hinweisen. Die sprachlichen Fehler und Verstöße — von eigentlichen Flüchtigkeitsfehlern, gegen die kein Autor gefeit ist, sehe ich dabei ab — sind nicht zu zählen. Beispiele, die es mit der obigen herrlichen Unverzehrbarkeit der Unvermehrbarkeit aufnehmen können, werden uns noch in reicher Auswahl begegnen.

„Es ist nicht notwendig alles knapp, was unvermehrbar ist. Auch die Luft unserer Atmosphäre ist unvermehrbar, knapp ist sie darum noch niemandem geworden“ (S. 173)

Richtig; und wiederum ganz im Sinne der Monopolmänner gesprochen. Zwischen Luft und Boden besteht ein gewaltiger „natürlicher“ Unterschied: die Luft ist im allgemeinen keiner Aneignung und Besitzergreifung zugänglich. Deshalb kann die Luft, trotz ihrer Unvermehrbarkeit, nicht Gegenstand des Privatbesitzes, ja nicht einmal, wie das Wasser, Gegenstand des Gemeinbesitzes sein. Wäre es möglich, die Luft zu okkupieren, so würde ihr Besitz allerdings ein Monopol ergeben, das dem Bodenmonopol an Schärfe um nichts nachstünde. Aber bei diesem kindlichen Spiel ist doch eines zu beachten. Voigt & Geldner behandeln nicht den weiten Weltenraum, sondern die enge Wohnungsfrage; bei dieser aber handelt es sich nicht um die „Luft unserer Atmosphäre“, sondern um den Luftraum in den Wohnungen. Und ob hier die Luft noch Niemandem knapp geworden ist, darüber schweigen Voigt & Geldner. Doch ich darf wohl nach der Analogie der oben S. 19 verkündeten Wahlfreiheit der Mieter ergänzend hinzufügen: „welcher Mieter ist denn tatsächlich auf eine ganz bestimmte Luft angewiesen? Wenn sie ihm in der Wohnung zu knapp wird, so mag er auf das freie Feld gehen. Der betreffende Mieter hat also die Wahl zwischen verschiedenen Lüften. Es wird Sache des Mieters sein, zu erwägen, was für ihn das vorteilhaftere ist“.

Indes Voigt & Geldner haben in dieser Partie noch einen letzten Trumpf auszuspielen. Falsch ist nach Voigt & Geldner „die so häufig aufgestellte Behauptung, daß die Bodenrente den Preis der auf dem Boden hergestellten oder verkauften Waren bestimme und also mit ihrem Steigen sie verteure“:

„Beim Handel wird der höhere Bodenpreis durch den größeren Umsatz ausgeglichen. Die Ladenmiete verteilt sich auf eine größere Anzahl von Objekten, und belastet jedes einzelne nicht stärker als die niedrigere Miete im minder frequentierten Laden. Die Industrie aber zieht sich zu ihrem Vorteil und dem der Städte (!) mit steigendem Bodenpreise aus den teuersten Lagen zurück und Neuanlagen werden überhaupt nur auf billigerem Boden gemacht. Einzelne Etablissements auf gemietetem Boden können zeitweilig zu stark mit Miete belastet sein, die Industrie im Ganzen leidet nicht unter der Bodenrente (sic) und die Preise der Industrieprodukte werden nicht durch sie erhöht, denn alle müssen mit denjenigen konkurrieren, die auf dem billigsten Boden erzeugt sind“ (S. 176).

Die Stelle gehört zu denjenigen, bei denen ich mich gerne meines Amtes des Erklärers begeben und den Leser seiner eigenen Führung überlassen möchte. Nur wollte ich bitten, hier nicht zu rasch vorüber zu eilen, sondern die Stelle doppelt und dreifach zu betrachten. Die Sätze sind in höchstem Maße ernst zu nehmen; sie enthalten in der Tat einen Extrakt neuerer nationalökonomischer Wissenschaft.

Während bei den meisten dieser Sätze auf eine Erläuterung verzichtet werden kann, bedürfen zwei Punkte einer näheren Erörterung. Die Belastung durch die Bodenrente, die soeben von Voigt & Geldner mit Entschiedenheit bestritten wurde, wird jetzt ebenso entschieden zugegeben. Die Industrie flüchtet vor der Bodenrente und zieht sich bei steigendem Bodenpreise zurück. Aber, sagen Voigt & Geldner, das ist ein Vorteil für die Städte. Ob diese Meinung allgemein und von den Stadtverwaltungen geteilt wird, wollen wir nicht untersuchen. Eines Zusatzes ist diese Argumentation ohnedem nicht bedürftig. Indes Voigt & Geldner übersehen hierbei ein Hauptmoment. Die Verlegung von Industrien ist nur möglich bei abgeschlossenen Betrieben, die innerhalb ihrer eigenen Anlagen ein Erzeugnis vollständig herstellen; also solche Fabriken und Unternehmungen, die in ihrem eigenen Betrieb unabhängig sind von anderen Betrieben. Dies ist indes nur bei einem Teil der Großindustrie der Fall (chemische Fabriken, Maschinenfabriken u. a.) Doch ist auch bei diesen sofort eine wesentliche Einschränkung zu machen. Die Verlegung eines Industriebetriebs in ein günstigeres Gelände bleibt selten vereinzelt; wenn sie glückt, zieht sie regelmäßig andere Betriebe an, und es bildet sich eine neue Ansiedelung (Industrievorstädte, Industriedörfer.) Wird das alte Bausystem beibehalten, so folgen die alten städtischen Mißstände des Wohnungswesens sehr bald nach. Nur dann werden diese Mißstände vermieden, wenn mit dem von Voigt & Geldner verteidigten System gründlich gebrochen wird, wie dies bei einzelnen Neuansiedelungen geschehen ist.

Für die eigentliche Masse der städtischen Industrien aber ist eine einseitige Verlegung schon deshalb überhaupt ausgeschlossen, weil es sich um Teilfabrikate und um abhängige Industrien handelt, die auf den Bestand verwandter Betriebe angewiesen sind. Beispiele hierfür sind aus jeder gewerbetätigen Stadt zu nennen. Um unter den städtischen Exportindustrien nur einige herauszugreifen, seien hier etwa erwähnt der sogenannte Berliner Artikel, die Portefeuille- und Albumindustrie der Luisenstadt, die Metallindustrie, die Konfektionsindustrien mit den anschließenden Lieferungsgewerben; die Elberfeld-Barmener Besatzindustrie; die Kleinindustrien von Leipzig, Nürnberg, Stuttgart usw., wie überhaupt allgemein die endlose Zahl der Industrien, die mit der Mode zusammenhängen und einem Wechsel des Materials und der Technik unterworfen sind. Die meisten der städtischen Industriebetriebe liefern ein Teilfabrikat oder sind auf Ergänzungsbetriebe angewiesen und können schon aus technischen Gründen, abgesehen von der Rücksicht auf Absatz und Kundschaft, nicht einseitig verlegt werden. Der städtischen Industrie kann nicht dadurch geholfen werden, daß die unabhängigen Großbetriebe und Fabriken aus der Stadt hinausgedrängt werden; die städtische Gesamtindustrie kann nicht flüchten und für sie bleibt die Belastung durch die steigende Bodenrente bestehen, für Geschäftslokale wie für Wohnungen.

Bemerkenswerter noch ist der Schlußsatz des ganzen Voigt & Geldner'schen Arguments: „Die Industrieprodukte leiden nicht unter der Bodenrente; denn sie müssen mit denjenigen konkurrieren, die auf dem billigsten Boden erzeugt sind.“ Hier zeigt sich die naturrechtliche Phrase in ihrer ganzen Hohlheit. Unsere Industrieprodukte müssen konkurrieren mit dem billigsten Boden — also, sollte die zwingende Folgerung lauten, muß man ihnen diesen schweren Wettbewerb erleichtern? Nein, sagen Voigt & Geldner; das erst recht nicht. Die Höhe, der Druck, das Steigen der Mieten müssen ertragen werden, obwohl außerdem noch der Wettbewerb des billigsten Bodens hinzutritt. „Unsere Erzeugnisse müssen konkurrieren“ — gewiß; aber unter welchen Opfern, unter welchen Entbehrungen, unter welchen Schädigungen das geschieht, ist gleichgültig, wenn nur die Bodenrente gedeiht. Jeder Pfennig der spekulativen Steigerung des Bodenwertes muß durch die werktätige Bevölkerung erarbeitet und produziert werden; jeder Vorteil, den die billigere Bodenrente anderen gewährt, ist ein Übergewicht im industriellen Wettkampf, das auf irgend eine Weise von dem Belasteten ausgeglichen werden muß — durch vermehrte Arbeitsleistung oder durch Einschränkung der Lebenshaltung.

Es ist schwer, aus einem volkswirtschaftlichen Vorgang, der

unsere gesamte städtische Bevölkerung erfaßt, einzelne Beispiele herauszugreifen; doch vielleicht genügt es, auf einen Teil der Industrie zu verweisen, mit dessen Zustand sich die Öffentlichkeit gerade jetzt eingehend beschäftigt; es ist die städtische Hausindustrie und Heimarbeit, deren Not und Elend zum großen Teil durch das Grundrentenproblem und durch die Wohnungsfrage verursacht ist. Die traurigen Mißstände der Heimarbeit, wie die Mittel zur Abhilfe gehören in erheblichem Umfang dem Gebiet des Wohnungswesens an. Sei es daß „die betreffenden Geschäftsleute" die angeblich gar nicht zu spürende Lokalmiete auf die Arbeiter abwälzen; sei es, daß die ganze Familie zur Aufbringung der Wohnungsmiete sich abplagen muß; sei es, daß der übermäßig hohe Stand der Mieten die Beschaffung zureichender Räumlichkeiten unmöglich macht und zur Benutzung schlechter und ungenügender Gelasse zwingt — immer ist es das gleiche Problem, das die Mißstände verursacht und von dem die Besserung abhängt[1]). — Dabei ist es keineswegs nur die industrielle Bevölkerung, die durch das Steigen der Bodenrente belastet wird. Doch liegt hier weder die Möglichkeit noch auch nur die Absicht vor, die einzelnen Fragen aus diesem Gebiet aufzuzählen, geschweige denn zu erörtern.

Gewiß, unsere Industrien müssen mit denen konkurrieren, die unter billigeren Bedingungen arbeiten. Wir kennen zur Genüge die Schwierigkeiten, den Zwang zu gesteigerter Anstrengung, die endlosen Schädigungen, die hierdurch entstehen. Wir spüren bei der Arbeit wie in der Lebenshaltung die Belastung, die uns die Bodenrente abpreßt und der sich keine andere Last an Schwere und Ungerechtigkeit der Verteilung vergleichen läßt. Aber — lautet die Schlußfolgerung —, denen, die in der Stadt bleiben müssen, schadet das nichts; und die, die vor der Grundrente flüchten, bringen der Stadt durch ihren Wegzug obendrein noch einen Vorteil. — Daß eines der ernstesten Probleme unserer Volkswirtschaft von spekulationsfreundlicher Seite in der oben wiedergegebenen Weise behandelt wurde, und daß diese Behandlung sich in das Gewand der Wissenschaftlichkeit kleiden

[1]) Zu dieser wohl allgemein geteilten Auffassung vgl. die Ausführungen von Staatminister Dr. Delbrück, daß „die Hygiene der Heimarbeit nur durch eine Wohnungsreform gebessert werden kann", Preuß. Abgeordnetenhaus, Sitzung vom 16. Februar 1906.

durfte, ist gewiß eines der bemerkenswertesten Ergebnisse des Voigt & Geldner'schen Buches.

Nachdem Voigt & Geldner die Auffassung vom natürlichen Bodenmonopol in dieser Weise beseitigt oder sagen wir fünffach gestützt haben, wenden sie sich gegen die Annahme der künstlichen und spekulativen Wertsteigerung. Dieser Teil des Voigt & Geldner'schen Buches ist vollständig polemisch und richtet sich gegen Lujo Brentano's und meine Auffassung. Das eigentliche Gebiet der Bodenspekulation ist der unbebaute Boden, die Außenbezirke der Städte, im technischen Sinne das Gebiet der Stadterweiterung. Das die Stadt umgebende Außengelände ist in den meisten deutschen Großstädten spekulativ aufgekauft. Es wird von einer Reihe von volkswirtschaftlichen Autoren, so auch von Brentano und mir behauptet, daß hierdurch eine künstliche, nicht in der natürlichen Hausbaurente begründete Steigerung des Bodenwertes stattfinde. Ich habe das Vorgehen der Bodenspekulation durch die Formel ausgedrückt: die Marschroute der Bodenspekulation ist der ächten städtischen Grundrente entgegengesetzt und von außen nach innen gerichtet[1]).

Das Hauptmittel der Bodenspekulation bei dem spekulativen Wohnungsbau bildet die gedrängte (vielstöckige) Bauweise, die die höchsten Gewinne ergibt. Meine Untersuchungen haben nun gezeigt, daß die gedrängte Bauweise nicht, wie es der natürlichen städtischen Entwickelung entsprechen würde, von innen nach außen, sondern von außen nach innen vorrückt[2]). Dieser Nachweis bildet eines der wichtigsten und entscheidenden Ergebnisse für die Beurteilung unseres Städtebaus. Die Mietskaserne hat in dem Außenbezirk begonnen; die durch die Bodenspekulation bewirkte

---

[1]) Ebenso Brentano: „Der Druck der Bodenspekulation geht von außen nach innen und preßt die Bevölkerung zusammen." Die gleiche Ansicht vertritt Franz Oppenheimer. S. auch nächste Anmerkung.

[2]) Vgl. Wilh. Mewes, Bodenwerte, Bau- und Bodenpolitik in Freiburg i. B., 1905 S. 45: „Außer ganz vereinzelten Straßen der Innenstadt sind höhere Häuser als bisher durchweg immer zuerst in der Stadterweiterung entstanden und haben erst später, wie auch heute deutlich zu beobachten ist, durch Stockaufbauten in den Straßen der älteren Stadterweiterung Eingang gefunden. Es zeigt sich schon darin, daß das Steigen der Geschoßzahl nicht eigentlich durch einen Druck der Nachfrage nach dem Stadtzentrum veranlaßt ist, sondern durch die Bodenspekulation.

Zusammendrängung der Bevölkerung ist *am stärksten auf dem reichlich vorhandenen, ursprünglich billigen Gelände der Außenbezirke.* Den ersten Beleg für diese Verhältnisse liefert uns die Statistik. Bereits in meinen „Städtischen Bodenfragen“ habe ich gezeigt, daß die Behausungsziffer (Zahl der Einwohner auf das bewohnte Grundstück) in Berlin in der Richtung nach der Peripherie zunimmt und am höchsten ist in den äußersten Bezirken. Die Ziffer betrug im Jahre 1890:

Friedrichstadt	44
Luisenstadt diesseits des Kanals . . .	61
„ jenseits „ „ westlich	96
„ „ „ „ östlich	127

Bemerkenswerter noch wird das Bild, wenn wir in einer größeren Anzahl von Städten die Höhenausnutzung (Stockwerkszahl) und die Behausungsziffer kombinieren und ihr Fortschreiten innerhalb mehrerer Zählperioden vergleichen. Dies ist in meinem „Wohnungswesen“ (S. 30fg.) geschehen; ich entnehme den dort mitgeteilten Tabellen, auf die ich wegen der Einzelheiten verweise, einige Ziffern:

	Auf 1 Gebäude Einwohner		Prozentanteil des IV. Stockwerks	
	1895	1900	1890	1900
Crefeld	14,23	13,96		
Köln	14,76	15,82	2,33	
Straßburg		16,97		
Barmen	18,21	18,36		1,43
Breslau	38,59	40.70	14,82	18,97
Charlottenburg		60,07		13,46
Berlin	71,15	77,00	17.26	19,32

Das Ergebnis läßt sich dahin zusammenfassen, daß die günstigsten Ziffern der Bodenausnutzung sich zeigen in den *Festungsstädten* (Köln, Straßburg) und in den rasch anwachsenden *Industriestädten* (Crefeld, Elberfeld, Barmen); die ungünstigsten dagegen in den *offenen Städten mit reichlich verfügbarem Baugelände*, vor allem in Charlottenburg und Berlin, den Hauptsitzen der Bodenspekulation. Die Bodenspekulation zieht einen vielfach stärkeren Wall um die Städte und schnürt die Bevölkerung viel enger ein als eine Festungsmauer.

Die spekulative Bebauung geht nun in der Praxis in der Weise vor sich, daß zu äußerst, rings von freiem Felde umgeben, die vielstöckigen Wohngebäude vereinzelt entstehen. An der Stelle, wo die städtische Hausplatzrente in die städtische Ackerbaurente übergeht, finden wir nicht, wie wir erwarten sollten, den Flachbau, sondern hier herrscht die gedrängteste Bauweise. Das vielstöckige Wohnhaus wird zunächst vereinzelt aufgeführt. Der allgemeine Bodenpreis erreicht eine künstlich getriebene Höhe; denn der Wert der gedrängten Bebauung wird dem Geländepreis zugeschlagen. Der neue Bodenpreis überträgt sich naturgemäß allgemein auf den umliegenden Bezirk, da für die fernere Bebauung allgemein auf den erhöhten Preis gerechnet wird. Dem Außenlande ist hiermit ein künstlich geschaffener Wert verliehen; auf dem verteuerten Boden ist die gedrängte Bauweise systematisch festgelegt. Die preisermäßigende Wirkung des Baulandes der Außenbezirke ist aufgehoben. Gebaut wird hierbei nicht nach dem Grundsatz der Stadtnähe; sondern bebaut wird dasjenige Land, an dessen Bebauung Spekulanten und Kapitalisten ein Interesse haben, um hierdurch ihre Spekulationsgewinne zu realisieren[1]). Diese Art der Bebauung, die mit dem spekulativen Festhalten von Baugelände eng verknüpft ist, habe ich als das System des „Lückenbaus“ — im Gegensatz zu dem Bau in geschlossener Folge — bezeichnet.

Das Vorkommen des „Lückenbaus“ und der mit ihm zusammenhängenden Verhältnisse wird nun von Voigt & Geldner auf das heftigste bestritten.

„Von zahlreichen Komplexen von Bauland, die innerhalb der Bebauungsgrenze unbebaut liegen bleiben, wie Eberstadt behauptet, wird außer ihm wohl Niemand etwas bemerkt haben,“

erklären Voigt & Geldner S. 95. Diese Erklärung versetzt mich allerdings in die übelste Lage. Denn ich müßte zum Beweis die Bauweise in einer Unzahl deutscher Großstädte, Berlin, München, Leipzig, Halle, Cassel u. a. m., schildern und am Ende gar die Angaben aus meinen eigenen Untersuchungen heranholen, eine Darlegung, zu der der hier verfügbare Raum nicht entfernt reichen würde. Zu meinem Glück kommt mir die Hilfe von einer Seite,

[1]) Wegen der Einzelheiten vgl. meine Preisbildung der Bodenwerte; Bericht über den VI. Internationalen Wohnungskongreß, Berlin 1903 S. 76 ff.

von der ich sie in solcher Notlage unbedingt erwarten kann, nämlich von Voigt & Geldner selber. Auf S. 116 ihres saloppen Buches sagen Voigt & Geldner bei der Besprechung der Düsseldorfer Verhältnisse: „Die Wirkung der Bauordnung ist jedenfalls die gewesen, daß die Lücken in der Innenstadt, die bei Erlaß der Bauordnung noch recht zahlreich waren, sehr schnell ausgefüllt wurden.“ So haben denn Voigt & Geldner selber auf S. 116 die zahlreichen Lücken entdeckt, die nach S. 95 „noch niemand bemerkt hat“.

Die Praxis des Lückenbaus ist im übrigen eine so allgemeine und für die Ziele der Bodenspekulation eine so notwendige und naturgemäße, daß es kaum der Bestätigung durch Beispiele bedarf. Die Bodenspekulation im ganzen und die einzelnen Bodenspekulanten müssen, wenn sie die Bodenpreise heben wollen, das Mittel anwenden, die gedrängte Bauweise an der äußersten Grenze der Stadterweiterung beginnen zu lassen, um hierdurch auf das stadteinwärts gelegene Gelände zu wirken. Um die Bebauung einzuleiten und heranzuziehen, werden mitunter einzelne Baustellen billiger abgegeben; ein Verfahren, das sich stets reichlich lohnt. (Vgl. auch die Anmerkung.)[1])

Voigt & Geldner tun indes auch in diesem Fall noch ein übriges: sie beweisen uns noch im besonderen die bautechnischen Schäden und Sinnwidrigkeiten des Lückenbaus. „Jeder vernünftige Bauunternehmer (sic) wird die Lücken zu meiden suchen . . . Der „Lückenbau“ ist ein unvermeidliches Übel für die Unternehmer“, heißt es S. 95. Sehr richtig; das ist gerade das, was wir behaupten. Die Harmonie wäre die vollständigste, wenn Voigt & Geldner bei dieser Darlegung nicht arglistigerweise die Schuld an dem unvorteilhaften Lückenbau dem Bauunter-

---

[1]) Da es jetzt Sitte zu werden scheint, nur Einzelbeispiele zu verwenden, so sei zur Erläuterung folgender Fall erwähnt. Die Besitzer eines großen Geländekomplexes an der Berliner Peripherie verkauften im Jahre 1904 ein Grundstück am äußersten Ende der noch unbebauten Flächen zu dem Ausnahmepreise von 650 Mk. für die Quadratrute, damit mit der Bebauung an der äußersten Stelle begonnen werde. Die Berechnung erwies sich als richtig; das stadteinwärts gelegene Gelände wurde alsbald in rascher Folge auf 900, 1100 und 1800 Mk. und darüber gesteigert. Es ist dies für die Spekulation ein ganz natürliches Vorgehen und ich weiß nicht, was man daran auch nur theoretischer Weise auszusetzen findet.

nehmer zuschöben, während sie genau wissen, daß die Bodenspekulation der Urheber ist. Bei dieser Handlung aber übersehen Voigt & Geldner in ihrer Verwirrung wieder eines: nämlich, daß sie hierdurch ihr oben S. 10 und 14 besprochenes Schema umwerfen und klar zeigen, daß der Bauunternehmer, wie wir das behaupten, nehmen muß, was die Bodenspekulation ihm bietet.

Wenn die Bodenspekulation imstande ist, ihrerseits auf die Preise zu wirken, so ist dies nur unter zwei Voraussetzungen möglich: die Bodenspekulation muß eine einseitige Spekulation sein, ohne zureichende und organisierte Gegenkraft; sie muß ferner über bestimmte Einrichtungen verfügen, die ihren Interessen dienen. Der bloße Wille des Spekulanten kann keine Wertbewegungen durchsetzen; er genügt in keiner Weise um Preiserhöhungen zu erzwingen. Es ist vielmehr nur die von Professor Voigt befolgte Methode des Naturrechts, die annimmt, daß Wunsch und Wille der Individuen hinreichend seien, um bestimmte reale Wirkungen in der Volkswirtschaft hervorzubringen (siehe oben, erstes Kapitel). Meine Arbeiten stehen auf dem entgegengesetzten Standpunkt. Es ist der Grundzug der sich hier entgegenstehenden Anschauungen — und wie ich hinzufüge, der einzige wissenschaftliche Differenzpunkt zwischen Voigt & Geldner und mir — daß Voigt & Geldner in unseren heutigen Bodenverhältnissen eine natürlich-individualistische Entwickelung sehen, während ich die Zustände in ihren wesentlichen Teilen als das Ergebnis bestimmter Verwaltungseinrichtungen bezeichne. Auf diesen beiden Gebieten, und nicht durch Fiktionen und schlimmere Dinge hätte der Streit ausgefochten werden müssen.

Voigt & Geldner haben indes den Begriff der Spekulation mit keiner Silbe untersucht und die Institutionen des Immobiliarverkehrs mit keinem ernsten Worte berührt. Die Bodenspekulation ist eine einseitige Spekulation; sie unterscheidet sich hierdurch scharf von anderen Spekulationsformen, so z. B. von der Effektenspekulation und der Getreidespekulation, die sich nach beiden Richtungen, d. h. nach oben und unten, vollziehen und bei denen zwei gleichwertige Parteien ihre diametral entgegengesetzten Interessen durchzuführen versuchen. Im Boden dagegen kann niemand à la baisse spekulieren; die Spekulation vollzieht sich hier ganz einseitig in der Richtung nach oben und hat ausschließlich die

Tendenz, eine Preissteigerung herbeizuführen[1]). Gleichviel in wessen Hand der Boden sich befindet, die spekulative Wertbewegung tendiert immer nach oben. Schon hierdurch nimmt die Bodenspekulation eine Sonderstellung gegenüber allen anderen Spekulationsformen ein.

Die äußeren Mittel nun, um ihre Interessen durchzusetzen, findet die Bodenspekulation in den Institutionen des Immobiliarverkehrs. Von diesen kommen insbesondere in Betracht die Einrichtungen für den Realkredit und das Hypothekenwesen, die wir im folgenden Kapitel zu besprechen haben.

Drittes Kapitel.

Der Realkredit und die Bodenverschuldung.

Unter den Einzelproblemen der Bodenfrage bildet die Behandlung des Realkredits wohl eines der schwierigsten. Eine hochstehende und fortschreitende Bodenkultur bedarf unbedingt eines reichlichen und stetigen Zustroms von Produktivkapital; sie ist ohne diesen schlechthin unmöglich. Der Weg der Kapitalzuleitung aber ist der des Kredits. Daß die hohen Aufwendungen für die Bodenkultur in barem Gelde bestritten werden, ist weder tunlich noch auch nur wünschenswert. Die Schöpfungen der Bodenkultur — Meliorationen, Hausbauten — gewähren meist eine lange Dauer und Nutzung; der Boden selbst bietet ein sicheres und nicht entziehbares Unterpfand. Für die Kapitalzufuhr und den Realkredit bestehen deshalb besondere Verwaltungseinrichtungen von größter Bedeutung, die deutschrechtlichen Ursprungs sind und das gesamte Hypotheken- und Grundbuchwesen umfassen. Die Aufgabe dieser Einrichtungen ist es, durch das staatlich geführte Grundbuch und durch die Regelung und Organisation des Hypothekenverkehrs dem Boden das Produktivkapital in ausreichenden Mengen, gegen die beste, reale Sicherheit und zu billigen Bedingungen zuzuführen.

[1]) So zuerst in meiner „Preisbildung der Bodenwerte", Bericht über den VI. Internationalen Wohnungskongreß Berlin 1903 S. 72. Die Angabe von Voigt & Geldner S. 147, die die obige Darlegung einem andern Autor zuschreiben, ist irrtümlich. — Über die Spekulation im allgemeinen vgl. die oben S. 2 Anm. 1 zitierte Abhandlung; über die Preisentwickelung der Bodenwerte vgl. unten II. Abschnitt, 2. und 4. Kapitel.

In der städtischen Bodenkapitalisierung entstehen nun heute, d. h. bei der spekulativen Form der Wohnungsherstellung, eigenartige Verhältnisse. Der städtische Häuserbau bewirkt, daß durch die Errichtung eines ertragsfähigen Gebäudes ein bis dahin gänzlich oder nahezu gänzlich ertragloser Anspruch, nämlich die Forderung des Bodenspekulanten zu einem realisierbaren Werte wird. Nicht nur der Bauwert des Hauses wird durch die Bebauung geschaffen; sondern der spekulative Bodenwert wird, wenn man ihn mit dem Bauwert zusammenschmelzen läßt, gleichzeitig realisierbar. Die Forderung des Bodenspekulanten, der über die erste Stelle im Realkredit verfügt, ist den Interessen des Häuserbaus in jeder Weise entgegengesetzt. Es entsteht nun die Frage, ob dem Bodenspekulanten ein Wert zuwachsen solle, der weder durch sein Kapital, noch durch seine Arbeit, noch auch nur innerhalb seines wirtschaftlichen Bereichs geschaffen ist.

In der bodenrechtlichen Behandlung stehen sich hier zwei Anschauungen gegenüber. Das Römische Recht verlangt, daß jede auf den Boden gemachte Aufwendung dem Besitzer des Bodens zufalle; ein Grundsatz, der erst während der römischen Kaiserzeit unter dem Zwang der Verhältnisse durch die Ausnahme der Superficies durchbrochen wurde. Das deutsche Recht dagegen, dem wir unser neuzeitliches Grundbuchwesen verdanken, behandelt den Boden und das Bauwerk von jeher getrennt. Die mit dem Aufschwung des Städtebaus im Mittelalter ausgebildeten Institutionen des Immobiliarverkehrs beruhen auf der rechtlichen Scheidung von Boden und Bauwerk und führen den Grundsatz durch, daß an dem durch Kapital und Arbeit geschaffenen Werte der Bodenbesitzer kein Recht habe [1]). In der späteren Entwickelung drang indes die römischrechtliche Auffassung wiederum durch; das alte Recht hat sich dagegen in der Gegenwart erhalten in der Ausnahme der sog. Meliorationshypothek (Art. 118 Einf.-Ges. B.G.B.), die die rechtliche und grundbuchliche Trennung einer auf Melioration beruhenden Forderung zuläßt [2]).

An dieser Stelle haben meine Untersuchungen eingesetzt. Die städtische Wohnungsproduktion leidet heute allgemein unter

[1]) Mein Wohnungswesen S. 12.

[2]) Wegen der Einzelheiten vgl. Rheinische Wohnverhältnisse S. 106; Der deutsche Kapitalmarkt S. 219 ff.

dem Mißstand, daß das Produktivkapital nur schwer, in ungenügender Menge und unter ungünstigen Bedingungen erhältlich ist; während zugleich der Boden mit einem Übermaß von hypothekarischer Verschuldung belastet ist. Beide Vorgänge beruhen auf der gleichen Ursache. Der Bodenspekulant verfügt über den durch die Bautätigkeit zu erzeugenden Wert. Realisiert aber wird der Spekulationsgewinn lediglich durch hypothekarische Belastung des durch die Bebauung hervorgebrachten Grundstückswertes. Das heutige System des Realkredits und der grundbuchlichen Behandlung hat also eine dreifach fehlerhafte Wirkung: der spekulativen Forderung wird durch fremde Aufwendungen Wert, Sicherheit und Ertrag verliehen; zugleich nimmt der Bodenspekulant die Stelle ein, die dem Produktivkapital zukommt und die wir für dessen ausreichende Beschaffung gebrauchen. Die städtische Verschuldung endlich, die nicht auf den Grundbesitzern, sondern auf den Mietern (der Gesamtbevölkerung) lastet, ist steigend und unablösbar; eine Tilgung findet nicht statt.

Diesen Zuständen gegenüber habe ich die Forderung der Rückkehr zu unserem deutschrechtlichen System und den Grundsatz der Hypothekendifferenzierung aufgestellt, d. i. Trennung der Hypotheken in Meliorationshypotheken, die für die zur Besserung (Bebauung) des Grundstücks verwendeten Darlehen gewährt werden, und in einfache Bodenschulden. Die grundbuchliche Belastung des Bodens für produktive Zwecke soll getrennt werden und dauernd getrennt bleiben von der Belastung für immaterielle und spekulative Forderungen, sodaß der Bauwert nicht mehr genutzt werden kann zur Realisierung der spekulativen Ansprüche. Zugleich wird hierdurch die Aufnahme produktiven Kapitals und produktiver Schulden erleichtert; ferner wird, da die Meliorationshypothek der Amortisation unterliegt, auf die Tilgung der Bodenschulden hingewirkt. Soweit sich die nationalökonomische Wissenschaft mit diesen Fragen beschäftigt hat, hat sie, wenn auch unter eingehender Kritik der Einzelheiten, dem Endergebnis meiner Untersuchungen zugestimmt, daß wir in der Gestaltung des Realkredits eine der entscheidenden Grundlagen des Wohnungswesens, „den Hauptschlüssel zur allgemeinen Wohnungsfrage“, zu erblicken haben

Um so schärfer wenden sich Voigt & Geldner gegen die hier kurz umrissene Auffassung. Nach einer Wiedergabe meiner Anschauungen, die nichts als grobe Unrichtigkeiten enthält und auf die wir später hin zurückkommen werden, stellen mir Voigt & Geldner folgende Auffassung des Realkredits entgegen:

„Daß gerade die städtische Bodenschuld, trotz Kündbarkeit im einzelnen, im ganzen so gut wie unkündbar ist, daß sie niemals zurückgezahlt werden wird (sic), weil Niemand an ihrer Tilgung ein Interesse hat (sic), daß sie schon aus diesem Grunde Keinem Beschwerde bereiten kann (sic), das kommt E. nicht in den Sinn. Und können die Gläubiger etwa an ihr verlieren? Keine private Schuld ist sicherer als diese.“ (S. 198.)

Ich will offen und ohne Einschränkung zugeben, daß es ein wohlberechneter und schwerer Schlag ist, den Voigt & Geldner hier gegen mich führen, und ich bin an der empfindlichsten Stelle getroffen. Die Arbeit von Jahren — vielleicht die mühseligste, die ich je unternommen — ist vernichtet; die Anschauungen, mit denen mein Name vielleicht am engsten verknüpft ist, sind verfehlt. Eine neue Lehre vom Realkredit und seinem Wesen ist aufgestellt, so klar, deutlich und natürlich, daß ich ihr meinerseits nichts entgegenzusetzen wüßte. Meine Sache wäre verloren, wenn ich nicht zu meinen Gunsten den Ausspruch einer unbezweifelten Autorität anführen könnte, die meinem Gegner mit folgenden Worten entgegentritt:

„Statt für die Baukosten eine Amortisation einzusetzen, wurde der Zinsfuß (sic) der ersten Hypothek im Betrage von 1550000 Mk. um $^{1}/_{2}$ $^{0}/_{0}$ erhöht und dadurch eine Amortisationshypothek geschaffen. Diese Form der Beleihung ist heute noch die seltenere. Sie hat den unzweifelhaften Vorteil (sic), daß sie hinsichtlich der Kündigung auf lange Zeit gesichert ist (sic) und die Schuldsumme allmählich, in unserem Falle in etwa 56 Jahren getilgt wird (sic).“

Doch der Leser weiß schon, — ich brauche es ihm nicht mehr zu sagen — es sind Voigt & Geldner selber, die sich selber in dieser grausamen Weise abschlachten. Wort für Wort, Satz für Satz, Gedanke für Gedanke sagen die Herren auf S. 317 das Gegenteil dessen, was sie auf S. 198 verkündet hatten. Wenn die zweite Stelle nur in fehlerfreiem Deutsch geschrieben wäre, so könnte sie ohne weiteres von mir herstammen[1]). Doch wie

[1]) In der Tat, ein merkwürdiger Zinsfuß, der — denn er bildet das Subjekt in dem obigen Satzmonstrum — in der Lage war, eine Amortisation einzusetzen und dann sich eines besseren besonnen wurde. Aber auf dem Boden, auf dem die unverzehrbare Unvermehrbarkeit wächst (s. oben S. 21) müssen auch die Zinsfüße lebendig werden und Amortisationen einsetzen.

ein vielfach Reicher doppelt gibt, so tun V. & G. auch hier unendlich mehr als ich hätte leisten können; sie erkennen auf S. 317 die auf S. 198 verworfene Anschauung nicht nur theoretisch und deduktiv als die allein richtige an, sondern sie befolgen sie auch induktiv und praktisch. — Indes sei hier doch nun eine Frage gestattet: sind wir eigentlich dazu verurteilt, uns durch dieses Labyrinth des Unsinns und der Unwissenheit hindurchzuwinden? Muß hier nicht der Ariadnefaden, den man Geduld nennt, einmal abreißen? Ich hoffe, daß dies bei dem Leser noch lange nicht der Fall sein wird; denn es stehen uns noch weit größere Dinge bevor, und V. & G. verstehen es, die Sensationen bis zum Ende immerfort zu steigern.

Die obigen Sätze, die V. & G. auf S. 198 ihres Buches aufstellen, verdienen in das goldene Buch des Spekulantentums eingetragen zu werden. In dem V. & G.'schen Buch finden sich wenige Stellen, die mit gleicher Kühnheit wie diese gegen die Tatsachen und gegen die wissenschaftliche Lehre vorgehen. Karl Knies, nächst Nebenius der unübertroffene Klassiker der Lehre vom Kredit, stellt drei Scheidungen auf, nach denen der Bodenkredit zu behandeln ist:

1. nach der Verwendungsbestimmung des Leihkapitals für Konsumtivkredit, Produktivkredit, Meliorationskredit;
2. nach der Sicherung des Gläubigers bezüglich der späteren Gegenleistung;
3. nach der Quelle, aus der die Gegenleistung an den Gläubiger zu entnehmen ist[1]).

Ich habe dem allen gegenüber nur einen Herzenswunsch, den ich gleich in das geliebte V. & G.'sche Deutsch übertragen will: statt über die Wohnungsfrage zu schreiben, möchte doch einmal eine deutsche Grammatik von V. & G. verfaßt werden. Sie würde Erfolg haben. — Vielleicht darf ich zu den obigen gleich noch einige Vorbilder der neuen Sprachlehre hier anfügen: der Bebauungsplan mit seinen impliciten (sic) Bestimmungen (S. 329); das Gefühl des zurückgezahlt werden Müssens (S. 198); in neuem jungen Gelände (S. 152); der Leser verzeihe diese harte Worte (S. 243); die Häuser wurden für bezugbar (!) erklärt (S. 310); der Beamte hat ferner die beiden Heizer, welcher (sic) jeder vier Kessel zu bedienen hat, zu beaufsichtigen (S. 314). Andere Stellen werden uns weiterhin begegnen. Wie wenig diese Beispiele den Anspruch auf Vollzähligkeit machen können, weiß nur der, der das Buch genau gelesen hat.

[1]) Kredit II, Abt., Berlin 1879 S. 300 und öfter.

Der Leser wird unschwer sehen, daß meine Darstellung der Bodenverschuldung mit den Knies'schen Scheidungen, die der Eigenart des Bodenkredits vollständig entsprechen, genau übereinstimmt. Daß es einen Dozenten der Nationalökonomie gibt, der von diesen Elementarsätzen auch nicht die entfernteste Ahnung hat, mag schon Wunder nehmen. Daß aber die unsinnigen Behauptungen, wie sie Professor Voigt auf S. 198 seines Buches aufstellt, in anmaßendstem Tone als wissenschaftliche Lehrmeinung in einer der Grundfragen unserer Volkswirtschaft bezeichnet werden, das scheint mir doch ein bedeutsames Kennzeichen für den Stand des von Professor Voigt vertretenen Teils der Nationalökonomie zu sein.

Neben dem Theoretiker Karl Knies seien unter den aus der Praxis kommenden Anschauungen noch erwähnt die Arbeiten von Felix Hecht, die durchweg auf dem Grundsatz beruhen: „eine jede Generation soll die von ihr aufgenommenen Bodenschulden tilgen“ [1]). Es bedarf nicht der Hervorhebung, daß Felix Hecht diesen Grundsatz gerade im Interesse des Realkredits aufstellt; denn die Bodenkultur bedarf, wie oben vorangestellt, fortwährend der Zufuhr neuen Kreditkapitals, das sie nicht oder nicht zu günstigen Bedingungen erhalten kann, wenn die Stelle zur Aufnahme von Realkredit durch alte Belastungen besetzt ist. Von Einzeluntersuchungen sei hier nur die Monographie von Friedr. Carl Freudenberg genannt [2]). Ich lasse es an diesen Angaben genügen; denn die V. & G.'sche Auffassung vom Wesen des Kredits ist im übrigen so ungeheuerlich, daß sie nur der Unterstreichung, nicht der Widerlegung bedarf. — Noch besser vielleicht sind die Voigt & Geldner'schen Leitsätze über den Charakter der Verschuldung. Die städtische Bodenschuld ist „im ganzen unkündbar“ lautet der erste Grundsatz; „sie wird niemals zurückgezahlt werden, weil niemand an ihrer Tilgung ein Interesse hat“, lautet der zweite Satz. Richtig; wenn man unter „niemand“ den spekulativen Hausbesitzer versteht und den „jemand“, d. i. die Gesamtheit unserer Bevölkerung, außer acht läßt. Der spekulative Hausbesitzer — und nur dieser allein — hat ein Interesse an der möglichst hohen Verschuldung seines Grundstücks; er widersetzt sich sogar der

---

[1]) Felix Hecht, der europäische Bodenkredit B. I, Leipzig.

[2]) Das Verhältnis von Verschuldung und Mietzins in der Stadt Mannheim, Karlsruhe 1906, insbes. S. 66.

Schuldentilgung, wo ihm diese ermöglicht wird. Die Gründe für diesen vortrefflichen Zustand habe ich an anderer Stelle auseinandergesetzt [1]).

Mit Bezug auf die V. & G.'schen Behauptungen aber habe ich hier einen Vorgang zu verzeichnen, der die Wirkungen der städtischen Verschuldung knapp zusammenfaßt und in Bezug auf Beweiskraft kaum übertroffen werden kann. Während der deutschen Krisis des Jahres 1900 erfolgte der Zusammenbruch einiger großen Hypothekenbanken und im Anschluß an diesen eine allgemeine Erschütterung des Marktes der Hypothekenbankpfandbriefe. Die Folge war, daß der Hypothekenzinsfuß stieg und der Zinssatz für Hypotheken — die Verschuldung ist ja nach V. & G. „im ganzen unkündbar" — um $^{3}/_{4}$ bis 1 Proz. erhöht wurde. Der Zinsfuß für die zweiten und späteren Hypotheken ist deshalb von besonderer Bedeutung für das Wohnungswesen, weil die Massenmietshäuser bis zu 90 Proz. oder selbst 96 Proz. ihres — oft nur fiktiven — Wertes verschuldet sind. Die Wirkung der Zinsfußerhöhung war nun keineswegs, daß die einzelnen von dem Vorgang betroffenen Hausbesitzer die Mehrbelastung trugen, sondern die Mieten wurden erhöht; in Berlin betrug die Steigerung für die Kleinwohnungen etwa 30 Mark (10 Proz. des Mietpreises). Die Zusammenhänge wurden seiner Zeit in der Berliner Stadtverordnetenversammlung und von anderer, der einseitigen Parteinahme unverdächtiger Seite eingehend erörtert [2]).

Diese Berliner Mietserhöhung von Ende 1900 und 1901 enthält so ziemlich alles, was als Widerspruch gegen die naturgemäßen wirtschaftlichen Voraussetzungen bezeichnet werden kann; sie ist deshalb besonders lehrreich. Die Mietserhöhung erfolgte während eines Zusammenbruches der Hochkonjunktur und ohne jeden Zusammenhang mit populationistischen Vorgängen, zum Teil im diametralen Gegensatz zu diesen. Eine schwere Wirtschaftskrisis war ausgebrochen und verschärfte sich während des Jahres 1901

---

[1]) Kapitalmarkt S. 257 f. und besonders S. 259.

[2]) Vergl. die Angaben in meiner Preisbildung der Bodenwerte, Bericht über den VI. Internationalen Wohnungskongreß Band 1903 S. 86 und die daselbst zitierte Darlegung von J. Schneider „Man geht indessen fehl, wenn man glaubt, diese Verteuerung (der Hypothekenzinsen) träfe den Grundstückseigentümer direkt; es ist lediglich der Mieter, der die Kosten zu bezahlen hat, indem die Mieten z. B. in Berlin seitdem eine wesentliche Steigerung erfahren haben".

insbesondere in Norddeutschland. Die wirtschaftliche Lage in einzelnen Großindustrien verschlechterte sich; die Erwerbsbedingungen für große Arbeitermassen wurden von Monat zu Monat ungünstiger. Der Zuzug nach Berlin fiel im Jahre 1901 auf ein Viertel der Vorjahre, nämlich auf 10429 Personen, eine Ziffer, die ohne Beispiel ist in allen Zählungen bis zum Jahre 1869 rückwärts [1]). Die Arbeitslöhne der ansässigen Bevölkerung selber gingen zurück.

Trotz aller dieser Umstände, die unter natürlichen Wirtschaftsverhältnissen einen scharfen Rückgang der Mieten hätten bewirken müssen, wurde die starke Mietssteigerung durchgesetzt. Bemerkenswert ist, daß nur die spekulative Überschuldung den Anstoß zu dieser Bewegung gab. Denn die Schwierigkeiten lagen nicht so sehr oder nicht in der Hauptsache bei der langfristigen ersten Hypothek, sondern vielmehr bei der Masse der kurzfristigen Nachhypotheken, deren Beschaffung und Erneuerung schwierig wurde. Auch von der Gesamtsumme der vorhandenen Nachhypotheken wurde, wie sich von selbst versteht, nur ein Teil von den ungünstigen Verhältnissen betroffen; gleichwohl gelang die allgemeine Mietserhöhung [2]). Der ganze Vorgang zeigt uns die (von mir gewiß nicht überschätzten) Gefahren der Überschuldung, die bei einer allgemeinen oder politischen Krisis ganz anders über unsere Volkswirtschaft hereinbrechen würden als in dem obigen Fall. Es ergibt sich ferner wiederum, welche Faktoren die Bodenpreisbildung bestimmen und daß die Mieter, d. i. die Gesamtbevölkerung, als selbständig wirkende Gegenkraft hierbei nicht in Betracht kommen [3]). — Das sind einige tatsächliche Einzelheiten aus den Zuständen, die nach V. & G. „keinem Beschwerde bereiten können“.

---

[1]) Zuziehende Personen wurden in Berlin gezählt:

1869	34174	1894	15080
1870	11323	1898	46813
1871	49986	1899	43006
1875	31947	1900	42357
1885	43988	1901	10429
1890	49835		

[2]) Vergl. hierzu die Ausführungen von R. Goldschmidt Baugewerbe und Krisis (Schriften des Vereins für Sozialpolitik Bd. 111 S. 359), die wir späterhin im Worlaut anführen werden.

[3]) Vergl. oben S. 14 und 30.

Wie in jedem Kapitel, so steigert sich bei V. & G. auch in dem Abschnitt über den Realkredit die Wirkung gegen den Schluß des Kapitels. Des kräftigeren Eindrucks halber wird von V. & G. zunächst die Behauptung vorgeschickt, daß ich die „Abschaffung des Verschuldungskredits" (sic) verlange, um die Spekulation an der Realisierung ihrer Gewinne zu hindern. Im Anschluß hieran stellen dann Voigt & Geldner den Satz auf, daß die Realisierung der Spekulationsgewinne durch hypothekarische Belastung überhaupt keinen Einfluß auf die Bodenverhältnisse ausüben könne:

„Denn die schwerwiegendste Tatsache, die der Theorie E's im Wege steht, ist die, daß das eigentliche Bodenspekulationsgeschäft, wie wir es im VI. Kapitel als Handel mit noch nicht baureifem Boden gekennzeichnet haben, im großen Ganzen Bargeschäft ist . . . Auf unbebauten Boden gibt eine solide Hypothekenbank nur unter besonderer Vorsicht Darlehen und höchstens bis zu 50 % des Wertes" (S. 204).

Es ist fast zuviel des Guten, was hier auf uns eindringt. Was zunächst die mir zugeschriebene Forderung der „Abschaffung des Verschuldungskredits" anlangt, so weiß der Leser, daß diese Behauptung auf Unwahrheit beruht. Ganz im Gegensatz zu der V. & G.'schen Unterstellung will ich die Aufnahme produktiver Schulden e r l e i c h t e r n und sie gemäß unseren deutschrechtlichen Grundsätzen von der spekulativen Verschuldung getrennt halten; s. oben S. 33. Was das Bargeschäft der Bodenspekulation betrifft, so ist es zur Genüge bekannt, daß und in welchem Umfang von Privatpersonen und Terraingesellschaften hierfür Kredit in Anspruch genommen wird. Das Bodenspekulationsgeschäft in seiner heutigen Form ist vielfach g e r a d e z u a b h ä n g i g von der Höhe des gewährten Realkredits.[1]) Beim Handwechsel und Zwischenverkauf erscheinen die Spekulationsgrundstücke regelmäßig mit Hypotheken stark belastet. Daß aber eine mit 50 Proz. des Wertes hypothezierte Bodenspekulation noch als „Bargeschäft" betrachtet und daß die ein solches Darlehen gewährende Hypothekenbank noch unter die „besonders vorsichtigen" gerechnet wird — ist eine Behauptung, die allerdings überraschend wirkt. Eine nähere Erörterung ist hier gewiß nicht erforderlich.

---

[1]) Die neueren Gründungen über Bodengesellschaften zeigen dies im einzelnen. Wer es etwa nicht wußte, wird es gelegentlich der Zurückweisung oder Beanstandung der Prospekte von Berliner Terraingesellschaften seitens der Berliner Zulassungsstelle im April und Mai 1906 erfahren haben.

Nur zu der Behauptung, daß zwischen dem Barankauf eines Spekulationsgrundstückes und der späteren Realisierung der Gewinne vermittelst der Hypothek kein ursächlicher Zusammenhang bestehe, sei eine Erläuterung hinzugefügt, wegen deren ich den wissenschaftlich gebildeten Leser um Entschuldigung bitte. Jede kaufmännische Spekulation zerfällt (vgl. die Lehrbücher des Handelsrechts) in zwei Abschnitte: 1. das einleitende Geschäft, 2. das Realisationsgeschäft. Das einleitende Geschäft des Bodenspekulanten mag öfter (wenn auch nicht regelmäßig) Bargeschäft sein; die Realisation des Spekulationsgewinns dagegen erfolgt ausschließlich im Wege der Hypothek, in der der Bodenspekulant den Bauwert für seine Zwecke in Anspruch nimmt und belastet. Damit wird sich auch für V. & G. der Widerspruch lösen, daß der Boden von der Spekulation zum Teil bar bezahlt wird; daß für die Realisierung des gesteigerten Preises dagegen nur die grundbuchliche Belastung benutzt wird. Und merkwürdig genug; es hätte für V. & G. außerordentlich nahe gelegen, aus ihrem eigenen Material sich selbst und andere über diese Vorgänge zahlenmäßig genau zu unterrichten. Wir werden das Versäumte später nachholen[1]).

Wie oben bemerkt, habe ich den Leser gebeten, diesen ersten Teil nur als allgemeine Grundlegung zu unseren Erörterungen zu betrachten. Die zahlenmäßigen Nachweise des nunmehr folgenden zweiten Teiles werde ich ausschließlich den von V. & G. selbst benutzten Beispielen städtischer Hausbauten entnehmen.

---

[1]) Vergl. hierzu ferner die bei Fabarius, „Viel Häuser und kein Heim", Cassel 1905, mitgeteilten Einzelheiten.

ZWEITER ABSCHNITT.

Die städtische Bauweise.

Erstes Kapitel.

Berechnungen der Bau- und Mietswerte.

Die Erörterungen, in die wir jetzt eintreten, haben eine wesentlich andere Grundlage als die voraufgehenden; sie beruhen auf sachlichem Material und auf der Behandlung konkreter Einzelfälle aus der Praxis. Wir werden jetzt die Spekulation im Städtebau in ihren einzelnen Wirkungen und Geschäftstätigkeiten kennen lernen. Zunächst folgen wir hierbei wiederum dem von Voigt & Geldner gegebenen Material, das sich auf bestimmte städtische Wohnbauten bezieht und wohl als der Kernpunkt des V. & G.'schen Buches zu bezeichnen ist. Gewiß besitzen schon die in dem voraufgehenden Abschnitt wiedergegebenen Lehrmeinungen eine weittragende Bedeutung für unser Gebiet. Ein sehr viel größeres Gewicht aber kommt solchen Schlußfolgerungen zu, die auf praktische Beispiele gegründet sind und auf exakten Berechnungen beruhen.

Diese Beispiele und Berechnungen entstammen einer Reihe von Neubauten, die von der Geldner'schen Baugesellschaft [1]) während der letzten Jahre ausgeführt wurden. Bei der Behandlung des Wohnungswesens kommen wir nicht allzu oft in die Lage, ein Material kennen zu lernen, das sowohl die Kostpreise der Bauten selbst, wie die Mietspreise der vermieteten Wohnungen umfaßt. Es war deshalb ein äußerst ansprechendes und dankenswertes Unternehmen von V. & G., das auf die Geldner'schen Bauten bezügliche, sachliche Material zu veröffentlichen.

---

[1]) Firma Berlin-Schöneberger Baugesellschaft; vgl. oben Seite 5.

Das Material umfaßt in erster Reihe die Häuser Straßmannstraße Nr. 3, 4 & 5 in Berlin; es sind dies, wie V. & G. S. 210 hervorheben, „drei typische Berliner Mietskasernen, in denen sich nicht weniger als 115 Wohnungen von 1—3 Zimmern befinden“ [1]). Für diese typischen Bauten werden von V. & G., „um die betreffenden Verhältnisse für Berlin erfahrungsmäßig festzustellen, sowohl die Mietserträge als die Baukosten stockweise und mit Unterscheidung von Vorder- und Hinterhaus“ mitgeteilt (S. 210). Der Veröffentlichung eines so nützlichen Materials dürfte man gewiß mit Spannung entgegensehen. Die Spannung wächst aber auf das höchste, wenn wir die Ergebnisse kennen lernen, die aus der Verarbeitung des Materials hervorgehen. Dergleichen Dinge hat man noch nie gehört. Die Ergebnisse stellen buchstäblich alles auf den Kopf, was man bisher über die Mietswertverteilung glaubte. Der wirtschaftliche Vorteil des Mietskasernenbaus erscheint zahlenmäßig bewiesen. Soviel ist in der Tat gewiß, daß die Schlußfolgerungen aus dem Voigt-Geldner'schen Zahlenmaterial einen entscheidenden Einfluß auf die Meinungen über die städtische Bauweise ausüben müssen. Man höre zunächst und staune.

In zahlenmäßig unanfechtbarer Weise stellen Voigt & Geldner an ihren Bautypen fest, daß in der Mietskaserne „der Fall der Mieten mit der Höhenlage des Stockwerks im Vorderhaus bedeutend größer ist als in den Hintergebäuden“ (S. 212). Die höchst gelegenen Vorderwohnungen sind besonders billig; die vielverlästerten Hofwohnungen bringen in den obersten Stockwerken verhältnismäßig noch eine höhere Miete als die Straßenwohnungen. Aber damit nicht genug; die Hofwohnungen tragen auch, nach einer zweiten Stockwerkstabelle S. 215, in den oberen Stockwerken den dreifachen Bodenpreis des Grundgeschosses und es ergibt sich daraus der wichtige Grundsatz: „je mehr für den Bodenwert übrig bleibt, desto rentabler ist das Stockwerk“ (S. 216). Endlich zeigt es sich gar durch eine weitere Folge von Tabellen, daß von dem Grundgeschoß abgesehen,. das — Hinterhaus einen weit höheren Bodenwert trägt als das Vorderhaus (S. 217). Dies und eine Reihe anderer Dinge klangen mir

---

[1]) Die Anmerkung S. 210 weist darauf hin, daß „das eine Hinterhaus z. Zt. nicht zu Wohnzwecken dient.“

so märchenhaft, daß ich mir nicht versagen konnte, die drei „typischen Mietskasernen“ genauer zu untersuchen und darnach die Berechnungen V. & G.'s zu prüfen. Das Ergebnis war: die Angaben von V. & G. über ihre eigenen Bauten sind gröblich verfälscht und ihre Tabellen beruhen auf einem wissenschaftlichen Schwindel.

Was zunächst die typische Mietskaserne Straßmannstraße Nr. 5 anlangt, so sind deren Seitenflügel und Hofgebäude für — eine Berliner Gemeindeschule (Schule Nr. 271) verwendet. Private Mietswohnungen sind hier überhaupt nicht vorhanden. Gleichwohl ist der Mietswert dieser „Wohnungen“ in den Voigt & Geldner'schen Berechnungen nach Stockwerken und zur Ermittelung des Bodenwerts verteilt. Doch das sind nur unbedeutende Kleinigkeiten im Vergleich zu den „Typischen“ Nr. 3 und 4. Die Vorderhäuser haben hier sechs Geschosse, die Seitenflügel und Hintergebäude (nach baupolizeilicher Vorschrift) dagegen nur fünf Geschosse. Jedenfalls um den Mietern des Vorderhauses das Treppensteigen zu erleichtern, hat die Geldner'sche Baugesellschaft die Stockwerke umgetauft und der erste Stock des Vorderhauses heißt „Hochparterre“, der fünfte Stock heißt vierter Stock. Im Hinterhaus dagegen hat man diese menschenfreundliche Maßnahme nicht ergriffen, und die Mieter, die eine Treppe zu steigen haben, wohnen hier tatsächlich im ersten Stock. Gegen diese Dinge läßt sich nun durchaus nichts einwenden. Aber Voigt & Geldner haben diese Nomenklatur beibehalten für ihre Tabellen und Berechnungen, in denen sie alle Werte stockwerksweise für Vorderhaus und Hinterhaus gegenüberstellen. Sie vergleichen die Baukosten, die Mietspreise und den Bodenwertanteil des umgetauften dritten Stocks des Vorderhauses nicht mit dem auf gleicher Höhenlage belegenen vierten Stock der Hofgebäude, sondern mit dem darunter befindlichen Stockwerk. Sie vergleichen den sogenannten vierten Stock des Vorderhauses nicht mit seinem Gegenüber — denn das wäre die freie Luft und der blaue Himmel —, sondern mit dem eine Treppe tiefer belegenen Stockwerk. Durch eine Reihe von Täuschungen gelangen die Herren so zu den unglaublichsten Ergebnissen, die — wie ich hoffe, zum eigenen Schaden der Urheber — die sachliche Stütze ihrer Theorien über die wirtschaftlichen Vorzüge der Mietskaserne und der gedrängten Bauweise bilden. Ich brauche die Handlungsweise von Voigt &

Geldner nicht zu charakterisieren und verweise auf die beifolgende Skizze.

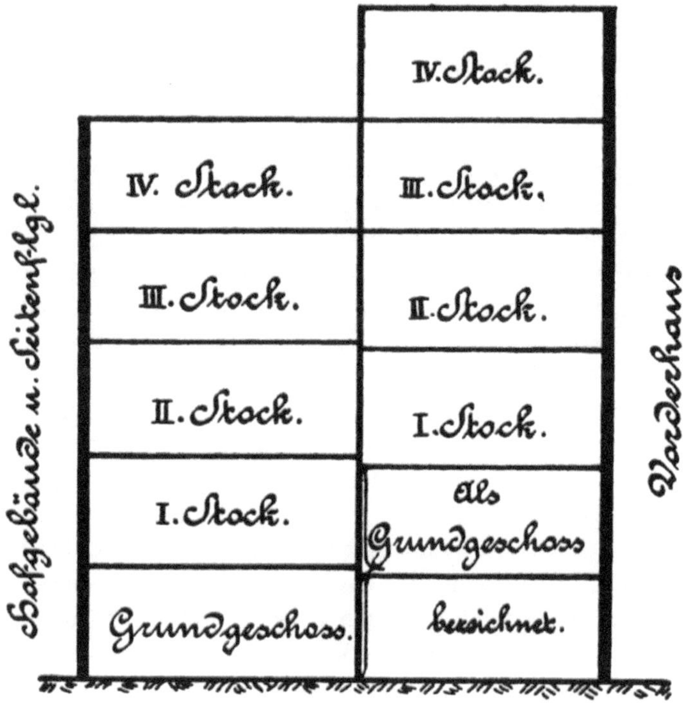

Abbildung 1.
Stockwerkslage der Häuser Straßmannstr. Nr. 3 und 4.

Nunmehr erklärt sich der Lehrsatz von Voigt & Geldner über die besondere Billigkeit des „vierten Stockwerks" in den Berliner Vorderhäusern. Daß die Miete des fünften Stockwerks, auch wenn es umgetauft ist, verhältnismäßig billiger sein muß, als die des eine Treppe tiefer belegenen Stockwerks (siehe die Skizze), ist wohl selbstverständlich. Wenn man in der Voigt & Geldner'schen Tabelle die Stockwerke richtig einstellt, so ist alles in Ordnung; die angebliche Billigkeit des vierten Stocks beruht lediglich auf einer Täuschung. Ebenso sind alle anderen Ergebnisse falsch die V. & G. aus der angeblichen Stockwerksvergleichung entnehmen. —

Etwas verwickelter sind die Manipulationen, die Voigt & Geldner zur Ermittelung der Miet- und Bodenwertverteilung vornehmen.

Es handelt sich hier um einen Zahlenschwindel, der, wenn der Leser nur einen Augenblick Geduld hat zu folgen, nicht allzu schwer aufzudecken ist. V. & G. wenden für ihre Berechnungen eine Formel an, bei der von vornherein feststeht, daß ein falsches Ergebnis unbedingt herauskommen muß. Die Berliner Mietskaserne besteht, wie bekannt, aus Vorderhaus und Hintergebäuden, die von sehr ungleichem Bau- und Mietswert sind, während für das ganze Grundstück, wie sich von selbst versteht, von dem Käufer ein einheitlicher Bodenpreis (z. B. 70 Mark für den Quadratmeter) gezahlt wird. V. & G. wollen nun ermitteln, wie sich dieser einheitliche Bodenpreis auf die verschiedenen Stockwerke und Lagen eines Gebäudes verteilt. Das Vorgehen ist folgendes: die Nettomiete eines Stockwerks wird zu einem bestimmten Zinsfuß (hier $5^1/_3$%) kapitalisiert; von dem erlangten Betrage werden zunächst die Baukosten des betreffenden Stockwerks abgezogen; was übrig bleibt, — — ist der Bodenwert. Bei einem Bauwerk mit verschiedenartigen Wohnungen (Mietskaserne) muß nun diese Formel unbedingt das unsinnige Ergebnis haben, daß die teuersten Wohnungen den niedrigsten Bodenwert, die billigsten Wohnungen dagegen den höchsten Bodenwert aufweisen. Denn V. & G. bezeichnen als Bodenwert denjenigen Betrag, der nach Abzug der Baukosten übrig bleibt; also muß sich hierbei in allen Fällen ergeben, daß der Grund und Boden im teuer gebauten Vordergebäude den kleinsten, in dem billig gebauten Hintergebäude den höchsten Wert hat. Dieser Wahnwitz wird nun tatsächlich durch die V. & G.'schen Tabellen festgestellt. Die Herren verschweigen dabei, daß das Endergebnis durch die sinnlose Formel bereits zum voraus feststeht. Es kann gar nichts anderes herauskommen, als daß für die beste Lage und den teuersten Bauteil der geringste Bodenwert übrig bleibt.

V. & G. gehen in ihrer Berechnung (S. 213) davon aus, daß sie von den Bruttomieten ihrer Häuser $18^1/_2$% Unkosten abziehen zur Ermittelung der Nettomiete. Die Nettomiete (NM) wird mit $5^1/_3$% (genau 5,34%) kapitalisiert. Der Mietsbetrag ist also mit $\frac{100}{5,34} = 18,71$ zu multiplizieren, woraus sich der Betrag des kapitalisierten Mietwerts ergibt[1]. Von dem ermittelten Betrag

[1]) Von der Wahl des Kapitalisierungsfaktors hängt also zunächst der Betrag ab; nimmt man den Zinsfuß zu $5^1/_2$%, so vermindert sich der Betrag; nimmt man 5% an, so erhöht sich der Betrag.

werden nun die Baukosten abgezogen; was diese von dem kapitalisierten Mietwert übrig lassen — nichts kann einfacher sein — ist der Bodenwert. Die Formel lautet also: „Bodenwert" ist gleich Nettomietwert minus Baukosten, oder mathematisch ausgedrückt, wenn wir Nettomietwert mit NM, Baukosten mit K, Bodenwert mit B bezeichnen: B = NM – K. Daraus ergibt sich dann folgende Berechnung: ist NM = 81 Mk., K = 53 Mk. (Hinterhaus-Baukosten), so bleibt für B = 28 Mk.; ist NM = 81 Mk., K dagegen = 62 Mk. (Vorderhaus-Baukosten), so bleibt für B nur 19 Mk.; das ist in der Tat das Ergebnis für den III. Stock Hinterhaus und Vorderhaus bei V. & G.; vergl. die in der Anmerkung abgedruckte Tabelle.[1]) V. & G. haben den „Bodenwert" im entgegengesetzten Verhältnis zu den Baukosten, anstatt parallel mit diesen, verteilt. Über eine zweite hierbei zu beachtende Irreführung, die in der Gegenüberstellung von Verkehrswert und Selbstkosten liegt, s. unten.

Im einzelnen zeigen sich nun folgende kostbare Ergebnisse: der zweite Stock des Hinterhauses hat einen um ein Viertel höheren Bodenwert als der entsprechende Stock[2]) des Vorderhauses (22 Mark gegen 28 Mark); der dritte Stock des Hinterhauses dagegen hat gar einen um die Hälfte höheren Bodenwert als der dritte Stock des Vorderhauses (28 Mark gegen 19 Mark!). Das Grundgeschoß des Hinterhauses trägt nur einen Bodenwert von 10 Mark auf den qm; die vier darüber gelegenen

---

[1]) Bodenwert auf 1 qm Grundfläche (Tabelle V. & G. S. 214).

	Vorderhaus	Seitenflügel und Hinterhaus	Ganzes Haus
Grundgeschoß	57 Mark	10 Mark	30 Mark
I. Stock	22 „	28 „	26 „
II. „	19 „	28 „	26 „
III. „	18 „	28 „	23 „
IV. „	15 „	26 „	21 „
Summa	132 Mark	119 Mark	125 Mark

Die Stockwerksangaben des Vorderhauses sind unrichtig; s. oben S. 43. Ein Stockwerk in der Höhe des IV. Stocks (richtig V. Stocks) des Vorderhauses ist im Hinterhause überhaupt nicht vorhanden; vergl. die Skizze S. 44. Der Leser, der die V. & G.'schen Berechnungen etwa nachprüfen will, muß zu K (Baukosten) 10% zuschlagen. Dieser Zuschlag von 10% wird von V. & G. deshalb angenommen, weil die Geldner'sche Gesellschaft „in eigner Regie" gebaut hat. Die Ziffern lassen sich natürlich nicht nachprüfen; die Begründung des Zuschlags dagegen erscheint willkürlich. Ein kaufmännisches Unternehmen, das solide geleitet ist und nicht auf den Konkurs hinarbeitet, muß in seine Berechnungen die Unkosten einschließen. Die G.'sche Gesellschaft wird schwerlich anders rechnen oder billiger bauen, als der normale, ohne Personalspesen arbeitende Bauunternehmer.

[2]) Nach richtiger Benennung, laut unsrer Skizze S. 44.

Stockwerke tragen je das 3fache nämlich 3 mal 28 und 26 Mark. Dagegen haben die fünf Geschosse des Vorderhauses mit ihren teuren Wohnungen, Geschäftslokalen und Kneipenmieten zusammengenommen einen niedrigeren Bodenwert als die fünf Geschosse des Hinterhauses, nämlich 117 Mark gegen 119 Mark. Nun wollen wir uns nochmals den wohlerwogenen Satz vergegenwärtigen: „je mehr für den Bodenwert (sic) übrig bleibt, um so rentabler ist das Stockwerk,“ und auch der übrigen oben mitgeteilten Lehrsätze gedenken. Alle diese unter der Maske wissenschaftlich-statistischer Berechnung auftretenden Behauptungen, die sich im Original bei V. & G. durch sechs Tabellen hindurchziehen, sind nichts als Folgerungen aus unrichtigen Angaben.

Doch Voigt & Geldner lassen sich an diesen Verfälschungen nicht genügen; sie wenden vielmehr zur Täuschung eines hochgeehrten Publikums noch einen weiteren Tric an, und ich will gerne zugeben, daß dieser nächste Griff nur eine zwingende Folge des voraufgehenden ist. Voigt & Geldner haben in ihren obigen Berechnungen zwei völlig verschiedenartige Wertgrößen einander gegenübergestellt; bei den Mietserträgen haben sie den Verkehrswert der Grundstücke Straßmannstraße 3/5, bei den Baukosten dagegen die eigenen, um 10 Proz. Zuschlag erhöhten Selbstkosten angesetzt. Der Verkehrswert (kapitalisierter Mietsertrag) enthält die verschiedenen Spekulationsgewinne der Vorbesitzer des Grundstücks und der Geldner'schen Baugesellschaft, außerdem noch 1 Prozent des gesamten Grundstückswertes als „Gewinn des Hausbesitzers“ (V. & G. S. 214). Die Baukosten dagegen enthalten nichts von alledem und sind reine Kostpreise. Aus diesen beiden ganz verschiedenen Größen soll durch Subtraktion eine dritte Größe, der eigentliche „Bodenpreis“, ermittelt werden. Zieht man nun, wie Voigt & Geldner es in ihren Berechnungen tun, die Baukosten (Kostpreise) von den Mietserträgen (Verkehrswerte, Spekulationswerte) ab und bezeichnet den Rest als Bodenwert, so ergibt sich als sog. Bodenpreis ein Betrag von unsinniger Höhe, nämlich 125 Mark für den Quadratmeter; denn der Betrag, den V. & G. mit „Bodenwert“ benennen, enthält zugleich den auf das Gebäude entfallenden Teil aller Spekulationsgewinne.

Wie Voigt & Geldner auf den Gedanken kommen, den Unterschied zwischen Verkehrswert und Baukosten als Bodenpreis (!)

zu bezeichnen, bleibt für einen Menschen, der seine fünf Sinne beisammen hat, unbegreiflich. Indes es ist einmal geschehen; und somit bleibt für Voigt & Geldner nun nichts übrig als der Ausweg des „corriger la fortune", den V. & G. mit lobenswerter Keckheit, und nicht ohne eine gewisse Originalität, beschreiten. „Da von der Bodenfläche", heißt es bei V. & G. S. 214, „nach baupolizeilicher Vorschrift nur 64 Proz. bebaut sind, so (!) erhalten wir den eigentlichen Bodenpreis, wenn wir jede Zahl mit 0,64 multiplizieren." Gesagt, getan; und so entsteht eine „Bodenpreistabelle" auf S. 215, die nunmehr den nach der vorerwähnten Formel verteilten eigentlichen Bodenpreis von 80 Mark auf den Quadratmeter ergibt. „Der Wert des Grundstücks beträgt also 80 Mark für den Quadratmeter", verkünden Voigt & Geldner als Endergebnis ihres verblüffenden Experiments. Der Bodenpreis, der nach Abrechnung der Baukosten vom Mietsertragswerte 125 Mark betragen hatte, wird einfach um 36 Proz. gekürzt; denn da die Hoffläche nicht überbaut werden darf, so — — hat sie auch keinen Wert.

Das ist ein Streich, der schon gegenüber einem bäuerlichen Jahrmarktspublikum nicht ganz ungefährlich wäre; in einem wissenschaftlichen Werke dagegen bedarf er kaum der Charakterisierung. Wollte nun der Leser in seiner Unbescheidenheit fragen: Ja, wer trägt denn eigentlich die forteskamotierten 36 Proz. des eigentlichen Bodenwerts? — so wird die sichere Antwort lauten: das Berliner Polizeipräsidium als Urheber der Baupolizeiordnung. Hätte das Präsidium verfügt, daß nur 50 Proz. des Bodens bebaut werden dürfen, so würde der „Wert" der V. & G.'schen Grundstücke noch niedriger ausfallen. Die Vertreter repressiver Bauordnungen — ich selbst zähle schon deshalb nicht zu diesen, weil V. & G. mich darunter rechnen — mögen es sich merken. Wir werden übrigens später die richtigen Bodenpreise der Straßmannstraße kennen lernen, ohne daß wir es nötig haben, einen Teil des Bodens verschwinden zu lassen. Auch der durch Abzug der polizeilichen Freifläche „ermittelte" Bodenpreis von 80 Mark wird dann in seiner Entwicklung klargelegt werden. —

Die V. & G.'sche Bodenwerttabelle (oben Seite 46 Anmerkung) würde, wenn sie nicht durchaus fehlerhaft wäre, ein ganz anderes als das von den Verfassern behauptete Ergebnis aufzeigen. Sie würde die längst bekannte Tatsache bestätigen, daß die Hofwohnungen der Mietskaserne sehr viel stärker durch die Hausbesitzergewinne belastet sind, als die Vorderwohnungen. Der „Bodenwert" beträgt z. B. im III. Stock des Vorderhauses 19 Mark, im Hinterhaus dagegen 28 Mark. Dieser als Bodenwert bezeichnete Betrag enthält, wie wir wissen, die hohen Spekulationsgewinne des Gebäudes. Ganz so schlimm wie sie in der V. & G.'schen Tabelle erscheinen, liegen nun die Dinge in der Wirklichkeit allerdings nicht; denn der Betrag des sogenannten Bodenwerts ist obendrein noch insofern eine ganz falsche Ziffer, als in der widersinnigen Formel B = NM — K die Werte in umgekehrter Proportion zum wirklichen Aufwand verteilt sind. Immerhin bleibt das tatsächliche, der Hofwohnung ungünstige Verhältnis trotz aller Verschleierung erkennbar.[1])

An diese Darlegung ihres eigenen Materials knüpfen nun Voigt & Geldner einen Vergleich mit Bremen und Düsseldorf. Diese Gegenüberstellung mit dem System des Kleinwohnungsbaus ist das einzige wertvolle Ergebnis in dem ganzen Kapitel über die Mietskaserne und verdient die größte Beachtung. Aus Düsseldorf wird von V. & G. zum Vergleich ein Kleinwohnungsgebäude herangezogen, das eine Bauhöhe von nur drei Geschossen hat. In jedem Geschoß befinden sich nur zwei Wohnungen von je drei Räumen (Wohnküche und 2 Stuben; V. & G. S. 215). Die Hausanlage erfüllt demnach schon zwei von den Grundforderungen der Hygiene und des Städtebaus: das Haus enthält auf jeder Treppe nicht mehr als zwei Wohnungen; und die Wohnungen selbst besitzen Querlüftung.[2]) Von der Grundstücksfläche sind nur 47 Proz. überbaut; volle 53 Proz. sind Freifläche. Man ist auf ein Argument gefaßt: Wenn ein solches Gebäude sich um die Hälfte teurer stellte, als die V. & G.'sche Berliner Mietskaserne, so wären seine Vorzüge immer noch nicht zu hoch bezahlt.

---

[1]) Wegen der einzelnen Hausformen und der Gegensätze zwischen herrschaftlicher Wohnung und Kleinwohnung vgl. noch die folgenden Kapitel.

[2]) Die Form des Grundrisses wird von V. & G. nicht genauer beschrieben. Vergl. die in meinen „Rhein. Wohnverh." mitgeteilten Grundrisse von Kleinwohnungsgebäuden.

Aber in Wirklichkeit liegen die Dinge anders; die von V. & G. selber S. 216 angestellte Berechnung ergibt folgende Vergleichsziffern:

Auf 1 qm Wohnfläche entfallen

	Baukosten	Bodenkosten	Mietsertrag
in Düsseldorf	55,23 Mark	21,1—25 Mark	4,87 Mark
in Berlin	59,62 „	25 Mark	5,55 „

Das Kleinwohnungsgebäude, das als Wohnform nach der sozialen und hygienischen Seite unendlich hoch über dem „typischen" Massenpferch der Straßmannstraße steht, ist also auch wirtschaftlich in jeder Beziehung vorteilhafter. Ein Haus mit nur sechs Wohnungen, das in seiner Anlage weitgehende Forderungen der Hygieniker erfüllt, das 53 Proz. Freifläche hat, zeigt nach den eigenen Berechnungen der Verteidiger der Mietskaserne in den Baukosten wie in den Mietserträgen noch das weit günstigere Verhältnis. In einem Buche von ermüdendster Weitschweifigkeit widmen Voigt & Geldner nur wenige Zeilen dieser Feststellung, die wiederum die von mir, insbesondere in meinen „Rhein. Wohnverh." vertretenen Anschauungen bestätigt.

Daß ein solches Ergebnis von V. & G. irgendwie verhüllt werden mußte, ist selbstverständlich; und so wird denn dem Leser vorgetäuscht, von „anderer Seite" habe man versucht, „große Gegensätze zwischen den Mieten und deren Abhängigkeit (sic) von den Bodenkosten zwischen (oh!) Düsseldorf und Berlin zu konstruieren" (S. 216). Dieses Kauderwelsch [1]) und einige ihm a. a. O. nachfolgende Grobheiten machten mich neugierig, doch einmal in meinen „Rhein. Wohnverh." nachzuschlagen, wie groß ich eigentlich die Gegensätze „zwischen den Mieten und deren Abhängigkeit usw. zwischen Düsseldorf und Berlin" angegeben hatte. Nach V. & G.'s obiger exakter Berechnung beträgt dieser Unterschied (4,87 : 5,55 Mark), wenn meine Arithmetik nicht trügt, 14 Proz. In meinen Rhein. Wohnverh. S. 28 habe ich das Ergebnis meiner Untersuchungen für Düsseldorf dahin zusammengefaßt: „In einer Stadtlage, die derjenigen der Düsseldorfer zweizimmerigen Vorderwohnung von 240 Mark entspricht, zahlt

[1]) Vergl. oben S. 21 und 34 Anmerkung.

z. B. der Berliner Arbeiter für eine Hofwohnung von Stube und Küche gegenwärtig 275 Mark.“ Der Unterschied beträgt — so genau wie möglich 14 Proz. Es mag selten vorkommen, daß eine überschläglich angenommene Gesamtziffer durch eine exakte Einzelziffer mit solcher Genauigkeit bestätigt wird. V. & G. haben auch hier den Leser in wahrheitswidriger und verwirrender Weise berichtet. Ein Gegensatz der Angaben ist nicht vorhanden; V. & G. haben vielmehr auch hier den Ergebnissen meiner Rhein. Wohnverh. eine Bekräftigung hinzugefügt.

Die tatsächliche Wirkung des Systems des Massenmietshauses ist eine ganz andere als die, die in den Tabellen, Lehrsätzen und Formeln von Voigt & Geldner ausgesprochen wird. Es ist bedauerlich, daß V. & G. ein brauchbares und wertvolles Material verfälscht und zu willkürlichen Behauptungen umgeformt haben. Schwerlich ist in nationalökonomischen Darlegungen jemals eine solche Häufung von Täuschungen geboten worden. Doppelt bedauerlich ist, daß die Ausführungen von Voigt & Geldner äußerlich in das Gewand der Wissenschaftlichkeit gekleidet sind und die Form exakter statistischer Berechnungen annehmen. Aus den verfälschten Tabellen werden ferner die weitgehendsten Folgerungen für das Wohnungswesen gezogen. Die von Voigt & Geldner aufgestellten Sätze müßten, wenn sie richtig wären, unseren Städtebau an entscheidender Stelle beeinflussen. Es handelt sich deshalb hier nicht mehr um eine persönliche Angelegenheit von Voigt & Geldner, sondern um sachliche Interessen der Wissenschaft und der Allgemeinheit.

Es scheint übrigens, wie mir von zuverlässiger Seite berichtet wird, daß die V. & G.'schen Darlegungen von größeren Bodenspekulanten bei bestimmten Verwaltungsbehörden eingereicht worden sind, mit der ausgesprochenen Absicht, eine der Bodenspekulation günstige Änderung baupolizeilicher Vorschriften zu erlangen. Ich erkläre demgegenüber: die Angaben von Voigt & Geldner über die Verteilung der Bodenwerte nach Stockwerken und auf die Vorder- und Hintergebäude in typischen Berliner Mietskasernen, sowie die darauf gegründeten Lehrsätze, beruhen auf Unwahrheit und Verfälschung. Die Benutzung dieser Darlegungen zur Stütze wissenschaftlicher Theorien oder zur Herbeiführung praktischer Verwaltungsmaßregeln ist eine unvertretbare Handlung. Wie die Boden-

und Mietswerte in den Geldner'schen Mietskasernen der Straßmannstraße sich tatsächlich entwickelt haben, soll das folgende Kapitel zeigen.

Zweites Kapitel.

Die Entwickelung der Bodenwerte in typischen Mietskasernen.

In der durch V. & G. bewirkten Veröffentlichung von Zahlen der Geldner'schen Bauten läßt sich ein System nicht erkennen. Einerseits teilen Voigt & Geldner diejenigen Ziffern mit, die von dem Eigentümer sonst aus begreiflichen Gründen sekret gehalten werden, nämlich die reinen Baukosten. Die Verschuldung der G.'schen Grundstücke wird in einem Fall vollständig aber mit einer unrichtigen Ziffer, in einem andern Fall dagegen unvollständig mitgeteilt. Die Mietswerte und eine Anzahl von Berechnungen werden veröffentlicht, aber die Angaben sind zum Teil unzutreffend. Andererseits unterlassen V. & G. die Mitteilung einer Reihe von Zahlen, die unbedingt zu der Ergänzung des Bildes gehören und für jedes Berliner Grundstück leicht erhältlich sind. Ein sachlicher Grund für diese Willkür in der Auswahl ist nicht erkennbar; eine Ergänzung der Ziffern erschien notwendig und erfolgt durch die nachstehend gegebene Zusammenstellung, die eine vollständige Beurteilung der Entwickelung der Grundstückswerte unter dem Mietskasernensystem ermöglicht. Die Zahlen entstammen verschiedenen, von einander unabhängigen Quellen und dürften der Anzweiflung kaum unterliegen.

Das vorliegende Kapitel ist das ruhigste, aber vielleicht dasjenige, das den Leser, wenn er mit Teilnahme folgen mag, am meisten erregen wird. Nicht als ob ich glaubte, der Wissenschaft durch die hier anschließenden Erörterungen etwas völlig neues zu bieten. Meine Arbeiten über das Wohnungswesen haben von Anfang an auf der Verarbeitung von Zahlenreihen, wie die hier mitgeteilten beruht. Indeß gebe ich gerne zu, daß ein konkretes Zahlenmaterial, wie das folgende, obwohl es sich nur um Einzelziffern handelt, doch zur Aufklärung der Probleme in hohem Maße beiträgt. Insbesondere wird es sich bei der Besprechung zeigen, welche großen Schäden das hier zu behandelnde Bausystem für den

Staat und die Gemeinde wie für die Einzelpersonen im Gefolge hat. Doch die Aufdeckung der Schäden an sich hätte geringen Wert, wenn wir uns nicht zugleich über die Ursachen klar werden können. Ich möchte deshalb die Aufmerksamkeit des Lesers von Anfang an auf die Frage lenken, ob die zu beobachtenden Mißstände auf Naturgesetzen oder ob sie auf willkürlichen, abänderlichen Einrichtungen beruhen.

Bodenwerte in typischen Mietskasernen.

	Baukosten Mark	Feuerkasse Mark	Belastung Mark	Mieten Mark		Verkaufspreis Mark
1.	2.	3.	4.	5.	6.	7.
Straßmannstr. 3	(*166 850*)	208 100	I. 190 000 zu $4^{1}/_{4}$ II. 44 000 zu 5 RK.[2]) 11 000			255 000[4])
„ 4	(*166 700*)	207 900	I. 190 000 zu $4^{1}/_{4}$ II. 46 000 zu 5 R.K. 7 000			253 000[4])
„ 5	(*145 984*)	182 000	I. 170 000 zu $4^{1}/_{8}$ II. 50 000 zu 5 R.K. 45 000 zu 5			265 000[5])
	479 534[1])	598 000	690 000 R.K. 63 000	49 100[3])	53 625	773 000

Die ersten Zahlenreihen, die uns auffallen, betreffen das Verhältnis der Baukosten und der Feuerkasse (Spalte 2 und 3). Die Baukosten betragen nach den Angaben der Erbauer 480 000 Mark; die städtische Feuerkasse dagegen beträgt 600 000 Mark. Es liegt hier eine Übertaxierung von 120 000 Mark vor. Wir haben demgegenüber die Frage zu erörtern: 1. Aus welchen Ursachen wird auf eine Übertaxierung hingearbeitet?

[1]) Die Endziffer ist von Voigt & Geldner mitgeteilt; die einzelnen eingeklammerten Kursivziffern sind im Verhältnis zu den Zahlen der Spalte 3 verteilt.

[2]) R.K. = Restkaufgelder.

[3]) Nach den Angaben von Voigt & Geldner.

[4]) Tatsächliche Verkaufspreise.

[5]) Angesetzter Verkaufspreis; vgl. den Text S. 58 und 65.

und 2. welche wirtschaftlichen Wirkungen hat die Übertaxierung, insbesondere durch eine städtische Anstalt?

Unserer Darlegung möchte ich den Ausspruch eines Fachmannes voraufschicken. Der Inhaber eines der ersten Baugeschäfte Berlins faßte bei einer Besprechung der hier zu erörternden Vorgänge seine Meinung mir gegenüber in folgende Worte zusammen: „In Berlin ist bei einem Grundstück die Beleihung die Hauptsache; darnach wird das Grundstück bewertet.“ Es ist dies gewiß eine ebenso knappe, wie zutreffende Kennzeichnung der komplizierten Verhältnisse, die wir hier zu behandeln haben. Der Praktiker, der die Zustände aus genauester Erfahrung kennt, kommt zu dem gleichen Ergebnis, das ich bei meinen früheren Untersuchungen festgestellt habe: der Spekulationsgewinn besteht in der Verschuldung des Bodens; Bodenspekulation und Bodenverschuldung hängen untrennbar zusammen[1]). — In einer durchschnittlichen Gesamtziffer stellen sich die Verhältnisse so dar, daß der überbaute Boden in Groß-Berlin (Berlin und die unmittelbar anschließenden Gemeinden) einen angenommenen Wert von mehr als sieben und einhalb Milliarden aufzeigt, der mit etwa sechseinhalb Mliliarden Hypotheken belastet ist. Die Durchschnittsziffer gibt indes für das Wohnungswesen kein zutreffendes Bild, da sie auch den hochwertigen, aber schwach belasteten Besitz der Großstadt enthält; die eigentlichen Mietskasernen, auf die es für die Kleinwohnungen ankommt, sind zu 90 bis 96 Proz. ihres Verkehrswertes hypotheziert. Die Gewinne der Boden- und Häuserspekulation werden lediglich durch die hypothekarische Belastung realisiert, die, wie wir wissen, als eine steigende, dauernde, jährlich zu verzinsende Belastung von unserer Gesamtbevölkerung getragen wird.

In den hier dargelegten Momenten zeichnet sich bereits der Kreis der Mittel ab, deren sich eine künstlich-spekulative Preisentwickelung des Bodens bedienen muß. „Nach der Beleihung wird das Haus bewertet.“ Prüfen wir nun, ob dieser Satz in den einzelnen Entwickelungsstadien unseres Beispiels sich bewahrheitet. In erster Linie muß demnach der Grundstücksspekulant suchen, die Taxierungen in die Höhe zu treiben, zu welchem Zweck die Feuertaxe eines der nächstliegenden und beliebtesten

---

[1]) Der Deutsche Kapitalmarkt S. 238.

Mittel bildet. Beim Wohnungswesen handelt es sich in der Hauptsache um Bauten auf neuem Gelände, das für den städtischen Häuserbau erstmalig zur Verwendung kommt oder um Neubauten, bei denen die Gewinne der Grundstücksspekulation realisiert werden sollen. Ein anderer zuverlässiger Maßstab als der Feuerkassenwert ist hier zunächst überhaupt nicht vorhanden. Es bedarf nicht der Erklärung, daß und weshalb die Grundstücksbesitzer unter den heutigen Verhältnissen mit allen Mitteln auf eine Hinaufschraubung der Abschätzung der Feuerversicherungswerte hinarbeiten müssen; vgl. die Anmerkg.[1]). Im vorliegenden Falle übersteigt die städtische Feuerkasse die Baukosten um 25 Proz. Bei der nicht anzuzweifelnden Integrität der städtischen Abschätzungsbeamten gibt es zur Erklärung nur zwei Möglichkeiten: entweder der Maßstab, der für die Abschätzung zugrunde gelegt wird, ist falsch; oder — was übrigens mit der ersteren Annahme nicht unvereinbar ist — es ist überhaupt unmöglich, einen zutreffenden Maßstab zu finden.

Auf die im Feuertaxwesen bestehenden Verhältnisse selbst auch nur mit einem Wort einzugehen, erscheint hier nicht erforderlich[2]). Daß eine Übertaxierung seitens privater Gesell-

---

[1]) Zu den erlaubten, aber gleichwohl schädlichen Mitteln zählt die Ausstattung der Kleinwohnungen mit falschem, wertlosem „Luxus". Durch diese unterwertige, billig zu beschaffende „Ausstattung" erreicht der Bauunternehmer, daß die betreffenden Wohnungen in eine höhere, sachlich nicht gerechtfertigte Klasse bei der Abschätzung eingereiht werden. „Die Ursache für die zweckwidrige in jeder Richtung schädliche Ausstattung von Arbeiterwohnungen liegt lediglich im spekulativen Baugeschäft. Der Bauunternehmer gibt den Wohnungen durch gewisse Äußerlichkeiten, wie farbige Kachelöfen, gemalte Decken, Stuckverzierungen und dergleichen den Schein einer teureren Herstellung, um hierdurch eine höhere Abschätzung bei der Feuerkasse und demgemäß — das erste Bestreben des Unternehmers — eine höhere hypothekarische Beleihung zu erzielen. Dieser ganze, auf den Schein berechnete „Schmuck" ist von der geringsten Qualität und hat, insbesondere in stark benutzten Räumen, keinerlei Haltbarkeit. Die Wohnungen verfallen rasch; eine Instandhaltung findet aus naheliegenden Gründen nicht statt." Meine Abhandlung „die Baugenossenschaftsfrage" usw. in Schmollers Jahrb. Bd. 26 H. 3 S. 1334. — Auf die gleichen Verhältnisse haben schon früher Th. Goecke (Blätter für soziale Praxis 1894 S. 79) und C. J. Fuchs (Conrad Hdwb. 2 Aufl. VII S. 843) hingewiesen.

[2]) Vgl. auch die Schrift „Hypothekenbanken und Beleihungsgrenze" von Dr. Paul Voigt (nicht zu verwechseln mit Prof. Andreas Voigt, Mitverfasser

schaften in größtem Umfang stattfindet, ist zur Genüge bekannt. In dem vorliegenden Fall handelt es sich jedoch um die Taxe einer öffentlichen Behörde. Im Anschluß an den Geschäftsbetrieb einer städtischen Anstalt ist ein spekulativer Mehrwert erzielt, der ebenso dem Zweck des städtischen Unternehmens widerspricht, wie er die Interessen der Bürgerschaft schädigt. Es bedarf nicht der näheren Ausführung, daß ein derartiger Vorgang unzulässig ist.

Die Taxierung bildet eine Hauptstütze für die spekulative Preisbildung und den Ausgangspunkt für die Realisierung der Spekulationsgewinne. Dieser Bedeutung der Taxierung steht nun die schlechte Ordnung des Taxwesens gegenüber, wie sie uns im allgemeinen schon von früher bekannt ist (siehe oben Seite 14), und wie sie für ein besonderes Gebiet unser vorliegendes Beispiel wiederum zeigt. Eine Reformierung des Taxwesens ist allseitig als notwendig erkannt. Für die städtische Feuersozietät aber erscheint ein selbständiges Vorgehen zur Abstellung der Mißstände unabweisbar. Auf einer städtischen Anstalt darf nicht der Schatten eines Vorwurfs lasten, daß ihr Betrieb — auch gegen ihren Willen — die Handhabe für allgemein schädliche Spekulationsgeschäfte bietet. Für die Stadtverwaltung ist es vielmehr notwendig, daß sie sich dem Druck der spekulativen Interessen schlechthin und vollständig entzieht. Einem solchen Vorgehen stehen keinerlei sachliche Schwierigkeiten entgegen.

Versicherungswert und Schadensersatz werden heute bereits bei der Berliner städtischen Feuerkasse genau unterschieden. Für den Betrieb der Feuerkasse haben die Versicherungswerte heute nur den Wert einer Repartitionsziffer; die jährlich seitens der Kasse zu vergütenden Schadensbeträge werden auf die Gesamtsumme der versicherten Gebäude umgelegt und verteilt. Bei dem einzelnen Brandschaden dagegen wird dem Grundbesitzer, wie sich von selbst versteht, nicht etwa der von ihm versicherte

---

von „Kleinhaus und Mietskaserne“). Ich trete dem Andenken von Paul Voigt nicht zu nahe, wenn ich bemerke, daß seine Ausführungen a. a. O. S. 27 genau meinen „Städt. Bodenfragen“ S. 67, 76 und 115 entnommen sind. Paul Voigt hat seine Studien zur Wohnungsfrage auf Grund meiner „Städt. Bodenfr.“ begonnen, wenn er auch in seinen letzten Arbeiten schließlich (in der übertriebenen Bewertung baupolizeilicher Eingriffe) andere Wege ging.

Gebäudewert, sondern nur der tatsächlich erlittene und durch sorgfältigste Schätzung ermittelte Schaden vergütet. Die Kasse hat demnach nicht das geringste Interesse, ihrerseits durch von ihr beauftragte Organe einen Gebäudewert zu ermitteln, den sie selber nicht anerkennen oder vergüten wird. Aus dem Betrieb der Feuerkasse läßt sich kein Grund und kein Recht herleiten, für den Zweck von Hypothekenspekulationen einen Gebäudewert mit dem Stempel amtlicher Taxierung zu versehen. Aus der ganzen Sachlage ergibt sich vielmehr, daß die richtige und geschäftsgemäße Ordnung für die Annahme der Versicherungswerte die der Selbstdeklaration des Grundstücksbesitzers wäre. In einem Staate, der jeden Gewerbetreibenden zur Erklärung seiner Vermögensverhältnisse zwingt, erscheint die Selbsteinschätzung bei den Gebäudewerten geradezu als selbstverständlich. Die Stadt mag die von dem Besitzer abgegebene Erklärung auf ihre Wahrheit, Richtigkeit und Zuverlässigkeit prüfen lassen; weiter aber geht das städtische Interesse nicht, und jeder Anschein sollte vermieden werden, als ob es sich bei den versicherten Grundstückswerten um von der städtischen Verwaltung ermittelte oder gar von ihr anerkannte Beträge handelte[1]).

Die folgenden Stadien der Preisentwickelung zeigen sich uns in den Ziffern der Spalten 4 und 7 unserer Tabelle, Belastung und Verkaufspreise, die die wichtigsten Zahlen enthalten. Die grundbuchliche Belastung beträgt an Hypotheken 690000 Mark, an Restkaufgeldern 63000 Mark[2]), zusammen 753000 Mark; die Verkaufspreise betragen 773000 Mark — gegenüber 480000 Mark Baukosten. Durch den erstmaligen (! wohlgemerkt) Verkauf der bebauten Grundstücke ist also, wenn wir etwa noch die Aufwendungen für das Straßenland berücksichtigen, ein Spekulationsgewinn von rund 275000 Mark greifbar geworden, der durch die grundbuchliche Belastung so gut wie vollständig auf die Mieter abgewälzt ist. Der Gewinn verteilt sich auf verschiedene Personen

---

[1]) Über den gegenwärtigen Stand der Frage der Gebäudeversicherungen vergl. auch das Grundstücksarchiv I. Jhrg 1906 Nr. 13 S. 195 ff.

[2]) Auf die besonderen Verhältnisse des Grundstücks Nr. 5 werden wir später zurückkommen.

(vom Bodenspekulanten bis zu dem Inhaber des bebauten Grundstücks). Wir haben nun zu fragen, in welchen Formen und mit welchen Mitteln sich die spekulative Wertsteigerung und die einzelnen Spekulationsgeschäfte vollzogen haben.

Zunächst muß hier die erstaunliche Höhe der sogenannten ersten Hypothek auffallen. Die I. Hypothek beträgt 550000 Mark; sie übersteigt bei weitem die Baukosten und bleibt nur um 8½ Proz. hinter dem übertaxierten Feuerkassenwert zurück. Merkwürdiger aber noch ist das Verhältnis der seitens einer unserer angesehensten Banken gewährten I. Hypothek zu dem für die Beleihung maßgebenden „Verkaufswert". Über die zulässige Höhe der seitens einer deutschen Hypothekenbank zu gewährenden Beleihungen bestimmt das Hypothekengesetz vom 13. Juli 1899:

„Die Beleihung darf die ersten drei Fünfteile des Wertes des Grundstücks nicht übersteigen . . . Der bei der Beleihung angenommene Wert des Grundstücks darf den durch sorgfältige Ermittlung festgestellten Verkaufswert nicht übersteigen." (§ 11 und 12.)

Die Beleihung zur ersten Stelle dürfte deshalb im Höchstfalle $^6/_{10}$ des Verkaufspreises betragen. Die das Darlehen gewährende Hypothekenbank hat jedoch die ihr vom Gesetz gezogenen Grenzen weit überschritten[1]). Bei den beiden Grundstücken Straßmannstraße 3 und 4 beträgt die Überschreitung jedesmal rund 40000 Mark; die Beleihung für die erste Bankhypothek stellt sich auf nicht weniger als 75 Proz. des Verkaufspreises. Bei dem dritten Grundstück (Nr. 5) beruht der angesetzte auffällig hohe Verkaufspreis von 265000 Mark nur auf besonderen — vielleicht nur vorübergehenden — Umständen, die wir später besprechen werden; trotzdem beträgt die 1. Hypothek, selbst wenn wir diesen irregulären Verkaufspreis zu Grunde legen, noch 65 Proz.; bei Anrechnung eines normalen Verkaufspreises ergeben sich, wie bei den andern beiden Grundstücken, 75 Proz. des Verkaufswertes.

Die Abmessung der ersten Hypothk ist von entscheidender Bedeutung für die weitere Wertentwickelung des Grundstücks; in dem vorliegenden Beispiel treten die Verhältnisse in krasser Weise hervor. Die Überbeleihung zur ersten Stelle beträgt bei

---

[1]) Um Mißdeutungen vorzubeugen, bemerke ich, daß es sich nicht um eine süddeutsche oder außerpreußische Bank, sondern um eine in Berlin domizilierte Anstalt handelt.

unseren Grundstücken Nr. 3 und 4 80000 Mark und wenn wir Nr. 5 auf den regulären, nicht den Zufallswert zurückführen, zusammen 110000 Mark. Die erste Hypothek umschließt den Betrag, der eigentlich zweite Hypothek sein müßte; gemäß jener Formel, die in Zeitungsanzeigen häufig mit den Worten ausgedrückt wird: „Gebe erste Hypothek, *wobei die zweite gleich mit drin liegt*". Diese Verschiebungen in den Grundsätzen der hypothekarischen Beleihung begannen in Berlin seit den 80er Jahren, als das Bodengeschäft seine gegenwärtige Form und Organisation mit der auf der Mietskaserne beruhenden Stärke angenommen hatte. Man fing damit an, die frühere Wertgrenze für die erste Hypothek hinauszuschieben und die zweite Hypothek einzubeziehen, ein Verfahren, bei dem zunächst wohl außerberlinische Banken, die damals den Berliner Platz besonders eifrig bearbeiteten, die Führung hatten. Die Berliner Banken folgten nach, und heute wird die sogenannte erste Hypothek wohl allgemein nach den Grundsätzen vergeben, die unser Beispiel aufzeigt [1]). Die Steigerung des Umfangs der ersten Hypothek bildet eines der vornehmsten Mittel der spekulativen Preistreiberei. (Über die sogenannte Hypothekenregulierung habe ich früher einige Angaben gemacht, die ich hier in der Anmerkung zum Abdruck bringe) [2]).

Die Grundstücksspekulation hat das größte, kaum der Erläuterung bedürftige Interesse, gerade die erste Hypothek möglichst hoch hinauf zu treiben und eine möglichst große Summe als erste Hypothek zu empfangen. Zunächst ist die Beleihung zur ersten Stelle die leichteste und vorteilhafteste; aber — was

---

[1]) Auch V. & G. scheinen es für das normale Verhältnis zu halten, daß „$^3/_4$ des Gesamtwertes durch die erste Hypothek gedeckt werden"; vgl. V. & G. S. 214.

[2]) „In der *ersten* Hypothek sind bereits der Spekulationsgewinn und die nützliche Aufwendung zu *einem* Betrage amalgamiert. Indes auch die zweite Hypothek wird späterhin mit der ersten nochmals zu einem Betrage zusammengeworfen, dessen Rückgrat wiederum nichts anderes als das zur Melioration (hier zum Hausbau) gegebene Kapital bildet. Die Zusammenwerfung mehrerer Hypotheken verschiedenen Ranges zu *einer* erststelligen Hypothek (sog. Hypothekenregulierung) wurde in den letzten Jahrzehnten von Hypothekenbanken und Privatpersonen geschäftsmäßig betrieben. Diese „erste Hypothek" ist dadurch allgemein weit über die zulässige Höhe gesteigert worden. Allen solchen Operationen, die das vornehmste Mittel der Preistreiberei bilden, wäre künftig der Boden entzogen." Kapitalmarkt S. 272.

bei dem Zusammenhang von Beleihung und Spekulationsgewinn das wesentliche ist — auch die weitere Belastung des Grundstücks hängt davon ab, daß die Hauptbelastung nominell als erste Hypothek erscheint; denn hierdurch wird für jede nachfolgende Belastung eine Stelle in der grundbuchlichen Rangordnung gewonnen. Wir wollen nun für unsern Fall unterstellen, daß der von der Hypothekenbank zugrunde gelegte Verkaufswert der drei Grundstücke dem volkswirtschaftlichen Werte entspricht, obwohl in Wirklichkeit der Verkaufswert erst von der Beleihung abhängt. Nehmen wir nun an, in unserem Beispiel hielte sich die erste Hypothek, die jetzt 550000 Mark beträgt, innerhalb der eigentlichen und gesetzlichen Grenze von 440000 Mark; so müßte der Mehrbetrag von 110000 Mark schon als zweite Hypothek aufgenommen werden. Die nächste Belastung erhielte dann den Rang einer dritten Hypothek und es ist fraglich, ob eine solche überhaupt oder zu annehmbaren Bedingungen erhältlich wäre. Damit entfiele auch die Möglichkeit, den Preis entsprechend zu steigern. Die großen Beträge, die in unserem Beispiel als zweite Hypotheken figurieren (insgesamt 150000 Mark) sind eigentlich dritte Hypotheken; nur dadurch, daß in der ersten Hypothek die zweite „gleich mit drin liegt", ist für diese sogenannte zweite Hypothek Raum geschaffen. Hinter dieser kann jetzt eine weitere Belastung an dritter Stelle (eigentlich vierte Hypothek) eingetragen werden.

Die Aufblähung der ersten Hypothek schafft also erst die Möglichkeit, die Beleihung und damit die Bewertung des Grundstücks weiter in die Höhe zu treiben. Gewiß erscheint darnach die Frage der grundbuchlichen Beleihung weit bedeutsamer als die zuvor erörterte des Taxwesens. Wir stehen hier an einer entscheidenden Stelle der Bodenpreisbildung, die uns den Widerspruch zeigt zwischen der realen Grundlage der Bodenwerte und dem weiteren, mit Hülfe administrativer Einrichtungen hinzugefügten Aufbau der Spekulation.

Die Verteilung und die Abmessung der grundbuchlichen Belastung unseres Beispiels führt uns nunmehr auf eine der wichtigsten Fragen des Wohnungswesens und des Städtebaus; es ist die Kapitalisierung des Bodens. Der Stand der Bodenkapitalisierung in Deutschland zeigt zunächst äußerlich betrachtet die auffälligsten Widersprüche. Das Kapital fließt jahraus jahrein in ungezählten Mengen dem Boden zu, zugleich aber ist die Klage allgemein, daß für produktive Zwecke der Bodenbebauung Kapital nur schwierig, teuer und in unzureichender Weise erhältlich ist. Deshalb fordert man einerseits die Hergabe öffentlicher Gelder vom Staat, von der Gemeinde und den Landesversicherungsanstalten für den Wohnungsbau. Das Baugewerbe kann sich das Kapital für seine Tätigkeit nur in unvorteilhafter und ungenügender Weise beschaffen, und ein Gesetzentwurf von einschneidender Bedeutung ist in Vorbereitung, der unter der Begründung des „Schutzes der Bauhandwerker“ Neuerungen in der grundbuchlichen Behandlung des Baukapitals einführen will. Kein Beispiel dürfte nun geeigneter sein, uns über die tatsächlichen Verhältnisse so gut aufzuklären, als das der in unserer Tabelle dargestellten Grundstücke.

Das Beispiel unserer drei typischen Grundstücke zeigt uns auf das deutlichste: unser städtischer Boden in Deutschland leidet nicht an einem Mangel, sondern an einer gewaltigen Hypertrophie von Kreditkapital. Wir sehen ferner an einem typischen Einzelfall, welche volkswirtschaftlichen Aufgaben der Realkredit zu erfüllen hat, und welche wirtschaftswidrigen Erfolge unser heutiges System des Grundbuchwesens tatsächlich hervorbringt. Die Summe, die für die produktive Tätigkeit des Häuserbaus durch den Realkredit zu beschaffen ist, beträgt in unserem Fall noch nicht 500000 Mark. Spielend leicht und zu den günstigsten Bedingungen wäre dieser Betrag für das Baugewerbe aufzubringen; denn schon die sog. erste Hypothek beläuft sich auf 550000 Mark; sie ist mehr als hinreichend, um jeden Anspruch der Bautätigkeit zu decken.

Die Grundstücke unseres Beispiels tragen eine weit höhere Belastung. Aber mit der Bautätigkeit hat das nichts zu tun. Selbst wenn man den Bauwert auf den letzten Pfennig hypothezierte, wäre die erste Hypothek noch viel zu groß für das Bedürfnis des Baugewerbes. Die produktive Aufwendung für den Häuserbau bildet ferner die einzige tragende Basis, auf der sich die Realisierung der spekulativen Ansprüche aufbaut. Man fragt sich vergebens, weshalb die Spekulation die erste Verfügung über das Grundbuch haben soll, und mit welchem Recht in einer staatlich geleiteten Verwaltungseinrichtung die Wertschöpfungen der produktiven Tätigkeit mit ihrem Todfeind, den Forderungen der Spekulation, zusammengeschmolzen werden dürfen.

Die vorliegende Tabelle liefert die beste und klarste Illustration zu den obigen Erörterungen über die Notwendigkeit der Hypothekendifferenzierung (oben S. 33). Der ganze künstliche Aufbau von der Übertaxierung und Überbeleihung bis zu der übermäßigen Steigerung der Grundstückswerte wäre unmöglich, wenn die produktive Aufwendung getrennt würde von der spekulativen Wertbewegung. Die Kapitalbeschaffung für die Bodenkultur und das Baugewerbe wäre die leichteste, reichlichste und billigste, wenn wir zu dem ursprünglichen und naturgemäßen Grundsatz der Trennung von Boden und Bauwerk zurückkehren. Solange man aber die grundbuchliche Verschmelzung des Bauwertes mit der Bodenspekulation zuläßt, kann weder dem Baugewerbe, noch dem Wohnungswesen geholfen werden [1]. —

Die Boden- und Häuserspekulation hat in unserem Beispiel ihre Gewinne in der hochgeschraubten Belastung vorweg empfangen. Nunmehr handelt es sich darum, das Haus an einen kapitalschwachen Käufer — nur ein solcher kann hier in Frage kommen — abzuschieben. Bares Geld wird hierbei nicht oder nur in geringfügigsten Beträgen verlangt und kann nicht weiter verlangt werden; der Nutzen des Verkäufers liegt in der Erzielung eines hohen Kaufpreises, wie ihn ein kapitalschwacher Käufer bewilligt. Nach diesem Rezept ist in unserm Fall verfahren worden. Mit einer Anzahlung von vier Prozent (!) sind die Grundstücke Nr. 3 und 4 erworben worden; auf den Kaufpreis von 508000 Mark wurden von den beiden Käufern je 10000 Mark angezahlt. Im allgemeinen pflegte die Anzahlung beim Mietskasernensystem 10 Proz. des (oft nur fiktiven) Preises der Grundstücke zu be-

---

[1]) Ich möchte deshalb — wenn auch mit abweichender Begründung — den Schlußfolgerungen von Georg Haberland zustimmen, der für das Gesetz zur Sicherung der Bauforderungen ganz andere Ergebnisse voraussieht, als die Befürworter des Entwurfs erwarten. Haberland glaubt, daß nur das Großkapital einen Nutzen haben werde und daß „es diese Konjunktur mit bestem Erfolge für seine Tasche ausnutzen wird". Vergl. Zentralblatt für das Deutsche Baugewerbe IV. Jahrg. 1905 Nr. 51 S. 605 ff.

tragen; neuerdings scheint man sich auch mit noch geringerem Angeld zu begnügen [1]). — Auf solcher prekären Grundlage beruht hier der Hausbesitzerstand — der hochpriveligierte Träger der politischen Rechte und der Verwaltung unserer Großstädte. Unser typisches Beispiel gibt auch hier das genaue Spiegelbild der allgemeinen Zustände des Mietskasernensystems. Wenn es sich um einen vereinzelten Hausbesitzer handelte, so hätte die Sache geringe Bedeutung; aber es ist im wesentlichen die Gesamtheit der Hausbesitzer, die der Gesamtheit der Bevölkerung beim Mietskasernensystem unter den hier festgestellten Verhältnissen gegenübersteht.

Es bedarf kaum der näheren Ausführung, wie das Verfahren eines solchen Hausbesitzerstandes in der Praxis sein muss. An dem Grundstück selbst ist ein derartiger Besitzer nur durch ein Draufgeld beteiligt; sein ganzes Interesse besteht lediglich in der Ausnutzung des Besitzrechts. Die Pflicht der Selbsterhaltung verlangt von einem solchen Stand — nicht etwa nur von dem einzelnen Besitzer — daß er jede Last, die der Grundbesitzer tragen sollte, auf „die Mieter" abwälzt. Das Geschäftsinteresse dieses Standes — nicht nur das des einzelnen Besitzers — verlangt, daß er seine Aufgabe darin sieht, auf die Steigerung und Festhaltung der Mieten hinzuarbeiten. Ein Stand von Hausbesitzern, die gar nichts oder 4 Proz. oder selbst 10 Proz. auf den angerechneten Wert der Grundstücke angezahlt haben, hat gar keine andere Wahl und keine andere Existenzmöglichkeit, als daß er seinen Nutzen auf Kosten der Bodennutzer zu erhalten oder zu vergrößern sucht; jeder andere Weg ist ihm, selbst wenn er den besten Willen hätte, abgeschnitten. Für die Grundstücksspekulation ist der kapitalschwache Hausbesitzer allerdings die beste Stütze. Die Lasten des Grundbesitzes an Hypothekenzinsen, Abgaben, Unkosten, Steuern werden auf diese Weise nach einer von mir früher gegebenen Berechnung bis auf den letzten Pfennig auf die Mieter übertragen [2]). Selbst unter den widrigsten Umständen gelingt es, wie wir oben S. 37 sahen, eine Steigerung der Hypothekenzinsen einfach abzuwälzen. Jede Konjunktur wird in einer für die Be-

---

[1]) Vergl. Städtische Bodenfragen S. 11 und insbesondere S. 67 über die Verkäufe von Grundstücken ohne jede Anzahlung.

[2]) Städtische Bodenfragen S. 120 ff.

völkerung ungünstigen Weise genutzt[1]. Daß einem solchen Stande aber, der sich in seinem prekären Erwerb im Gegensatz zu der Gesamtbevölkerung befindet, die größten politischen Vorrechte in dem städtischen Gemeinwesen anvertraut sind, erscheint als eine Verirrung des Rechts und der Verwaltung, für die sich schwerlich in der Geschichte und Gegenwart ein zweites Beispiel finden lassen dürfte.

Ganz anders gestalten sich die Verhältnisse unter einem stabilierten, selbständigen Hausbesitz, für den es auch in Berlin Beispiele gibt. Allerdings sind dies die Ausnahmen; die „typischen" Zustände sind in der Tat die der Straßmannstraße. Das Interesse des Hausbesitzerstandes selber erfordert es, daß der Stand als solcher aus der unwürdigen Stellung herausgehoben werde, die ihn unter dem oben geschilderten System zu einem Werkzeug des Spekulantentums herabdrückt. Die soliden Hausbesitzer stehen mit ihrer Auffassung durchaus auf meiner Seite. Im Auftrage des Zentralverbandes städtischer Haus- und Grundbesitzervereine Deutschlands, der bekannten Organisation des Hausbesitzerstandes, ist vor kurzem ein größeres, von A. Grävéll verfaßtes Werk erschienen, das die Interessen und die Forderungen der Hausbesitzer in der Wohnungsfrage vertritt[2]. Diese offizielle Veröffentlichung des Zentralverbandes stellt sich in ihren Grundlagen und in ihren Ergebnissen ausgesprochenerweise auf den Standpunkt der hier vorgetragenen Anschauungen. Bekämpft wird die Bodenspekulation, die der erste Feind des soliden Grundbesitzes ist; dann aber vor allem die Mietskaserne, die bezeichnet wird als „die ungünstigste Wohnweise, der schlechteste Wohntypus, der zu spekulativen Zwecken da entsteht, wo er nicht hingehört und dessen ethische und sanitäre Gefahren durch kein Mittel zu beseitigen sind". An Stelle des Massenmietshauses verlangt der Zentralverband das Bürgerhaus, das definiert wird als ein bürgerliches Mietshaus für vier bis sechs, im Höchstfalle für acht Familien. Nur im

---

[1] Preisbildung der Bodenwerte, Bericht über den VI. Internationalen Wohnungskongreß, Berlin 1902 S. 90.

[2] A. Grävéll, die Baugenossenschaftsfrage, Berlin 1901. Im Selbstverlage des Zentralverbandes städtischer Haus- und Grundbesitzer-Vereine Deutschlands, 316 S. und tabellarischer Anhang, Lexikonformat. Dazu R. Leisel, Die Baugenossenschaften und die Hausbesitzer. Referat, erstattet auf dem 23. Verbandstage 1901. 16 S.

Bürgerhaus kann sich ein solider Hausbesitzerstand entwickeln, der sein Grundstück nicht zu Spekulationszwecken erwirbt[1]).

Ein solider und befestigter Hausbesitzerstand steht durchaus nicht im Gegensatz zur Allgemeinheit; er ist vielmehr eine Notwendigkeit für die befriedigende Entwickelung unserer Städte. Die Bestrebungen der Wohnungsreform stimmen mit den berechtigten Forderungen des Hausbesitzes vollständig überein. Der Hausbesitzerstand selber muß sich zur Wehr setzen gegen die ihm in dem Geldner'schen Muster vorgeschriebene Existenzform. Einen solchen Stand in seiner heutigen wirtschaftlichen und politischen Stellung zu erhalten, wäre allerdings ein schwerer staatspolitischer Fehler und geradezu ein Gewaltakt gegen unsere werktätige städtische Bevölkerung.

Einige Bemerkungen sind noch erforderlich hinsichtlich der Divergenz der Spalten 5 und 6 unserer Tabelle S. 53. Nach den Angaben von Voigt & Geldner betragen die Mieten der drei Grundstücke 49100 Mark; nach einer anderen Berechnung belaufen sie sich dagegen auf 53625 Mark. Die Verschiedenheit dürfte sich vielleicht daraus erklären, daß V. & G. nur die von der Geldner'schen Gesellschaft ursprünglich berechneten Mieten eingesetzt haben, während sie die tatsächlich empfangenen Mieten verschwiegen haben, obwohl die Beträge längst vor dem Abschluß des V. & G.'schen Buches feststanden. Indeß sind die Beträge nach amtlichen Materialien unschwer festzustellen.

In dem Grundstück Straßmannstraße 5 ist nur das Vordergebäude zu privaten Mietswohnungen genutzt. Das Hintergebäude dagegen ist, wie oben bemerkt, für die Zwecke einer Gemeindeschule an die Stadtgemeinde Berlin vermietet. Der Mietspreis für das Hintergebäude beträgt nach den Erläuterungen zu dem städtischen Haushaltsetat 13000 Mark; der Vertrag läuft auf 3 Jahre vom 1. April 1904 bis 1. April 1907[2]). Der Mietspreis

---

[1]) Vergl. die Besprechung des Grävéll'schen Buches und der ihm beigegebenen Geleitschrift des Zentralverbandes in Schmollers Jahrbuch 26. Jahrgang 4. Heft S. 1333 ff.

[2]) Anlage C zum städtischen Haushaltsetat. Auf längere Fristen als drei Jahre darf die städtische Schuldeputation keine Mietsverträge selbständig abschließen.

ist ein ungewöhnlich hoher und übersteigt den von Voigt & Geldner selber eingesetzten und in ihren Tabellen verrechneten Mietswert um etwa 60 Proz. Nach Abrechnung der auf das Vordergebäude Nr. 5 entfallenden Mieten, kann die von der Geldner'schen Gesellschaft selber ursprünglich angenommene Miete für das Hintergebäude nicht mehr als rund 8000 Mark betragen.[1]) Demgegenüber erscheint der tatsächlich erzielte Mietspreis von 13000 Mark um so höher, als der Stadtgemeinde gegenüber keinerlei Mietsausfälle und nur geringfügige Unkosten zu berechnen sind; Momente, die gegenüber der ursprünglich angenommenen Verwendung des Gebäudes zu Kleinwohnungen mit hoher Abnutzung und entsprechendem Mietsrisiko schwer ins Gewicht fallen. Die Ersparnis an Unkosten (Minderaufwand) und an Mietsausfällen dürfte (auch die G.'sche Baugesellschaft ist wohl der gleichen Ansicht) im vorliegenden Falle auf jährlich 950 bis 1000 Mark, also auf 2850 bis 3000 Mark für die Dauer des städtischen Mietsvertrages zu veranschlagen sein; durch diesen Posten werden die Auslagen für die Errichtung einer für die Schule eingebauten eisernen Nottreppe, deren Kosten mir von sachverständiger Seite mit rund 2190 Mark beziffert werden, mehr als reichlich gedeckt. Aus diesem vorteilhaften Vertrag erklärt es sich, daß der von den Besitzern angesetzte Verkaufspreis des Grundstücks Nr. 5, trotz eines um 25000 Mark niedrigeren Feuerkassenwertes, die tatsächlich erzielten Verkaufspreise der Grundstücke Nr. 3 und 4 noch um 10000 Mark übersteigt, und dies trotz der Kurzfristigkeit des Schulkontraktes.[2]) Ein solcher Handel mit städtischen Kontrakten gehört, wie man wohl hinzufügen darf, nicht zu den erfreulichen Erscheinungen.

Es versteht sich von selbst, daß die Stadtgemeinde den Mietsvertrag nur deshalb abschloß, weil sie zureichende eigene Räume in der gleichen Gegend nicht besaß. Der Vorfall beweist, wie sehr diejenigen im Rechte sind, die verlangen, daß die Stadtgemeinde im Stadterweiterungsgebiet ausreichenden Grundbesitz halten oder erwerben solle. Die Forderung wird nicht nur von

---

[1]) Das Vordergebäude Nr. 5 dürfte etwa 7500—8000 Mark Miete bringen, so daß für die ursprünglich angenommene und in den V. & G.'schen Tabellen verrechnete Miete des Hintergebäudes Nr. 5 etwa 8000 Mark übrig bleiben.

[2]) S. oben S. 65 Anmerkung 2.

bodenpolitischer, sondern ebenso von kommunalpolitischer Seite aufgestellt [1]).

Die vorstehenden Erörterungen zeigen uns die Preisentwickelung der Mietskaserne bis zu dem Stadium des ersten Weiterverkaufs. Ich hätte mich, obschon meine Gegner selbst die Grundstücke der Straßmannstraße zu der materiellen Grundlage ihrer Darstellung genommen haben, nicht mit diesem Einzelfall befaßt, wenn er nicht in der Tat typisch wäre. Darin liegt die Bedeutung der obigen Ausführungen. Wir dürfen und müssen deshalb von den Einzelpersonen absehen und die Gesamtheit der Institutionen, die allein verantwortlich sind, ins Auge fassen. Dies um so mehr, als die Geldner'sche Gesellschaft ein wirtschaftlich solides Unternehmen ist, sodaß alle dem großstädtischen Bauschwindel angehörenden Manipulationen für unsere Betrachtung vollständig ausscheiden.

Das erste Ergebnis unserer Besprechung möchte ich in die Formel oder in das Schlagwort zusammenfassen: Bodenspekulation ist Hypothekenspekulation. Auf den Einrichtungen unseres Grundbuchwesens und auf der Organisation des Realkredits beruht im wesentlichen der Erfolg der Boden- und Häuserspekulation. Unsere Ziffern bestätigen auf das genaueste den oben S. 54 vorangestellten fachmännischen Ausspruch „Nach der Beleihung wird das Grundstück bewertet". Hier liegt die wesentliche Tätigkeit der Spekulation. Über die Mittel und die Interessen, die hier eine Rolle spielen, brauche ich mich nicht auszusprechen. Ist es erst gelungen, die Beleihung durchzuführen, so steht hinter der Aufrechterhaltung der Bewertung des Grundstücks die ganze

---

[1]) Vergl. Georg Haberland, der preußische Gesetzentwurf zur Verbesserung der Wohnungsverhältnisse, Berlin 1904 S. 13: „Nach Meinung des Verfassers hat die Kommune die Pflicht, wenn sie derartige Terrains aufschließt, auch dafür Sorge zu tragen, daß sie das Schulbedürfnis in entsprechender Weise befriedigen kann, und wenn sie selbst keinen Grundbesitz hat, so muß sie bei der Aufschließung dafür sorgen, daß sie ihn erhält". Da ich auf die Arbeiten des gleichen Verfassers mehrfach zurückzukommen habe, bemerke ich, daß Georg Haberland Direktor einer der bedeutendsten Bodengesellschaften Berlins ist. In der Stadtverordnetenversammlung zählt H. zu denjenigen Mitgliedern, die den sozialpolitischen Anschauungen gerne und willig zugänglich sind.

Macht der Hypothekengläubiger. Ihr Interesse ist jetzt mit dem Grundstückspreis verknüpft. Die das Hypothekendarlehen gebenden kapitalkräftigen Institute, die nicht schwindelhaft vorgehen, geraten auch im Fall einer Subhastation selten in die Lage, ein Grundstück offen übernehmen zu müssen; dafür haben sie andere Interessenten, Tochterinstitute oder schlimmstenfalls vorgeschobene Strohmänner. Ein Zinsverlust einiger Monate oder selbst eines Jahres kommt nicht in Betracht gegenüber der notwendigen Festhaltung der Kapitalforderungen oder der Spekulationsgewinne. Es ist noch stets gelungen, die Beleihungen der großen Institute und Hypothekengeber selbst durch einen Rückschlag des Grundstücksmarkts hindurchzuhalten; denn es handelt sich nicht um die Nutzung eines einzelnen Grundstücks, sondern um die allgemein gleichartigen Grundlagen des großstädtischen Wohnungswesens. Es müßte eine vollständige Entvölkerung der Großstadt eintreten, wenn auch nur die II. Hypothek der soliden, nicht schwindelhaften Geldgeber wertlos werden sollte. Der Besitzer der Restkaufgelderhypotheken nach unserem vorliegenden Beispiel verliert erst recht nichts, wenn er sein abgeschobenes Grundstück zurücknimmt, falls sein „Käufer“ späterhin zahlungsunfähig werden sollte. — Als letzter Hüter der Hypotheken endlich ist der Hausbesitzer gesetzt, der in seiner ganzen Existenz mit der Festhaltung und Erhöhung der übernommenen Werte verknüpft ist. Die Hausbesitzer lassen, wie allgemein bekannt, beim Abflauen des Wohnungsmarktes lieber einige Wohnungen leer stehen, als daß sie die Mieten des Grundstücks ermäßigen. Aus guten Gründen; denn der vierprozentige Hausbesitzer — so darf man wohl die hier geschilderte, zu 96 Proz. verschuldete Kategorie bezeichnen — wäre sofort aus seinem Besitz geworfen, wenn er die Mieten allgemein herabsetzte. —

Übertaxierung, Überbeleihung, Überbewertung, das alles bedient sich desselben Mittels der Realisierung der Hypothekenspekulation. Die Spekulationsgewinne gehen auf diese Weise völlig zu Lasten der Mieter; die Belastung des Grundbuchs ist hier ohne weiteres identisch mit der Belastung der städtischen Bevölkerung. Die Grundstücksspekulation zeigt hierbei ihre Eigenschaft einer einseitigen Spekulation, der keine gleichwertige Gegenkraft gegenübersteht (oben S. 30); die „Mieter“ erscheinen in unserem Fall lediglich als das Objekt, das als körperliche Grundlage der spekulativen Wertbewegung dient. Die übermäßige Beleihung durch

I. und II. Hypotheken, wie wir sie kennen lernten, ist nur möglich und denkbar unter der Voraussetzung, daß die gleiche Weiterentwickelung sich nicht in einem einzelnen Fall, sondern allgemein an den städtischen Wohnungsgrundstücken vollzieht. Die Sicherheit für die Beleihung beruht lediglich in der Zahlungspflicht der Mieter, die keinerlei persönlichen Einfluß auf die Gestaltung der Bodenwerte besitzen. Die Grenze für die durch diese Zustände bedingte, stetige Aufwärtsbewegung der Mieten liegt nur bei der Zahlungs fähigkeit der Mieter; und nur hier mag zeitweise ein Stillstand eintreten. — Daß alle diese Nachweise an einem von meinen Gegnern selbst gewählten Beispiel erbracht wurden, ist der Sache wegen um so erfreulicher und wird die Ergebnisse für einen gutgläubigen Gegner, wie ich hoffe, umso unanfechtbarer machen.

Beachtenswert ist endlich an unserem Beispiel, daß es uns zeigt, wie und mit welcher Wirkung spekulative Werte entstehen. Die spekulative Wertbewegung ist hier in der Tat nur „die Rechnung mit anderer Leute Einkommen“ [1]). Es gehört nicht zu unserer vorliegenden Aufgabe, die Zusammenhänge zwischen Kapital, Spekulation und Einkommen näher zu erörtern. Ich muß die Behandlung einer späteren Arbeit vorbehalten und werde alsdann auf das hier besprochene Beispiel in seiner Bedeutung für die Wertentwickelung genauer eingehen. —

An unseren drei Mietskasernen ist, gegenüber der produktiven Aufwendung von rund 500000 Mark, beim erstmaligen Verkauf, also zu Anfang der Wertbewegung und in einem ferngelegenen Außenbezirk, ein Mehrwert von nahezu 275000 Mark erreicht und in der Hauptsache vollständig als Belastung auf die Mieter überwälzt worden. Mit einem solchen Aufwand könnte gewiß das beste an Wohngelegenheit mit den vollkommensten Anlagen für das soziale, kulturelle und gesundheitliche Gedeihen der Bevölkerung geschaffen werden. Was in dieser Hinsicht durch die typische Mietskaserne mit ihren neuesten hygienischen und baupolizeilichen Verbesserungen und Verteuerungen geboten wird, wollen wir nun im folgenden Kapitel erörtern.

---

[1]) Vergl. die Abhandlung „Die Spekulation, ihr Begriff und ihr Wesen“, Schmollers Jahrb. 29. Jahrg. 1905 S. 1489. — Die Wertspekulation ist genau zu unterscheiden von der Handelsspekulation.

Drittes Kapitel.

Die Hausformen.

Der Ausdruck Mietskaserne ist ein anerkannter Terminus technicus; er bezeichnet, wie bekannt, die in Berlin entwickelte Bauweise, die infolge der mit ihr verbundenen außerordentlichen Spekulationsgewinne sich einen großen Teil Deutschlands erobert hat. Der treffende Ausdruck für diese Hausform ist in Berlin geprägt; das Sprachgefühl hat auch hier die kennzeichnende Eigenschaft richtig herausgefunden. Der Begriff „Kaserne" enthält die Aufhebung des Einzelwesens und des Einzelwillens und die Unterwerfung unter einen übergeordneten Zweck. Für das Wohngebäude, das jede Individualität der Bewohner verwischt und das Wohnungswesen durchaus den Zwecken der Spekulation unterwirft, konnte deshalb in der Tat keine treffendere Bezeichnung gefunden werden als die der Mietskaserne. Der Ausdruck bezeichnet den Haustypus, der in Hofwohnungen, Seitenflügeln, Quergebäuden eine unterschiedslose Masse von Wohnräumen umschließt. Durch die Größe des Grundstücks, dessen Abmessungen die Wohnhausform vollständig abgestreift haben, und zugleich durch den Hausgrundriß, in dem die Einzelwohnung völlig verschwindet, ist die Mietskaserne gekennzeichnet[1]). Es ist durchaus unzulässig, den genau umschriebenen Ausdruck auf eine andere Bauform als die vorerwähnte, anzuwenden.

Äußerlich kennzeichnet sich das Mietskasernensystem in dem Berliner Bebauungsplan durch gewaltige schematische Straßenbreiten und durch tiefe, mit Hofwohnungen besetzte Baublöcke. Über den Wert und die Bedeutung des Straßenschemas habe ich in meiner „Berliner Kommunalreform" S. 5 folgende Angaben gemacht:

„Die Straßen sind gerade so breit, daß nach der Bauordnung, die die Höhe der Häuser an die Breite der Straße bindet, fünfstöckige Bauten aufgeführt werden, und daß die Bodenspekulanten den Preis ihrer Grundstücke

---

[1]) Vgl. meine Abhandlung „Über einige Fragen des Städtebaus", Zentralbl. der Bauverwaltung, 23. Jahrg. 1903 S. 408. In Berlin wohnt heute fast die gesamte Bevölkerung in Mietskasernen, und nicht weniger als ein Viertel der Einwohner ist in Gebäuden mit 100—300 Bewohnern untergebracht; Wohnungswesen S. 33.

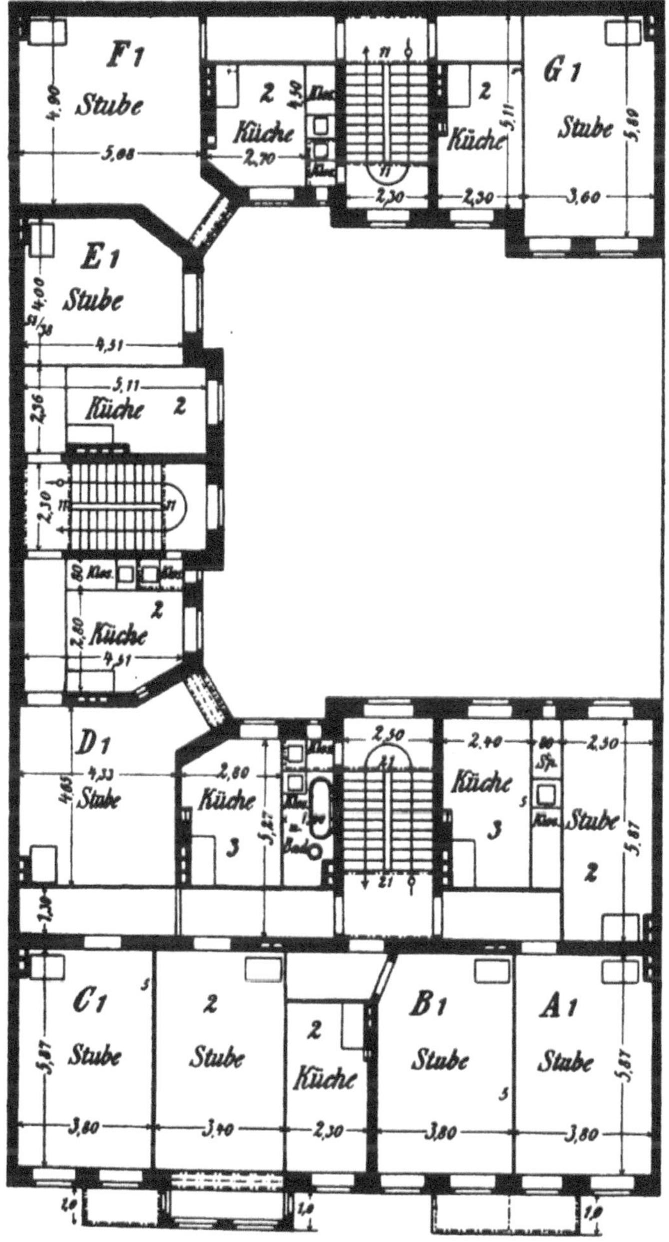

Abbildung 2.
Berliner Mietskaserne mit einfachem Quergebäude. Baujahr 1904.
Maßstab 1 : 200.

dementsprechend steigern können. Ein Spott aber ist es, diese breiten Straßen „eine Wohltat für die Bevölkerung“ zu nennen — für die Bevölkerung, von der drei Viertel auf vermauerten Höfen, von der Straße turmhoch abgesperrt wohnen“.

In dieser kurzen Schilderung tritt uns ein Grundzug des Kasernierungssystems entgegen: die schlimmen Folgen für die auf die Höfe verwiesene Kleinwohnung. Meine Unter-

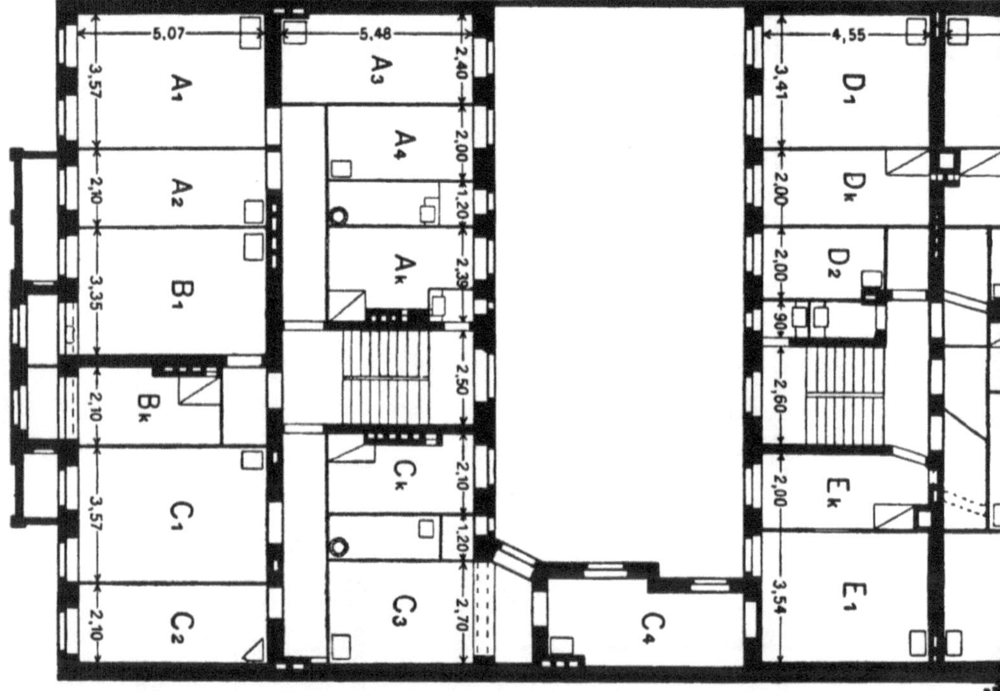

Ab

Berliner Mietskaserne mit zwei doppelten Quergebäuden. Baujahr 1905. Maßstab 1 : 200. Jede Wo
die Küche ist bezeichnet

suchung behandelte, wie noch bemerkt sei, lediglich die Kleinwohnung bis zur Preisgrenze von 240 Mark Jahresmiete, alles andere blieb außer Betracht. — Voigt & Geldner bestreiten nun in Ausdrücken, von denen wir noch hören werden, die Zuverlässigkeit der obigen Darlegung und brechen dann entrüstet in den Ruf aus: „Wer wohnt denn da in den Vorderhäusern?“ (S. 41.)

In der Tat, die Sache ist mir peinlich. Es fällt mir schwer, mich in Kürze zu rechtfertigen. Um so besser werden dagegen V. & G. den wirklichen Zustand der Dinge kennen. — Gewohnt, in meiner Verlegenheit mich stets (siehe den I. Abschnitt) an Voigt & Geldner zu wenden, dachte ich an unsere drei „typischen" Mietskasernen in der Straßmannstraße, die ja nach V. & G.'s Angaben „nicht weniger als 115 Wohnungen enthalten". Wie mögen diese Wohnungen wohl verteilt sein? fragte ich mich. Und siehe da,

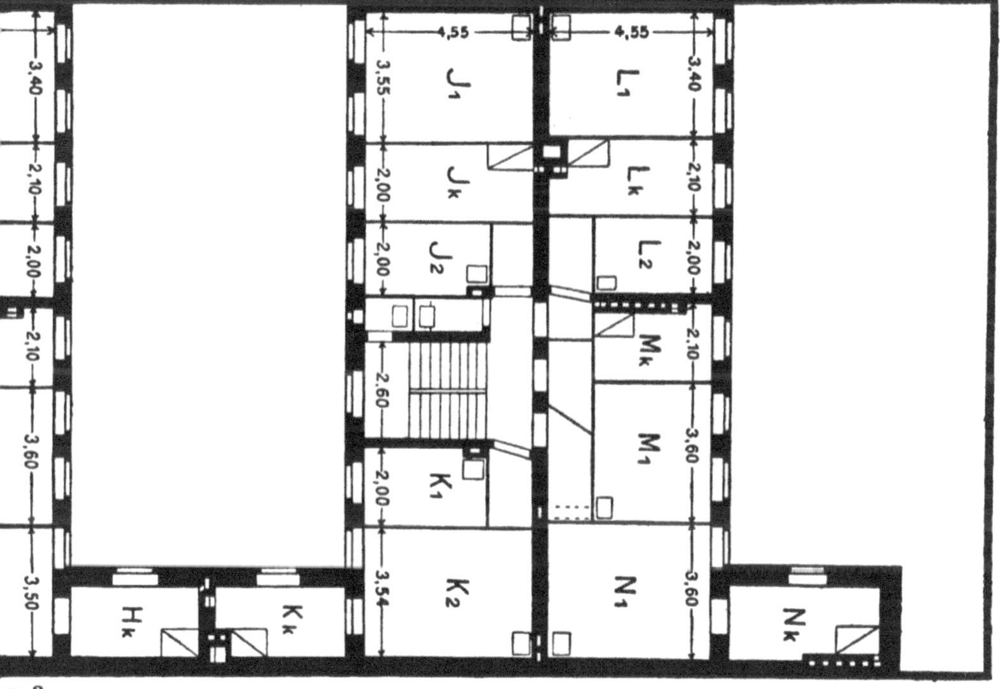

ig 3.
ist bezeichnet durch Buchstaben, jedes zugehörige Zimmer durch eine Nummer (z. B. A_1, A_2 usw); ein kleines k (z. B. Ak).

in den drei Typischen befinden sich — 30 Wohnungen in den Vorderhäusern, denen also 85 Hofwohnungen gegenüberstehen. Wenn meine schwache Arithmetik nicht arg fehl geht, so ist dies gerade das obige, so wütend angefallene Verhältnis von 1:3; wobei ich noch Grund habe zu der Annahme, daß die Hofwohnungen im allgemeinen stärker bevölkert sind als die Vorderwohnungen, sodaß also das Verhältnis im einzelnen vielleicht noch ein ungünstigeres ist. — Aber V. & G. geben auch hier wieder doppelt reichlich. In den drei Typischen ist nämlich ein Teil der Mieter nicht, wie ich sagte, nur durch eine turmhohe Mauer, sondern gleich durch deren zwei abgesperrt. Die Typischen Nr. 3 und 4 haben zwei Höfe hintereinander; ein Teil der Wohnungen liegt an dem zweiten Hof. Hier sind nun die Mieter vor jeder Belästigung durch frische Luftzufuhr unbedingt und sicher bewahrt. Voigt & Geldner aber haben hier wiederum den dreifachen Beweis geliefert, der den Grundzug ihres Buches bildet, nämlich, dass ihre Darlegung auf Unrichtigkeiten beruht, daß ihr eigenes, ihnen genau bekanntes Material das Gegenteil ihrer Behauptungen beweist, und daß es stets meine Angaben bestätigt.

Wie die Hausform der Mietskaserne entstanden ist, haben meine Untersuchungen gezeigt[1]). Den Ausgangspunkt bildet die herrschaftliche Vorderwohnung, der die Hofwohnung als Anhängsel angefügt wurde. Der Grundriß der Mietskaserne ist auf die herrschaftliche Vorderwohnung zugeschnitten; für die Kleinwohnung dagegen ist er untauglich und schlechthin unverbesserlich. Die widernatürliche Verbindung zweier verschiedenen Wohnungsformen, wie sie in der Mietskaserne vorliegt, bringt nach jeder Richtung nur Unzuträglichkeiten hervor. Es bedarf kaum der näheren Ausführung, daß es schon aus technischen Gründen unmöglich ist, auf dem gleichen Grundstück, das in seinen Abmessungen im Vorderhaus auf Wohnungen von sechs bis acht Zimmern zugeschnitten ist, im Hinterhaus richtige Wohnungen von zwei Zimmern anzulegen. Zu den unabstellbaren Mängeln der Hofwohnung beim Mietskasernensystem gehört noch der Mangel der Querlüftung, die bei der Kleinwohnung aus naheliegenden Gründen noch viel notwendiger ist als bei der herrschaftlichen Wohnung. Die Hofwohnung der Mietskaserne kann niemals anders als fest eingebaut hergestellt werden; eine Querlüftung durch Gegenzug, und damit die erforderliche Lufterneuerung innerhalb der Wohnung herbeizuführen, ist nicht möglich[2]).

Was bietet nun die Mietskaserne ihren Insassen? Zur Veranschaulichung der Verhältnisse gebe ich hier zwei Grundrisse von typischen Berliner Mietskasernen wieder. Abbildung 2 (Seite 71) zeigt eine Berliner Mietskaserne kleineren Umfangs mit einfachem

---

[1]) Wohnungswesen S. 21.

[2]) Wohnungswesen S. 53.

Quergebäude nach dem neuesten Bautypus. Das Haus enthält auf jedem Stockwerk 2 Wohnungen von 2 Stuben und Küche (A, C) und 5 Wohnungen von Stube und Küche (B, D, E, F, G). Sämtliche Wohnungen von Stube und Küche sind fest eingebaut und haben keine Möglichkeit einer Querlüftung. Beachtenswert sind die Räume D1 und F1, die sogenannten Berliner Zimmer, die bei der Kleinwohnung besonders ungünstig wirken. Hier entstehen Wohnungen, die weder Licht, noch Luft, noch Sonne in zureichendem Maße haben. Auch die Wohnungen G und D sind wenig besser. — Die Miete dieser Hofwohnungen, die im äußersten Berliner Norden belegen sind, beträgt 312 Mark jährlich.

Die unvorteilhafte Verteilung des Baulandes in dem beifolgenden Grundriß ist augenfällig. Wie für Wohnzwecke eine derartige Bauform angewendet werden kann, wird dem unbefangenen Beurteiler, der die Einzelheiten der Entwickelung nicht kennt, schlechterdings unbegreiflich erscheinen. Über die Untauglichkeit dieser Hausform für den Kleinwohnungsbau ist kein Wort zu verlieren.

Die Mietskaserne mit einfachem Quergebäude ist in Berlin weniger häufig vertreten als das doppelte Quergebäude. Durch die Anlage tiefer Baublocks [1]) entstehen in den Arbeitervierteln regelmäßig tiefere Grundstücke als die der Abbildung 2. Bei der Anlage eines doppelten Quergebäudes werden die Wohnungen F und G der Abbildung 2 nach rückwärts wiederholt und es münden alsdann vier oder fünf Wohnungen auf die Hintertreppe. Bei größerer Grundstückstiefe werden zwei Quergebäude angelegt und es entsteht alsdann die Hausform der Abbildung 3 (Seite 72/73). Die Wohnungsanlage ist von der der Abbildung 2 nicht grundsätzlich verschieden. Der Hauptunterschied besteht wohl darin, daß hier fünf Hofwohnungen auf eine Treppe gelegt werden müssen. Beachtenswert sind die Wohnungen E, H, K, N; auch die Hofwohnungen von zwei Stuben und Küche (D, F, J, K, L) sind nicht durchlüftbar. Die Aborte, die fast sämtlich außerhalb der Wohnungen liegen, sind meist mehreren Familien gemeinsam. Einer Erläuterung ist der Grundriß, der die gekünstelte und unvorteilhafte Parzellierung auf das deutlichste zeigt, nicht bedürftig.

Dabei handelt es sich bei diesen Bauten um Anlagen nach

---

[1]) Vergl. die Skizze einer Berliner Parzellierung, Wohnungswesen S. 23.

der neuesten Bauordnung, die außerordentlich weitgehende Ansprüche stellt und, selbst um den Preis einer starken Verteuerung, jeden nur denkbaren Versuch gemacht hat, um die Kleinwohnungen befriedigend zu gestalten. Seit Jahrzehnten arbeitet die Berliner Baupolizei an der sogenannten „hygienischen Verbesserung der Mietskaserne". Das Ergebnis der baupolizeilichen Eingriffe war in der Hauptsache die Verbreiterung der Höfe, obwohl auch heute noch gestattet ist, an den Höfen 6 Meter höher zu bauen als die Hofbreite beträgt. Der Hof, der in unseren Beispielen die Mehrzahl der Wohnbevölkerung umschließt, ist also auch in dieser Hinsicht schlechter gestellt, als die Straße. An den Grundlagen der Wohnungsproduktion hat sich, trotz der Bestrebungen der Baupolizei, nichts geändert; einzelne Mißstände, wie die Beschaffung des Realkredits, haben sich neuerdings verschärft.

Der verfehlten und gekünstelten Parzellierung der Mietskaserne habe ich in meinen Arbeiten den Grundsatz entgegengestellt: selbständige Formen für den Kleinwohnungsbau. Durchgeführt ist dieser Grundsatz in demjenigen Teil des westlichen Deutschlands, dessen Mittelpunkt die Rheinprovinz bildet. Des übersichtlichen Vergleichs wegen seien hier zwei Grundrisse von Arbeiterwohnungen der rheinischen Bauweise mitgeteilt. Die in den beifolgenden Zeichnungen Figur 4 und 5 wiedergegebenen Bauten werden durch die private (geschäftsmäßige), nicht etwa durch gemeinnützige Bautätigkeit hergestellt. Die Grundstücke sind für den Kleinwohnungsbau zugeschnitten; die Ausnutzung ist die naturgemäße und dabei die denkbar vorteilhafteste. In den rheinischen Industriestädten werden regelmäßig nur Vorderwohnungen gebaut. Mitunter ergibt sich indes bei tiefen Grundstücken die Notwendigkeit, den Hof mit einem Wohngebäude zu besetzen. Für die in solchem Fall befolgte Praxis (Wiederholung des Vordergebäudes) habe ich, Rheinische Wohnverhältnisse S. 54, ein typisches Beispiel gegeben. — Der Mietspreis für die Vorderwohnung nach Figur 4 und 5 beträgt in günstiger Stadtlage in Elberfeld-Barmen 190 Mark für die Wohnung von 2 Zimmern.

Es wäre von besonderem Wert gewesen, wenn die Verteidiger der Mietskaserne diesen Anschauungen entgegengetreten wären und wenn wir erfahren hätten, welche sachlichen Einwendungen sich gegen die selbständige Form des Kleinwohnungsbaus vorbringen lassen. In dem weitschweifigen Buch von Voigt & Geldner findet sich kaum ein einziger Satz, der die Bedeutung der Hausformen grundsätzlich erörtert. Von der Wirkung der Bodenparzellierung

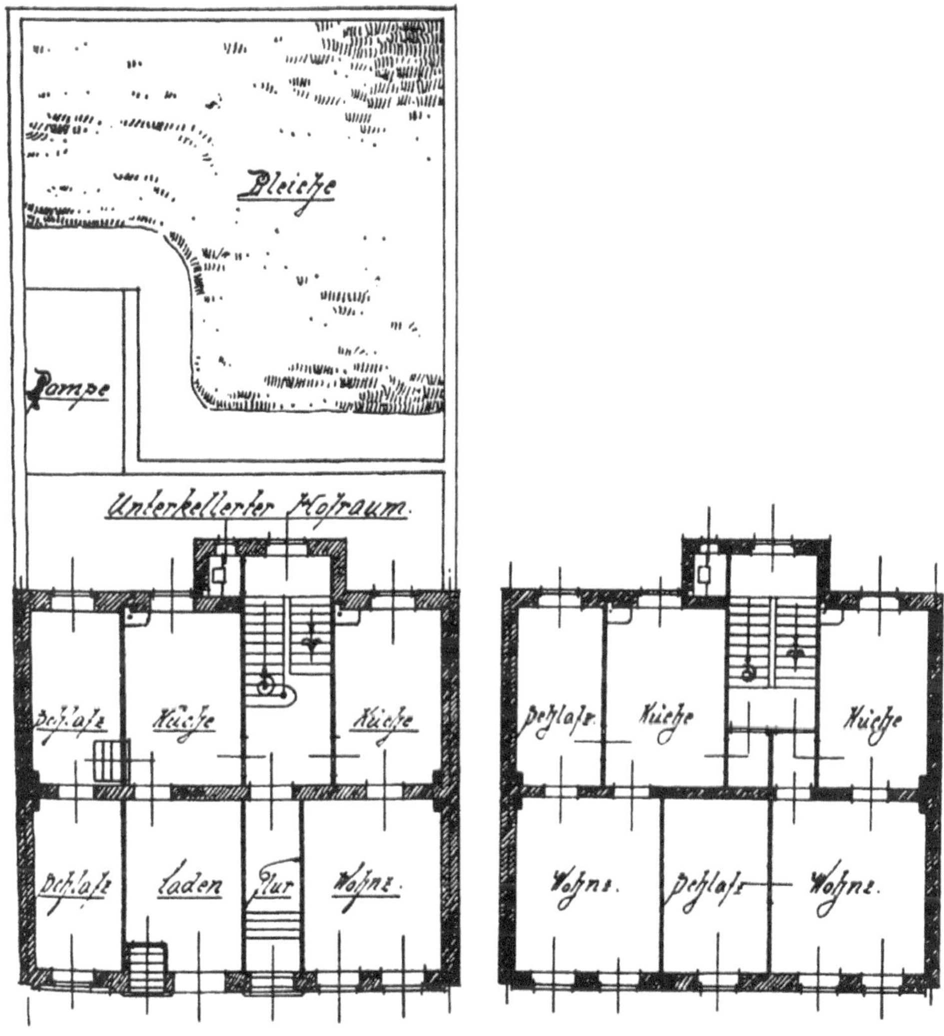

Abbildung 4.

Erdgeschoß. Obergeschoß.

Kleinwohnungsgebäude (Barmen). Baujahr 1902. Maßstab 1 : 200.

ist, soviel ich sehen kann, in dem Buch überhaupt nicht die Rede. Nichts wird geboten als persönliche Polemik gegen die Gegner der Mietskaserne. Den Gegnern der Kasernierung wird allerdings vorgeworfen, daß sie einen „politischen“ Kampf führen. Die Kennzeichnung trifft in keiner Weise zu. Es ist gewiß, daß der Kampf gegen die Mietskaserne sich nicht vorzugsweise oder auch nur in seiner äußeren Erscheinung auf das politische Gebiet bezieht. Aber die politischen Folgen der Kasernierung sind in der Tat von höchster Bedeutung. Trotzdem erfahren wir nicht, wie V. & G. selber denken, über die politischen Wirkungen der Mietskasernenparzellierung, über ihre Folgen für den Grundbesitz, für das kommunale

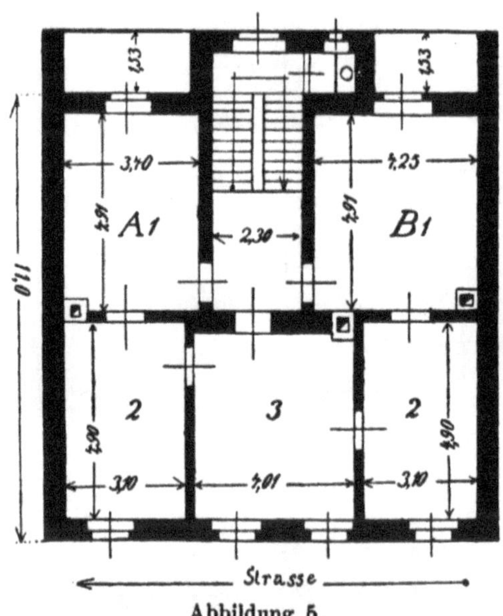

Abbildung 5.
Kleinwohnungsgebäude (Elberfeld). Baujahr 1901. Maßstab 1 : 200.

Wahlrecht, für die Finanzen der Gemeinde und des Staates, für die Stellung der städtischen Bevölkerung.

Es ist die Sache des Lesers, das fehlende zu ergänzen und zum mindesten nach der bautechnischen Seite den Vergleich zu ziehen, den die Abbildungen 2, 3, 4 und 5 ermöglichen. Schwerlich wird man bei einer solchen Betrachtung über den Wert beider Hausformen für den Kleinwohnungsbau auch nur einen Augenblick im Zweifel sein können. Die Hausbauten nach dem Elberfelder Grundriß (den übrigens die Baugenossenschaften in Berlin längst angenommen haben) besitzen die der Kleinwohnung naturgemäße Parzellierung und bieten demgemäß gute, gesunde, billige Wohnungen. Jede Wohnung hat Querlüftung; auf jeder Treppe liegen nur zwei Wohnungen, eine Anordnung, die sich hier ganz von selbst ergibt. Für die Unzahl von polizeilichen Eingriffen, Beschränkungen und Verteuerungen, wie sie die Mietskaserne verlangt, liegt hier kein Anlaß vor. Der Grundriß der Mietskaserne dagegen zeigt auf den ersten Blick die Zweckwidrigkeit und Künstelei dieser für den Kleinwohnungsbau unbedingt zu verwerfenden Bauform.

Liegt es nun in dem freien Willen des Baugewerbes, sich unter den Bauformen die zu wählen, die ihm beliebt? Keineswegs. Der Bauunternehmer ist, wie wir bereits oben S. 14 fg. sahen, nicht frei in der Wahl der Bebauung. Der Faktor, den wir für die Bestimmung der Bauweise zunächst in Betracht zu ziehen haben, ist der Bodenpreis.

Viertes Kapitel.

Bodenpreis, Wohnungsmiete und städtische Bauweise.

A. Bedeutung des Bodenpreises.

Daß für das städtische Wohnungswesen dem Bodenpreis eine grundlegende Bedeutung zukommt und daß zwischen Bodenpreis und Wohnungsmiete die engsten Zusammenhänge bestehen, ist gewiß und unbestritten. Sobald wir indes die Preisbildung der Bodenwerte genauer untersuchen, ergeben sich wesentliche Zweifel hinsichtlich der Wechselwirkung von Bodenpreis und Miete. Es entsteht die Frage: ist es der Bodenpreis, der die Miete bestimmt; oder ist es nicht umgekehrt die Miete, die den Bodenpreis bestimmt? Dabei zeigt es sich bei näherer Betrachtung, daß auch diese Fragestellung immer noch unvollständig ist. Denn das Problem, das uns auf diesem Gebiete beschäftigt, betrifft nicht allein oder nicht einmal in der Hauptsache das feste, stehende Verhältnis, sondern vielmehr die Bewegung in den Bodenwerten. Die Frage, auf die wir heute vor allem eine Antwort suchen, lautet: ist es das Steigen des Bodenpreises, das das Steigen der Mieten bewirkt; oder ist es umgekehrt das Steigen der Mieten, das den Bodenpreis in die Höhe treibt? Wir haben also die Beziehungen zwischen Bodenpreis und Wohnungsmiete nach einer doppelten Richtung zu untersuchen.

Unter der Bezeichnung Bodenpreis verstehen wir hierbei den Preis des unüberbauten, zum Häuserbau dienenden Bodens. Es handelt sich in wohnungspolitischen Erörterungen regelmäßig um die Preisbildung bei Neubauten und auf unbebautem Boden, wenn man auch, wie sich von selbst versteht, im Einzelfall versuchen kann, bei einem bereits bebauten Grundstück von dem Gebäude abzusehen und durch Abstraktion den Wert des nackten Grund und Bodens zu ermitteln. Bei dem unüberbauten Boden haben wir, nach der im Bodengeschäft üblichen Terminologie, drei Klassen zu unterscheiden:

1. Landwirtschaftlicher Boden, d. h. solcher Boden, der nach seinem Preisstand die Nutzung für Ackerbau und Gärtnerei gestattet. Als Preislage wird hierfür allgemein bis 50 Pf. für den Quadratmeter bei Ackerbau, bis 2 Mk. für Gärtnereibetrieb angenommen.

2. Spekulationsland (in der Geschäftssprache „Spekulationsterrains"), worunter solche Ländereien zu verstehen sind, deren künftige Verwendung für den Häuserbau erwartet wird. Eine allgemeine Preisgrenze oder Preislage läßt sich hier nicht bestimmen, da die erzielten Preise örtlich und zeitlich verschieden sind und zudem innerhalb des gegebenen Spielraums unendliche Abstufungen je nach dem Stadium des Verkaufs möglich sind.

3. Baustellen, d. h. Grundstücke, die nach dem gegenwärtigen Preis der Bebauung bewertet werden und von denen im unüberbauten Zustande keine weitere Wertbewegung erwartet wird[1].

Die wichtigste, wenn man so sagen darf, interessanteste unter diesen drei Klassen ist die zweite, die des Spekulationslandes. Von der Höhe des zu erzielenden Preises hängt es ab, ob ein bestimmtes Gelände (auch unter Zinsverlust) als Spekulationsland festgehalten und ob es während eines Stillstandes oder eines Rückganges der Konjunktur behauptet werden kann[2]. Durch die viel-

---

[1]) Vgl. Friedr. C. Freudenberg, Verschuldung und Mietzins in Mannheim, Karlsruhe 1906, S. 21.

[2]) S. auch unten S. 86.

stöckige Bauweise wird die Stellung und Aktionsfähigkeit der Spekulation wesentlich gestärkt; ein Gelände kann bei der gedrängten Bauweise den Charakter und die Steigerungsfähigkeit von Spekulationsland behalten, während es bei Flachbau längst die Preishöhe der Baustelle (Klasse 3) erreicht haben würde.

In der Verschiedenheit der Preisklassen und den fortgesetzten Verschiebungen innerhalb derselben ist es begründet, daß der Preis des unbebauten Bodens statistisch schwer zu fassen ist. Von dem Preis des Ackerlandes bis zur fertigen Baustelle macht das Gelände zahlreiche Wertbewegungen durch, und dieselbe Baustelle durchläuft heute in ihrer Entwickelung die verschiedensten Preisstadien. Von allen Gebieten des Wohnungswesens setzt deshalb vielleicht der Bodenpreis der zahlenmäßigen Darstellung die größten Schwierigkeiten entgegen. Irgendwie einheitliche Ziffern zu ermitteln, ist beim unbebauten Boden nicht möglich[1]). Zum mindesten wird man die oben gekennzeichneten drei Kategorien getrennt halten und den Verlauf der Preisbewegung innerhalb derselben untersuchen müssen. Die nächste Frage wird demnach dahin gehen: welche Preissteigerung soll der Boden durchlaufen, bis aus dem landwirtschaftlichen Grundstück die fertige Baustelle geworden ist, und welche Bedeutung kommt der zweiten Preisstufe, dem Spekulationslande, zu?

Eine Anzahl von Bodenpreisen wird von Voigt & Geldner in ihrem Buche mitgeteilt. Machen wir nun an diesen die Probe auf das Exempel und betrachten wir den Bodenpreis in unserem typischen Beispiel der Straßmannstraße. Der Verkaufswert der drei Grundstücke beträgt 773 000 Mark, die Baukosten betragen 480 000 Mark. Falls wir nach der gleichen Methode verfahren wie V. & G. und den Bodenwert ermitteln, indem wir die Baukosten von dem Verkaufswert abziehen, so beträgt der „Bodenwert" 293 000 Mark oder, da die Grundstücke 2766 qm umfassen, = 106 Mark für 1 qm. Das ist zwar nicht ganz, aber doch beinahe so viel, als der Bodenwert, den Voigt & Geldner oben S. 47 fg. mit 125 Mark herausgerechnet hatten und den sie dann durch Multiplikation mit 0,64 kühnlich auf das bescheidenere Maß von 80 Mark zurück-

---

[1]) Vgl. mein Wohnungswesen S. 28. Die dort wiedergegebenen Ziffern aus verschiedenen Städten zeigen jedoch sämtlich die von dem letzten Käufer (Bauunternehmer, Bauherr) gezahlten Preise.

geführt hatten. Alle drei Ziffern von 80, 106, 125 Mark sind natürlich falsch, wie dies nach dem oben besprochenen Fehlgriff nicht anders möglich ist. Bei einem bebauten Grundstück kann man den Bodenpreis nicht dadurch ermitteln, daß man die Baukosten (Kostpreise) von dem Verkaufswert, der die Unternehmer- und Spekulationsgewinne enthält, in Abzug bringt. Ist der Boden einmal bebaut, so nimmt er an dem Spekulationsgewinn genau ebenso teil wie das Gebäude selber [1]).

Glücklicherweise sind wir indes in der Lage, den Bodenpreis der Strassmannstraße ausmitteln und hier mitteilen zu können. Die Stadtgemeinde Berlin kaufte im Jahre 1898, also nur drei Jahre vor dem Beginn des Baues der Geldner'schen Gesellschaft, das an diesen Bau unmittelbar angrenzende Grundstück Strassmannstraße Nr. 6 für Gemeindezwecke (Schulbauten) an. Die Stadt zahlte für das Grundstück an regulierter Straße dreißig Mark für den Quadratmeter — das ist etwa der dritte Teil des „eigentlichen Bodenpreises", den Voigt & Geldner (oben S. 48) mit 80 Mk. angegeben haben [2]). Erst jetzt ist wohl das Bild der Preisentwicklung unserer typischen Mietskasernen vollständig.

Dreißig Mark für den Quadratmeter Boden an anbaufähiger Straße, den die Stadt, wie jeder andere Käufer, vom Bodenbesitzer freihändig gekauft hat — das ist der Bodenpreis einschließlich der Straßenkosten, der dem Vorbesitzer einen gewiß reichlich bemessenen Gewinn läßt. Der ganze Rest, die Erhöhung auf nahezu das Dreifache, ist das Werk der Bodenspekulation und die große Prämie der Mietskaserne. Der Unwille gegen dieses erbärmliche System unseres Städtebaus wird sich bei dem unbefangenen Leser darnach noch steigern. Dabei handelt es sich in unserem Falle nicht um einen Kauf von langer Hand; sondern die Stadt hat für ihr unmittelbares Bedürfnis und ungefähr gleichzeitig mit der privaten Bautätigkeit das Grundstück gekauft. Es ist dies wiederum ein Beweis, daß es niemals zu spät ist für die Reformierung unseres Städtebaus und daß der tatsächlich bestehende Bodenpreis durchaus kein Hindernis für die Abstellung der heutigen Mißstände

[1]) Unter den deutschen Verhältnissen; in England — Zeitpacht, lease — und auch bei unserem Erbbaurecht, ist das natürlich nicht der Fall.

[2]) Die Kaufsumme beträgt 224 280 Mark für das Grundstück von 7476 qm Fläche. In der Kaufsumme sind die Beiträge zu den Kosten der Straße mit 6921 Mark eingeschlossen.

bildet. Denn nur das Einsetzen der Bodenspekulation treibt die Preise hinauf, und erst bei der Realisierung durch die Bebauung erreicht der Bodenpreis seine schädliche Höhe. Wie aber unsere typischen Grundstücke aussehen würden, wenn die Steigerung auf die Höhe des Kasernierungspreises ferngehalten worden wäre; wie hier innerhalb der Großstadt brauchbare Kleinwohnungen nebst Freiflächen mit aller Leichtigkeit anzulegen wären, das bedarf hier nicht der Schilderung. —

Während wir über die wichtige Entwicklung des Bodenpreises auf ihren eigenen Grundstücken von unseren Gewährsmännern nichts erfahren, geben Voigt & Geldner auf S. 46 ihres Buches ein Sammelsurium von Bodenpreisen aus Friedrichsfelde, Karlshorst und Weißensee; aus einer Anzahl von Bodenverkäufen werden Durchschnittspreise (sic) gezogen, die 8,71 Mark, 1,78 Mark, 10,78 Mark und 2,65 Mark den qm — man vergleiche diese Ziffern untereinander — betragen. Ob diese buntscheckigen Preise, die obendrein noch Durchschnittswerte sind, von Bauunternehmern für den Häuserbau oder nur von Zwischenhändlern für Spekulationsland gezahlt wurden, ob sie dem Wohnungsbau in den genannten Orten tatsächlich zugrunde liegen, wird nicht gesagt. Was die Nennung eines solchen wilden Gemisches von Bodenpreisen bezwecken soll, wird der Leser schwerlich verstehen. Denn daß Grundstücke in verschiedenen Lagen und in verschiedenen Stadien des Verkaufs verschiedene Preise haben, war auch bisher nicht ganz unbekannt.

Als Bodenpreis für das Wohnungswesen gilt vielmehr der von dem letzten Käufer (Bauunternehmer, Bauherr) gezahlte und dem Bau zugrunde gelegte Preis. Wegen der Beurteilung der Wirkungen des Bodenpreises auf die Wohnungsmiete möchte ich hier wiederum zunächst einem unserer erfahrensten Praktiker das Wort geben; es ist Regierungsrat Max Koska, bis in die jüngste Zeit Leiter des „Beamtenwohnungsvereins“, einer Genossenschaft, die bisher für etwa 23 Millionen Mark Bauten errichtet hat und zu den größten Bauunternehmungen Berlins gehört.

„Auf Grund meiner Erfahrungen schließe ich mich denen an, die der Eigenart der Bildung der Baugrundpreise den größeren Einfluß (gegenüber den Baukosten) zuschreiben. . . . Der Käufer des Bodens und Erbauer des Hauses kann nur bestehen, wenn er die vorausgesetzten hohen Mieten auch erzielt. So entsteht eine verhängnisvolle Wechselwirkung: die Mieten sind in letzter Reihe vom Bodenpreis abhängig, die bloße Möglichkeit einer Erhöhung der Mieten erhöht unmittelbar den Bodenpreis, und der gesteigerte Bodenpreis legt wiederum die Notwendigkeit einer Forderung der höheren Mieten sofort fest"[1]).

Das Gebiet der hier wiedergegebenen Beobachtung sind die für das Wohnungswesen entscheidenden Bezirke, d. s. die Neubaubezirke, die unbebauten Geländeflächen, die die neue Zufuhr an Bauland bringen. Koska stellt hier nicht bloß den primären Einfluß des Bodenpreises an sich fest, sondern er behandelt auch den zweiten Teil unseres Problems, nämlich das Steigen des Bodenpreises und seine Wirkung. In der Klarlegung dieses Vorgangs liegt wohl der Hauptwert der Koska'schen Erörterung[2]). Das neue Bauland der Außenbezirke würde die Möglichkeit einer Preisermäßigung und einer billigeren Wohnungsproduktion bieten. Der spekulativ gesteigerte Bodenpreis aber ist es hier, der die Miete festlegt; vom Bodenpreis geht auch die weitere Steigerung der Mieten aus. Nicht Preisermäßigung, sondern Preissteigerung ist das Ziel der Bodenzufuhr in den Neubaubezirken.

Es handelt sich hier nur um die Darlegung von Wirkungen, deren Ursachen und Voraussetzungen wir in einem früheren Abschnitt besprochen haben. Von dem Vorgehen der Bodenspekulation in den städtischen Außenbezirken haben wir oben S. 24 fg. gehandelt. Die Mittel, vermöge deren die spekulativen Bodenwerte durch die

---

[1]) Wechselbeziehungen zwischen Bodenpreis und Wohnungsmieten, der „Tag", volkswirtschaftliche Rundschau 21. Oktober 1904.

[2]) Da der Koska'sche Aufsatz nicht allgemein zugänglich sein dürfte, entnehme ich ihm noch folgende beachtenswerte Stelle: „Früher waren die Löhne und die Preise der Baumaterialien niedriger; die Baupolizei stellte nicht so strenge Anforderungen wie jetzt und ließ auch oft eine weitergehende Ausnutzung der Grundstücke und der Gebäude zu; früher stellten die Mieter bei weitem nicht so hohe Ansprüche an die Ausstattung wie heute: deshalb konnte früher billiger gebaut werden. Dies muß zugegeben werden. Ob darum verhältnismäßig billiger vermietet wurde, mögen die Fachgelehrten untersuchen. Ich glaube es ohne statistischen Beweis nicht, sondern glaube vielmehr, daß — falls die Beeinflussung durch die Steigerung des Bodenpreises ausgeschieden wird — für die Ermietung der verhältnismäßig besseren und mit verhältnismäßig höheren Kosten erbauten Wohnung heute durchschnittlich ein geringerer Teil des Einkommens aufzuwenden sein würde als früher, weil der Zinsfuß allgemein gesunken ist und das Einkommen sich durchschnittlich sehr gehoben hat. Daß dies nicht in die Erscheinung tritt, sondern im Gegenteil heute ein größerer Teil des Einkommens für Miete aufgewendet werden muß als früher, ist meines Erachtens lediglich dem Einflusse des Bodenpreises zuzuschreiben.

Bebauung realisiert und festgehalten werden, haben wir alsdann oben S. 53 fg kennen gelernt.

Der Einfluß des Bodenbesitzers geht soweit, daß er sogar die Preislage der Wohnungen bestimmt, die der Bauunternehmer herstellt. Das Baugewerbe wird, zum großen Schaden des Städtebaus, in eine Richtung gedrängt, die es aus freiem Willen nicht nehmen würde; die übermächtige Einwirkung des Bodenpreises zeigt sich hierbei von einer besonderen Seite, die bis jetzt kaum nach Gebühr beachtet worden ist.

Es ist zur Genüge bekannt, daß in unseren Großstädten allgemein ein Mangel an guten und preiswerten Kleinwohnungen besteht, ein Zustand, der zu dem tatkräftigen Eintreten der Baugenossenschaften geführt hat. Andererseits aber werden große und mittlere Wohnungen reichlich, oft sogar weit über den Bedarf hinaus gebaut. Die Ursache dieser Fehlleitung der Bautätigkeit liegt in erster Linie in der Bodenspekulation, die natürlicherweise für ihr Gelände einen höheren Preis einstellen kann, wenn es zu besseren Wohnungen, als wenn es zu billigen Kleinwohnungen verwendet wird. Die Bodenspekulation verdient mehr bei teueren Wohnungen, stellt ihren Preis danach und zwingt das Baugewerbe zu folgen. Die Baustellen werden, wie bekannt, an die Bauunternehmer „mit Bauzeichnung“ verkauft; die Preislage der Wohnungen ist genau und bis in die Einzelheiten vorgeschrieben. Der Bauunternehmer führt die Wohnungen in der Form und Preislage aus, wie sie der Bodenspekulant ausrechnet.

Auch hier ist der Bodenpreis der entscheidende Faktor, der die Wohnungsproduktion bestimmt. Es ist dies um so beachtenswerter, als die von dem Bodenpreis festgelegte Form der Bautätigkeit der Nachfrage und dem Bedürfnisse nicht entspricht, zum Teil ihnen sogar unmittelbar entgegengesetzt ist. Die Verteidiger des Spekulantentums reden immerfort von „natürlichen Wirtschaftsgesetzen“, die die heutige Bodenentwicklung beherrschen sollen. Ob wir aber die größeren Zusammenhänge oder eine bestimmte Einzelheit im Wohnungswesen betrachten, stets finden wir Tendenzen, die den natürlichen und wirtschaftsgemäßen Verhältnissen entgegengesetzt sind. Die durch die Bodenpreise erzwungene Herstellung von teuren Wohnungen geht vielfach über den Bedarf weit hinaus und führt zu Bau- und Hausbesitzkrisen.

Inmitten dieser fehlgeleiteten Produktion und ihrer Rückschläge bleibt dagegen der Bedarf an Kleinwohnungen und preiswerten Mittelwohnungen unbefriedigt, oder er muß durch baugenossenschaftliche Tätigkeit gedeckt werden.[1])

B. Besondere Fälle der Bodenpreisentwicklung.

Gegenüber den im vorigen besprochenen allgemeinen Verhältnissen bleibt uns noch die Entwicklung der Bodenpreise unter besonderen Umständen zu erörtern. Wir sind im obigen ausgegangen von der normalen Geschäftslage oder der günstigen Konjunktur; wie aber gestaltet sich die Entwickelung des Bodenpreises im Falle einer Wirtschaftskrisis?

Die Lage der Bodenspekulation während einer Wirtschafts-

---

[1]) Zu den oben besprochenen Verhältnissen vergl. noch folgende Belegstellen: „Während immer noch der Bedarf an kleinen Wohnungen nicht gedeckt ist, werden viel mehr große und mittlere Wohnungen gebaut, als nötig sind. Das Verfahren hat bereits zu einer Überproduktion der großen Wohnungen geführt, während an den mittleren auch kein Mangel mehr ist." R. Goldschmidt, Das Baugewerbe und die Krisis, Schriften des Vereins für Sozialpolitik Bd. 111 S. 367. — Bemerkenswert sind die Auskünfte von Baugenossenschaften und Postämtern, die in der „Übersicht über Mietspreise und Wohnungsverhältnisse in Genossenschaftswohnungen und Mietswohnungen von Reichsbeamten" (Reichstag Drucksachen 1906 Nr. 173) zusammengestellt werden: Dresden. In Dresden sollen 9000 Wohnungen leer stehen, doch wird es trotzdem an gesunden und billigen Kleinwohnungen noch fehlen . . . Infolge des großen Angebots an mittleren und großen Wohnungen — es stehen zur Zeit in Dresden gegen 8000 Wohnungen leer — sind die Preise für mittlere Wohnungen seit 1903 etwas zurückgegangen. Ein weiteres Fallen der Mietspreise ist wahrscheinlich. Als Ursache müssen die in den letzten Jahren weit über das Bedürfnis hinaus aufgeführten Neubauten angesehen werden. Die Preise für kleinere gesunde Wohnungen sind trotz der in den letzten Jahren so zahlreich aufgeführten Neubauten nicht zurückgegangen. Kiel. Bisher ist ein bemerkbares Fallen der Mietspreise nicht festgestellt worden. — Trotzdem ein Wohnungsmangel am Orte nicht besteht, vielmehr zahlreiche Wohnungen jeder Größe leer stehen, bleiben die Mietspreise infolge der Bestrebungen des Hausbesitzervereins auf ihrer Höhe. — Die Mietspreise im hiesigen Stadtteil sind, namentlich für Wohnungen in alten Häusern, etwas gefallen, was auf die große Anzahl der hierselbst errichteten zeitgemäßen Wohnungen zurückzuführen ist. — Königsberg. Trotz der Wirksamkeit der gegründeten Wohnungsbauvereine steigen die Mietspreise fortgesetzt. — Osterode i. Pr. Die Mietspreise sind hier nicht gesunken, weil die im „Hausbesitzerverein" organisierten Vermieter ihre Wohnungen lieber leer stehen lassen, als mit den Preisen heruntergehen.

krisis und eines allgemeinen Abflauens der Bautätigkeit kennen zu lernen, gab uns die deutsche Krisis der Jahre 1900/1901 Gelegenheit. Die einschlägigen Verhältnisse sind von R. Goldschmidt, Baumeister und Bauunternehmer[1]) in einer bemerkenswerten Untersuchung „Das Baugewerbe und die Krisis," behandelt worden. Das Ergebnis ist das folgende:

„Leider hatte die Schwierigkeit der Beschaffung der Baugelder gar keinen Einfluß auf die Terrainspekulation gehabt. Man hätte doch meinen sollen, daß, da der Absatz der Grundstücke ein eingeschränkterer geworden, auch die Preise nach dem Gesetz von Angebot und Nachfrage hätten heruntergehen müssen. Das ist aber leider nicht geschehen. Diese Tatsache findet darin ihre Erklärung, daß der spekulative Terrainbesitz in Berlin in seiner Mehrheit in starken Händen sich befindet, die eben auf günstigere Zeiten warten können"[2]).

Wiederum hören wir bei diesem Sachverständigen von der Sonderstellung der Spekulation hinsichtlich des Bodenpreises und von ihrer Unabhängigkeit gegenüber dem Gesetz von Angebot und Nachfrage. Der Vorgang ist um so beachtenswerter, als die Krisis mit dem Bodengeschäft unmittelbar zusammenhing und am Pfandbriefmarkt der Hypothekenbanken begann. Eine dauernde Wirkung auf die Boden- und Mietswerte hat jedoch der Zusammenbruch von 1900/1901 nicht gehabt. Die sichere Stellung der Bodenspekulation beruht auf der Höhe des Spekulationsgewinns, wie ihn die gedrängte Bauweise und insbesondere die Mietskaserne verbürgt; hierdurch wird heute das Festhalten des Besitzes auch unter ungünstigen Absatz- und Wirtschaftsverhältnissen ermöglicht. Andernfalls müßte die Bodenspekulation, gleich jeder anderen Hausseposition, in einer Krisis zusammenbrechen, wie dies auch früher der Fall war. Ist es überhaupt möglich, eine bestimmte absolute Preishöhe zu erreichen, so wird mit Hilfe der heutigen kapitalistischen Organisation das Gelände durchgehalten während einer Krisis „bis auf günstigere Zeiten."

Auf ein wesentliches Moment wird hierbei von Goldschmidt hingewiesen; es ist das Eintreten des Großkapitals in die Bodenspekulation. Für die kapitalkräftige Spekulation kommt der Zinsverlust nicht in Betracht; der einzelne kapitalschwache Spekulant dagegen mag gezwungen sein, sein Gelände zu ver-

---

[1]) Goldschmidt ist der Erbauer der in der Ztschr. „der Städtebau" II. Jahrg. S. 128 näher geschilderten Privatstraße.

[2]) Schriften des Vereins für Sozialpolitik Bd. 111 S. 359.

kaufen, das dann in kräftigere Hände übergeht. Durch die verminderte Nachfrage während der schweren Krisis von 1900/1901 ist in dem Preis des Baugeländes keine allgemeine Veränderung hervorgebracht worden. Die allgemeine Erschütterung ist an der Bodenbewertung eindruckslos vorübergegangen. —

Endlich haben wir noch eine zweite Möglichkeit der besonderen Einwirkung auf den Bodenpreis zu erörtern. Unsere obigen Darlegungen betrachten die Lage des Bodengeschäfts im allgemeinen; in einzelnen Fällen dagegen wird auch ein Bauunternehmer wohl oft genug in die Lage kommen, Grundstücke zu einem billigeren als dem allgemeinen Preise anzukaufen. Wie wirken diese billigeren Bodenpreise auf die Entwickelung der Grundstückswerte?

Der Fall, daß ein Bauunternehmer oder Bauherr ein Grundstück zu einem billigeren als dem allgemein üblichen oder geforderten Preise erwirbt, tritt häufig ein, sowohl in kritischen, wie auch in normalen Zeiten. Ein kapitalkräftiger Bauherr wird oftmals ein Grundstück erwerben in einem Zeitpunkt, in dem es den höchsten, von dem kapitalschwachen Bauunternehmer bewilligten Preis noch nicht erreicht hat. Mit andern Worten: auch der Bauunternehmer mag zu einer der Preisstufen der oben Seite 80 abgegrenzten Klasse 2 kaufen, und nicht zu dem höchsten Preis der Klasse 3.

Wir sollten nun erwarten, daß der Vorteil des billigeren Landerwerbs dem Wohnungswesen zugute kommen würde; die Produktion der Wohnungen müßte, wie die Produktion auf anderen Gebieten, durch die billigsten Herstellungsbedingungen bestimmt oder beeinflußt werden. In der Praxis ist dies indes keineswegs der Fall, wie sich aus der nachfolgenden bemerkenswerten Schilderung ergibt:

„Kapitalkräftige Bauunternehmer kaufen nun auch im allgemeinen das Land billig, noch unverteuert durch die Spekulation. Daß sie aber darum schließlich ihre Häuser oder Wohnungen billiger abgeben, folgt daraus keineswegs. Wie alle anderen werden auch sie den Kaufpreis ihrer Häuser berechnen aus dem zur Zeit des Verkaufes erzielbaren Mietertrag, und damit auch dem Boden einen diesem entsprechenden Wert beimessen und nicht etwa ihren Einkaufspreis zugrunde legen. Sie möchten uns manchmal dieses gerne glauben machen und behaupten, daß ihre Interessen mit denen der Mieter identisch seien und denen der Spekulanten entgegengesetzt. In Wahrheit vereinigen sie den Bodenspekulanten und Bauunternehmer in einer Person und rechnen auf die Gewinne beider“.

Diesmal aber muß ich dem Leser wirklich auf die richtige Fährte helfen; er könnte sonst unmöglich auf den Gedanken kommen, daß diese Darlegung — von Voigt & Geldner verfaßt und auf S. 167 ihres Buches verewigt ist. Saul ist wieder einmal unter die Propheten geraten und weissagt — und das noch lange nicht zum letzten Mal — wider sich selber. In einer unanfechtbaren Beweisführung verkünden Voigt & Geldner: wer den Boden billiger gekauft hat, der richtet sich nach dem allgemeinen teureren Preise. „Keineswegs“ wird er, wenn er den Boden billiger gekauft hat, deshalb die Wohnungsmieten ermäßigen; er hat dies überhaupt nicht nötig; er legt einfach, wie das ganz selbstverständlich ist, seinen Berechnungen den höheren Preis zugrunde. — Und nun bitte ich den Leser, sich noch einmal das hohe Lied von der Bodenrente oben S. 25 anzusehen. Bei unsern Industrieprodukten, heißt es da, muß sich der Preis nach den unter den billigsten Bedingungen hergestellten Erzeugnissen richten; der billigste Produzent bestimmt hier den Preis. Also muß auch bei der Wohnungsproduktion — —? Ja, Bauer, das ist ganz was anders. Da bestimmt natürlich der teuerste Produzent den Preis. Wer aber billiger gekauft hat, berechnet den höheren Preis, der hier als die selbstverständliche Norm gilt. — In der Arbeit haben wir uns nach dem billigsten, in der Wohnungsmiete aber nach dem teuersten Preis zu richten. So will es die natürliche Lehre von der Bodenspekulation.

C. Bodenpreis und Städtebau.

Bis hierher haben wir nur den unmittelbaren Einfluß des Bodenpreises auf das Wohnungswesen behandelt. Wir können das Ergebnis in die Formel zusammenfassen: Am Anfang ist der Bodenpreis. Gleichviel ob wir das stehende Verhältnis oder das Ansteigen des Preises, ob wir krisenmäßige oder normale Zustände betrachten — der Bodenpreis ist zuerst; nach ihm richtet sich unter den heutigen Einrichtungen unmittelbar die Entwickelung der Grundstückswerte.

Neben der unmittelbaren besteht nun aber eine mittelbare Einwirkung des Bodenpreises, der ich in meinen früheren Arbeiten die größere Bedeutung zugeschrieben habe. Wird nämlich der Bodenpreis auf eine gewisse Höhe gesteigert, so hat dies zur Folge, daß nach einem bestimmten Bausystem gebaut werden muß; der Bodenpreis erzwingt dann die städtische Bauweise, und zwar nach dem wirtschaftlich schlechtesten System. Bei der Erörterung dieser Verhältnisse haben wir nun gegebener Weise gleichzeitig die Bedeutung des absoluten und des relativen Bodenpreises zu besprechen. Als absolute Höhe des Bodenpreises bezeichnet man den für eine Grundstücksfläche tatsächlich gezahlten Preis (z. B. 70 Mark für 1 qm). Unter der relativen Höhe ist derjenige Bodenpreisanteil zu verstehen, der bei der gedrängten (vielstöckigen) Bauweise auf das einzelne Stockwerk entfällt oder nach rechnerischer Annahme entfallen sollte.

Eine große absolute Höhe des Bodenpreises wird erzielt durch die vertikale Häufung der Stockwerke bei der gedrängten (vielstöckigen) Bauweise. In demselben Maße, wie die gedrängte Ausnutzung der Grundfläche gesteigert wird, erhöht sich der Preis des Bodens. Die vertikale Häufung der Wohnungen bewirkt nichts weiter als eine verhältnisgemäße Steigerung der Bodenpreise. Durch die intensivere Ausnutzung wird nicht etwa der Geländeaufwand auf die einzelne Wohnung verbilligt; sondern der Bodenpreis allein hat den Nutzen, er wird proportional zu der Bodenausnutzung erhöht. Einen Vorteil hinsichtlich des Bodenpreisaufwandes gewährt also das System der gedrängten Bauweise nicht; indes könnte man vielleicht andererseits sagen, daß es ebensowenig schlechthin einen Nachteil für das Wohnungswesen bedeutet. Denn machen wir unsere Rechnung nach rückwärts, so löst sich der Wert der gedrängten Bauweise wieder in seine einzelnen Bestandteile auf. Wenn wir den Bodenwert für den einfachen Häuserbau gleich 10 setzen, so kann der Preis, wie er dies in Wirklichkeit tut, bei vielstöckiger Bebauung auf 50 steigen, und auf die einzelne Wohnung würde doch kein höherer Bodenpreisanteil fallen. Wie sich der Wert der gedrängten Bauweise zunächst aus der vertikalen Häufung der Stockwerke zusammensetzt, so entfällt naturgemäß auf die einzelne Wohnung nur die entsprechende Quote des gesteigerten Bodenpreises [1]). Tatsächlich sind indes die Wirkungen der Steigerung des Bodenpreises ganz andere; sie greifen in bestimmender Weise in das Wohnungswesen ein.

---

[1]) Preisbildung der Bodenwerte; Bericht über den VI. Internationalen Wohnungskongreß, Berlin 1902, S. 79.

Durch die spekulative Preistreiberei des Bodens wird uns nämlich ein bestimmtes System der Wohnungsproduktion, die gedrängte Bauweise und die Mietskaserne, allgemein aufgezwungen; unser gesamtes Wohnungswesen und der private Hausbesitz werden hierdurch in die schlechteste und schädlichste Entwickelung hineingedrängt. Nur in diesem Zusammenhange ist die Gegnerschaft gegen die Preissteigerung der Bodenspekulation zu verstehen; dieser unzerreißbare Zusammenhang ist auch in meinen Arbeiten stets festgehalten worden. Nicht gegen die Gewinne der Bodenspekulanten als solche, sondern gegen die politisch, wirtschaftlich und sozial schädlichen Folgen für unser städtisches Wohnungswesen richtet sich die Bekämpfung der spekulativen Preistreiberei des Bodens.

Der Bodenpreis, der von einem Bauunternehmer für die Baustelle einer Mietskaserne in Berliner Arbeitervierteln zu zahlen ist, beträgt etwa 60 bis 75 Mark f. d. qm in den in unsern Abbildungen 2 und 3 gegebenen Beispielen. Durch die absolute Höhe dieses Preises ist die Bauweise im voraus festgelegt. Eine andere Form als die der Mietskaserne ist hier nicht anwendbar. In anderen, von Fabarius angeführten Beispielen aus Cassel sind die Bodenpreise 50—70 Mark.[1]) Der Bauunternehmer ist darnach gezwungen, in dem System der Mietskaserne und der gedrängten Bauweise zu bauen; jede andere Form ist durch den Bodenpreis ausgeschlossen. Die Mietskaserne ist aber nicht allein die sozial und hygienisch schlechteste, sondern auch die wirtschaftlich unvorteilhafteste Bauform. Die Mieten in den kasernierten Städten sind absolut die höchsten; sie bewegen sich ferner in einer dauernd steigenden Richtung. Die ganze Wertbewegung, die wir in dem 2. Kapitel S. 53 fg. kennen lernten, beruht in ihrem Ursprung auf der absoluten Höhe des Bodenpreises. In allen Stadien des Wohnungswesens werden hier die Grundstückswerte durch spekulative, wirtschaftswidrige Eingriffe verteuert. Wo die Wohnungsproduktion allgemein nach dem System der gedrängten Bauweise erfolgt, ist die Zufuhr billigen Baulandes abgeschnitten; und hierdurch wird wiederum die Aufwärtsbewegung der Wohnungsmieten gefördert. Die Ursachen für diese Zustände liegen — das sei hier nochmals wiederholt — nicht in dem Willen der einzelnen

---

[1]) Oben S. 14.

Spekulanten. Die Voraussetzungen für die geschilderten Verhältnisse sind nicht privatwirtschaftlicher, sondern öffentlich-rechtlicher und volkswirtschaftlicher Natur; sie werden insbesondere hergestellt durch bestimmte verwaltungstechnische Einrichtungen, wie Bebauungsplan, Bodenparzellierung, Grundbuchwesen.[1])

Mit diesen Wirkungen, so groß sie sind, ist indes die Bedeutung der absoluten Höhe des Bodenpreises keineswegs erschöpft. Es genügt durchaus nicht, wenn wir nur die Folgen der Preissteigerung für den bebauten Teil der Grundstücksfläche betrachten. Sondern die Preiserhöhung ergreift die gesamte Grundstücksfläche, einschließlich des nicht bebauten Teils; alles städtische Land wird von ihr betroffen und allgemein künstlich im Werte gesteigert. Der gesteigerte Bodenpreis trifft das Straßenland, dessen gesteigerter Wert auf die angrenzenden Wohnungen abgewälzt werden muß; er trifft das Land für öffentliche Zwecke, für Freigärten, Parks und Spielplätze, deren Anlage außerordentlich verteuert und deren ausreichende Beschaffung dadurch schlechterdings unmöglich gemacht wird. Am schlimmsten ist wohl die Wirkung des hohen Bodenpreises für die Wohnungsproduktion selber, die auf jede Freifläche als Zubehör zu den einzelnen Wohnungen verzichten muß. Aus der bienenkorbartigen Ausnutzung der „typischen" Mietskasernen kann man der Geldner'schen Baugesellschaft keinen Vorwurf machen; sie hat lediglich ausgeführt, was der Bodenpreis gefordert hat. Die Anlage von Freiflächen ist hier einfach unmöglich. Aber falsch wäre es zu behaupten, daß die rechnerische Verteilung des Bodenpreises auf einzelne Stockwerke — auch wenn sie nicht nach der unsinnigen Formel von V. & G. vorgenommen würde — in irgend einer Beziehung einen Ausgleich bietet für die Schädlichkeit der absoluten Höhe des Bodenpreises.

Man darf niemals vergessen, daß das Wohnungswesen ebensosehr der Freiflächen bedarf, wie der überbauten Flächen. Das unbebaute Land aber muß zu dem vollen Preis des bebauten Bodens bezahlt werden.[2]) Der hoch getriebene absolute Bodenpreis zwingt zu schlechten unbefriedigenden Bau-

[1]) Vergl. hierzu noch vierten Abschnitt.

[2]) Es ist natürlicher Weise nicht angängig, den Wert des nicht überbauten Bodens einfach fortzueskamotieren, wie V. & G. es in der obigen Berechnung S. 48 getan haben.

formen; er verhindert die Anlage der notwendigen Freiflächen; er zwingt zu repressiven baupolizeilichen Eingriffen, deren hygienischer Erfolg zweifelhaft, deren sichere Wirkung aber die nochmalige Erhöhung der Produktionskosten und der Wohnungsmieten ist. Der absoluten Höhe des Bodenpreises kommt also eine entscheidende Bedeutung für das Wohnungswesen zu.

Fünftes Kapitel.

Wohnungsreform durch Beseitigung der Mietskaserne.

Unsere seitherigen Erörterungen galten zumeist den typischen, normalen Erscheinungen im Städtebau. Daß hiermit die Darstellung des Wohnungswesens nicht erschöpft ist, versteht sich wohl von selbst. Auch wo der höchste Grad der Schablonisierung des Städtebaus erreicht ist, werden immer einzelne Bauten auf eigenartiger Grundlage entstehen. Es ist gewiß von allgemeinem Interesse, solche singulären Fälle und die sich ihnen ergebenden Lehren für das Wohnungswesen kennen zu lernen.

Das vorliegende Kapitel wird uns Gelegenheit geben, einen größeren Wohnungsbau dieser Kategorie zu untersuchen. Es handelt sich um eine Wohnungsanlage, die den Gegensatz zu dem Typus der Straßmannstraße bildet und hierdurch unsere früheren Darlegungen in wesentlichen Punkten ergänzt. Das Bauwerk besteht aus einer Privatstraße (richtiger Hofstraße), die ebenfalls, jedoch unter ganz besonderen Umständen, von der Geldner'schen Baugesellschaft erbaut worden ist. Während die Verherrlichung der Mietskaserne als die Aufgabe erschien, die sich das Voigt & Geldner'sche Buch gestellt hatte, wenden sich die Verfasser S. 284—285 in einem plötzlichen Ausbruch gegen den Zwang „die tiefen Berliner Baublöcke mit den üblichen Mietskasernen, Hinterhäusern und Hofwohnungen zu bebauen und 6 bis 7 Höfe hintereinander anzuordnen und sie für die niedrigste Mieterklasse (sic!) einzurichten; man kann vielmehr den Grundstücken auch einen ganz anderen Charakter geben“ und sie mit einer vornehmen Privatstraße besetzen, deren Anlage von Voigt & Geldner in dem Schlußkapitel ihres Buches geschildert wird. — Welche grimmige Verurteilung des bisherigen Bausystems enthalten diese Worte seiner eifrigsten Verfechter! Und wie trefflich wird das Wohnbedürfnis der „niedrigsten Mieterklasse" befriedigt, indem man — Wohnungen zu 900 bis 1200 Mark Jahresmiete baut.

Mit der schärfsten — hier allerdings befremdlich klingenden — Verurteilung des seitherigen Bausystems verbinden also Voigt & Geldner die Schilderung einer neuen Wohnungsanlage. Ganz wie bei der Straßmannstraße wird uns ein umfangreiches Zahlenmaterial mitgeteilt. Die weittragendere Bedeutung für die Wissenschaft haben indes wiederum, wie in den früheren Fällen, die von den Verfassern auf ihr Material gegründeten Nutzanwendungen, Lehrsätze und Schlußfolgerungen. Die Verfasser bezeichnen zunächst die im folgenden zu besprechende Hofstraße als die vorbildliche Wohnungsreform, die sie zur Nachahmung empfehlen; damit aber nicht genug; sie behaupten, daß auf Grund dieser Anlage jede Änderung im städtischen Bauwesen überflüssig sei, und daß die seitherigen Grundsätze des Städtebaus unverändert erhalten bleiben dürfen [1]). Das sind gewiß Behauptungen, die — sie mögen richtig oder falsch sein — die Aufmerksamkeit des Lesers im höchsten Maße verdienen. Wir haben also hier nicht nur auf Grund eines hochinteressanten sachlichen Materials eine besondere Form der Wohnungsproduktion zu erörtern; sondern wir haben weiterhin festzustellen, ob die Ergebnisse tatsächlich zu dem Schluß führen und zu der Forderung berechtigen, den ernstlichen Reformbestrebungen im Städtebau hindernd in den Arm zu fallen.

A. Bodenparzellierung und Bodenpreis.

Lehrreich, wie kaum ein zweites Beispiel, ist die hier zu besprechende Straßenanlage für die Bedeutung der Bodenparzellierung im Städtebau. In der besten Lage Charlottenburgs (bei der Kantstraße, unweit der Stadtbahn) befindet sich ein Hausblock von 240 Metern Tiefe, der in den achtziger Jahren aufgeschlossen und bebaut wurde. In der Mitte des Blocks blieb jedoch ein gewaltiges Grundstück von 33 m Breite, das den Block in seiner ganzen Tiefe von 240 m durchquert, unbebaut liegen; das Grundstück erstreckt sich von der Kaiser Friedrichstraße, wo es die Nummern 66—67 trägt, in einem geraden Streifen bis zur

[1]) a. a. O. S. 319; wir kommen auf die bemerkenswerte Stelle noch genauer zurück.

Wilmersdorferstraße 50—51. Die Ursache, die trotz der günstigen Stadtlage die Bebauung des Grundstücks verhinderte, lag in dem unglücklichen Zuschnitt der tiefen Baustelle, die für eine Bebauung mit den typischen Mietskasernen praktisch unverwendbar war. Erschwerend tritt hierzu noch die Vorschrift der neuen Baupolizeiordnung, die die Ausnutzung der Grundstücke parallel zur Tiefe vermindert. Auf der durch technische und administrative, also gewollte und willkürliche Faktoren bewirkten Entwertung des Grundstücks — das muß der Leser sich gegenwärtig halten — beruht das G.'sche Unternehmen.

Die Finanzierung des erwähnten Grundstücks war aus den genannten Ursachen unmöglich, solange ein irgendwie normaler, der Umgebung angemessener Bodenpreis zugrunde gelegt wurde. [1]) Schließlich mußte das mächtige Grundstück der Geldner'schen Gesellschaft zu einem abnorm niedrigen Preise, nämlich für die Hälfte der vor 25 Jahren gezahlten Preise, verkauft werden, und es fiel nunmehr nicht weiter schwer, den Bau zu finanzieren. Die von der G.'schen Gesellschaft zu lösende Aufgabe bestand also nach der finanziellen Seite in dem Ankauf und in der Beleihung eines zwar äußerst günstig gelegenen, aber infolge verfehlten Zuschnitts nicht ausnutzbaren Grundstücks, nach der bautechnischen Seite in der Bebauung eines tiefen Berliner Blocks.

Die Bebauung des Grundstücks wurde in der Weise bewirkt, daß an den beiden Straßenfronten je ein fünfgeschossiges Etagenhaus nach gewöhnlichem Typus errichtet wurde; das Blockinnere dagegen wurde nicht (wie bei unserer Abbildung 3 oben S. 72/73) mit Quergebäuden besetzt. Sondern es wurde eine Privatstraße von 13 m Breite und mit beiderseits je ca. 3 m breiten Vorgärten hindurch gelegt, sodaß zu beiden Seiten dieser Straße Grundstücke von je 7 Meter nutzbarer Tiefe entstanden (vgl. das Schema). Die asphaltierte Straße, die in der Mitte einen Rasenstreifen von sechs Metern Breite besitzt, erhielt den Namen „Goethepark“ (!).

Auch dem Laien muß es bei flüchtiger Betrachtung der umstehenden Skizze auffallen, was das Ziel dieser Bauanlage ist. Die Erbauer des „Goetheparks“ haben alle Mittel nach außen entwickelt, unter Verzicht auf jede wohnungstechnisch befriedigende

---

[1]) Vergl. V. & G. S. 287.

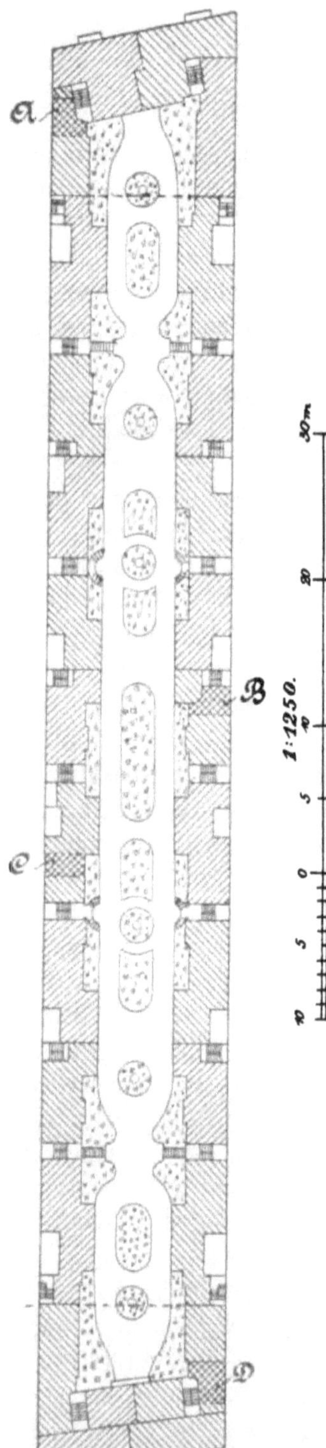

Abbildung 6, Schema der Privatstraße mit geschlossenen Straßenfronten. (Die punktierten Linien grenzen die Vordergebäude von der Hofstraße ab.)

Lösung; sie haben ein dekoratives Schaustück gebaut, entsprechend dem falschen und geschmacklosen Luxus der Mietskaserne, der durch gewisse Äußerlichkeiten des Städtebaus über den schlechten Zustand des Wohnungswesens hinwegtäuschen will[1]). Dieses Bestreben, durch äußeren Aufwand zu blenden und mit dieser Maske die sachlich schlechtesten Leistungen zu decken, ist in jeder Einzelheit kennzeichnend für die G.'sche Anlage.

Die beiden Endgebäude an den öffentlichen Straßen sind ungefähr identisch mit den typischen Vordergebäuden der Berliner Mietskaserne; sie sollen deshalb, nach der Angabe von V. & G., für die besondere Erörterung nicht weiter in Betracht kommen. Daß diese Ausscheidung nicht haltbar ist, werden wir später sehen. Die Vorderwohnungen sind im übrigen in der Tat ähnlich, wie die der Mietskaserne; sie sind jedoch zum Teil — nämlich in den seitlichen Zimmern — ganz erheblich schlechter. Die Verfasser selbst beschränken „ihre Beschreibung zur Hauptsache auf die Gebäude in der Privatstraße, da sie allein interessantere Abweichungen von der gewöhnlichen Bauweise zeigen“ (S. 302). Die (einschließlich der Vorgärten) etwa 18½ m breite Privatstraße läßt nun zu beiden Seiten für die Bebauung, wie oben bemerkt, je nur einen schmalen Streifen übrig mit einer nutzbaren Tiefe von

---

1) Vergl. die in meinem „Wohnungswesen“ S. 8 gezogene Parallele.

rund $6^1/_2$ Metern[1]). Daraus läßt sich ohne weiteres ermessen, wie der Grundriß der hier erbauten „Reformwohnungen" beschaffen sein muß.

Die Lage und demgemäß die Anordnung der Wohnungen ist grundsätzlich die gleiche, wie die des bekannten Seitenflügels der Berliner Mietskaserne nach unseren obigen Abbildgn. 2 u. 3 S. 71 u. 72. Alle Mißstände, die der Seitenflügel aufzuweisen hat, zeigen sich auch in den Wohnungen des Goetheparks. Die Wohnungen sind an die Brandmauer des Nachbargrundstücks fest angebaut[2]); sie haben keine Querlüftung, während selbst in der Berliner Mietskaserne die Vier-Zimmer-Wohnungen regelmäßig Querlüftung besitzen. Die uns von früher bekannten untauglichen Zimmer sind in den G.'schen Bauten in der schlimmsten Form vorhanden. Ich gebe in der Anmerkung einen Ausschnitt aus den G.'schen Wohnungen wieder[3]). Dem Leser mag vielleicht scheinen, als ob die schlechtesten Zimmer unserer Abbildg. 2 F 1, D 1 und E 1 (Seite 71) immer noch besser wären, als die unten abgebildeten Räume dieser „Reformwohnungen".

Indes wenn man seither von Wohnungsreform sprach, dachte man stets an die Kleinwohnung im Preise von 180, 240, heute bis 300 oder 360 Mark. Die Wohnungen der „niedrigsten Mieterklasse", d. h. die Kleinwohnungen mit 1—2 heizbaren Zimmern, umfassen heute schon nicht weniger als vier Fünftel sämtlicher Wohnungen; und ihre Zahl ist noch lange nicht ausreichend, von ihrer Beschaffenheit ganz zu schweigen[4]). Die Wohnungen des Goetheparks dagegen (auf die Läden kommen wir noch zurück) stehen in der Preislage von 800 bis 1200 Mark. Für die Kleinwohnung, die das eigentliche und hauptsächliche Gebiet der Wohnungsreform bildet, kommt unser Park überhaupt gar nicht in Frage; hier von einer Wohnungsreform zu sprechen, ist nicht bloß eine unerlaubte Reklame, sondern geradezu eine schlimme Irreführung.

[1]) In der Angabe der Masse folge ich den von V. & G. beigegebenen Zeichnungen; etwaige Unstimmigkeiten würden der Vorlage zur Last fallen.

[2]) Aus der Wiederholung der Seitengebäude des „Goetheparks" ergibt sich (vergl. das Schema) das in England verpönte back-to-back System, das darin besteht, daß zwei Reihen von Wohngebäuden mit der Rückseite fest aneinander, also ohne zwischenliegende Freifläche und deshalb ohne Möglichkeit einer Querlüftung der Zimmer, gebaut sind.

[3]) Siehe nächste Seite.

[4]) Wohnungswesen S. 35.

Wie aber eine Kleinwohnungsanlage nach dem System des Goetheparks ausfallen würde, kann sich der Leser leicht vorstellen, wenn er sich den Seitenflügel unserer Abbildg. 2 S. 71 fortgeführt denkt, indem das Quergebäude in der Längsrichtung herangeschwenkt wird. Nimmt man aber breitere Grundstücke, so ergibt sich wieder — die alte Mietskaserne; es entsteht ein sog. Mittelflügel, wie wir ihn in Berlin längst haben, ohne daß sich dessen Er-

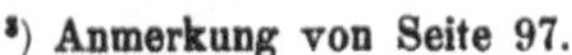
³) Anmerkung von Seite 97.

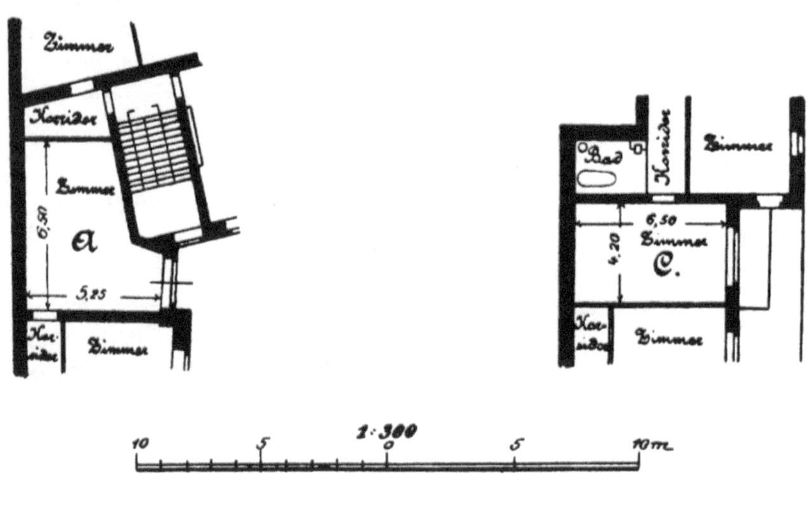

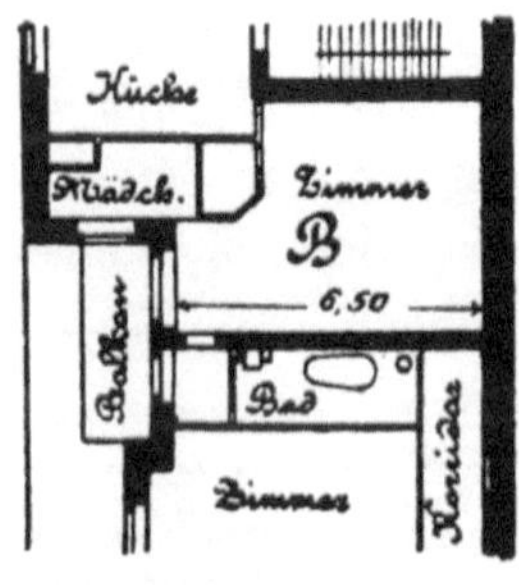

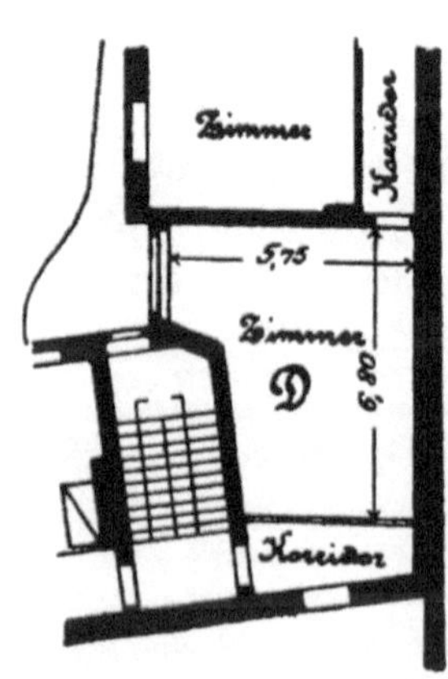

Abbildung 7.
Zimmer der G.'schen Wohnungen.

bauer bisher als Wohnungsreformer bezeichnet oder auch nur gefühlt hätten.

Während die V. & G'sche Wohnungsreform von dem sonst mit diesem Ausdruck verbundenen Begriff gänzlich verschieden ist, stimmt sie doch in einem der wesentlichen Punkte mit der Wohnungsreform im allgemein üblichen Sinne des Wortes überein; sie beruht nämlich auf einer Ermäßigung oder Herabdrückung der spekulativen Bodenpreise. Die Voraussetzung für den Bau der G'schen Anlage ist, daß das benutzte Grundstück für weniger als die Hälfte des normalen Preises erworben wurde.

Und damit kommt das beste. Das Grundstück mußte den Erbauern der Geldner'schen Privatstraße „für den unverhältnismässig niedrigen Preis von nicht einmal 700 Mark — genau 630 Mark — die Quadratrute verkauft werden, während für die Nachbargrundstücke schon vor fünfundzwanzig Jahren 1000 bis 1500 Mark (und heute, füge ich hinzu, sehr viel mehr) bezahlt wurde.“ So berichten Voigt & Geldner selber S. 286. Also mit dem Augenblick, in dem der Typus der Mietskaserne verlassen wird, — sinkt der Bodenpreis auf weniger als die Hälfte; und das wiederum nach dem von V. & G. selbst gewählten Beispiel.

Das Beispiel der Geldner'schen Privatstraße zeigt den unlösbaren Zusammenhang von Bauweise und Bodenpreis; es zählt unter die ununterbrochene Reihe von Fällen, in denen Voigt & Geldner die beste Stütze für die von ihnen bekämpften Anschauungen geliefert haben. Wenn es sich darum handelte, ein schlüssiges Beispiel für die Richtigkeit der von V. & G. angegriffenen Auffassungen anzuführen, so würde man schwerlich ein besseres finden, als das hier besprochene. Ein Grundstück, das für die Bebauung mit Mietskasernen bestimmt war, erweist sich für den anticipierten Zweck als unbrauchbar; sofort sinkt der Bodenpreis inmitten einer hochwertigen Lage so tief, daß dem Baugewerbe jede Freiheit und Wahl in der Bebauung des Grundstücks gegeben ist. Wenn wir sonst auch verschiedene Wege gehen, in dem einen Punkt des Bodenpreises verfolgt die Wohnungsreform wie ich sie wünsche, allerdings ganz die gleichen Ziele, wie sie die G'sche Gesellschaft hier praktisch erreicht hat.

B. Ausnutzung und Verwertung der Bodenfläche.

Eine ganze Reihe bodenpolitischer Fragen wird berührt, wenn wir die Ausnutzung unseres eigentümlichen Grundstücks betrachten. Die Durchführung der gesamten Anlage beruht nämlich darauf, daß die beiden Vorderhäuser mit ihrer hohen Ausnutzung und ihren hohen Ergebnissen den Minderwert der Hofstraße — also desjenigen Teils, auf den es angeblich allein ankommt — tragen und ausgleichen. Leider haben Voigt & Geldner es unterlassen, diese entscheidenden Umstände näher darzulegen, sodaß uns wiederum die Aufgabe der Materialbeschaffung zufällt. Eine Beurteilung der Anlage ist nur möglich, wenn wir den Bau (vgl. die Skizze oben S. 96) im einzelnen in Vordergebäude und Hofstraße zergliedern und getrennt behandeln. Dann allerdings bietet uns das Bauwerk ein überaus reichhaltiges Material für den Städtebau.

Schon die Durchschnittsziffern der baulichen Ausnutzung lassen vermuten, daß hier besonders bemerkenswerte Verhältnisse vorliegen. Die baupolizeilich zulässige Ausnutzung des G'schen Grundstücks hätte nach den Angaben von V. & G. 55,78 Proz. der Bodenfläche betragen dürfen. Die Ursachen für die geringe Ausnutzbarkeit — Zuschnitt der Baustelle, polizeilich verminderte Bebaubarkeit infolge der großen Grundstückstiefe — sind uns bereits bekannt. Tatsächlich ist aber noch weniger als das polizeilich zulässige Maß, nämlich nur 4132 qm, d. i. 51,4 Proz. des Bodens bebaut worden. Ist nun die G.'sche Gesellschaft in einer Anwandlung von hygienischer Schwärmerei freiwillig so tief unter die ohnehin oft und bitter angefeindete Beschränkung der Baupolizei herabgegangen? Keineswegs. Hier bringt uns erst die Scheidung zwischen Vordergebäude und Parkstraße die nötige Aufklärung.

Das Vordergebäude hat bei ca. 1245 qm Baufläche eine Ausnutzung von 71 $^{1}/_{4}$ Proz. Der Hauptteil des Grundstücks, die Privatstraße dagegen zeigt bei ca. 2885 qm Baufläche eine Ausnutzung von — nur 46 Proz. (!) Das sind denn doch grundlegende Einzelheiten, die eine größere Bedeutung beanspruchen dürfen, als die die V. & G.'sche Originalbeschreibung füllenden Erzählungen von der Verteilung der Hausreinigung, der Anlage von Einschüttlöchern für die Kesselkohlen, der Beschaffung von Blumenbrettern und ähnlichen Dingen. Daß es sich um einen Bau handelt, der 64 Proz. Freifläche verlangt, wird dem Leser denn doch einen merkwürdigen Begriff von den Voraussetzungen der hier durchgeführten „Wohnungsreform" geben. Es bedarf auch kaum der Hervorhebung, daß es ganz unzulässig ist, wenn V. & G. den hier erörterten Bau ausdrücklich als eine „engräumige Anlage in besonderer Ausgestaltung" bezeichnen. Diese Bezeichnung ist unrichtig. Engräumig sind allerdings die beiden Vordergebäude unseres Beispiels, und nur diese; aber sie weichen, nach V. & G.'s eigenen Angaben, in keiner Weise von dem typischen Vorderhaus der Mietskaserne ab. Eine besondere Ausgestaltung zeigt nur die Parkstraße; auf diese aber kann die Bezeichnung „engräumige Anlage" im Sinne des Städtebaus gewiß nicht angewandt werden.

Ebenso wesentlich wie die Scheidung der baulichen Ausnutzung ist die Verteilung der Mietserträge unter die beiden verschiedenartigen Teile des Gesamtbaus. Auch über diesen Kardinalpunkt haben V. & G. leider keine oder nur ungenügende Ziffern veröffentlicht, so daß ich das Versäumte hier, so gut es geht, nachholen muß. Wir wissen aus dem V. & G.'schen Buche nur, daß die Läden der Vordergebäude allein 24 800 Mark, also bereits 17,6 Proz. der Gesamtmiete bringen sollen (S. 313). Nach einer überschläglichen Berechnung — zu einer genauen Feststellung fehlt mir hier das Material — hat es den Anschein, als ob die beiden Vordergebäude allein, Wohnungen und Läden zusammengenommen, nahezu 40 Proz. des Gesamtertrags bringen, während ihr Umfang nur 21 Proz. der Gesamtfläche beträgt[1]). Es beträgt ferner die Gesamtmiete des Grundstücks 140400 Mark bei 8034 qm Bodenfläche, so daß im Durchschnitt auf 1 qm 17 $^{4}/_{10}$ Mark entfallen würden. Verteilt man dagegen die Mieten auf die beiden Teile des Bauwerks, so entfallen nach ungefährer Berechnung (allzustark dürfte die Fehlerquelle nicht sein) auf die Vordergebäude 31 $^{1}/_{2}$ Mark, auf die „eigentlich allein in Be-

---

[1]) Die Gesamtfläche beträgt genau 8034 qm
die Vordergebäude umfassen rund 1750 qm 21,2 Proz.
die Hofstraße umfaßt rund 6260 qm 78,8 Proz.
Die Berechnung ließ sich nach der von V. & G. veröffentlichten Zeichnung nicht genauer durchführen und ergibt eine kleine Unstimmigkeit von etwa $^{3}/_{4}$ Proz. der Gesamtfläche.

tracht kommende“ Parkstraße dagegen — 14 Mark auf 1 qm Bodenfläche. Die Vordergebäude stellen also den Kernpunkt der ganzen Anlage dar; nur durch sie wurde überhaupt der Bau der Hofstraße ermöglicht, deren Unterwert hierdurch gedeckt wird.

Auch das sind wiederum Verhältnisse, die dem Leser unbedingt hätten bekannt gegeben werden müssen, wenn es Voigt & Geldner auf eine sachliche Erörterung angekommen wäre. Die Parkstraße, die die „Wohnungsreform“ darstellt, hat ein geradezu klägliches Ergebnis, das für das Wohnungswesen lediglich als Beweis des Gegenteils der von V. & G. gezogenen Folgerungen in Betracht kommt. Durch die obigen Unterscheidungen erklärt sich nun auch der ungewöhnlich niedrige Bodenpreis des Grundstücks, der nur einen Durchschnitt zwischen zwei gänzlich verschiedenen Wertgrößen darstellt. Das Vorderland wurde zu dem richtigen Wert der gedrängten Bauweise bezahlt; das Hinterland dagegen, dessen Unverwertbarkeit für den Mietskasernenbau dem Vorbesitzer bekannt war, wurde zu dem entsprechend niedrigeren Preise eingestellt. Eine genaue Berechnung läßt sich bei der Mangelhaftigkeit der von V. & G. mitgeteilten Zahlen nicht durchführen; doch glaube ich nicht allzusehr fehlzugreifen, wenn ich annehme, daß das Vorderland (ca. 1750 qm) zu 85 Mark für den qm, das Hinterland (ca. 6250 qm), das die Hauptmasse der Grundstücksfläche umfaßt, dagegen zu 35 Mark für den qm einzustellen ist. Daraus ergibt sich dann der tatsächlich gezahlte, für Berliner Verhältnisse abnorm niedrige Durchschnittspreis von 45 Mark für den Quadratmeter.

Zu der Frage der baupolizeilichen Beschränkungen endlich haben Voigt & Geldner einen der beachtenswertesten Beiträge geliefert. Nach den allgemeinen baupolizeilichen Vorschriften hätte wie oben bemerkt die Ausnutzung des Gesamtgrundstücks $55\,^3/_4$ Proz. betragen dürfen; tatsächlich konnten jedoch infolge des schlechten Zuschnitts der Baustelle von der Gesamtfläche nur $51\,^4/_{10}$ Proz., von der Fläche der Parkstraße nur 46 Proz. ausgenutzt werden; und auch hierbei waren nochmals baupolizeiliche Dispense nötig (V. & G. S. 288). Voigt & Geldner legen indes Wert darauf zu erklären, daß der Bau des Goetheparks ein finanziell günstiges Ergebnis gebracht habe und daß die Mieten gegenüber den in der Nachbarschaft bestehenden Sätzen nicht erhöht wurden (S. 319). Die rigoroseste Beschränkung der Baufläche ist also hier durchgeführt, ohne daß das Baugewerbe im geringsten belastet wurde und ohne daß die Bautätigkeit irgendwie beschwert wurde. Nach diesem Beispiel hat es fast den Anschein, als ob es für die polizeiliche Beschränkung im Städtebau praktisch überhaupt keine Grenze gäbe, und als ob der Bodenpreis sich jeder beliebigen Beschwerung anpaßte. Ich selbst bin, wie oben bemerkt, ein entschiedener Gegner der übermäßigen und der repressiven baupolizeilichen Eingriffe. Die Befürworter solcher Maßnahmen werden jedoch kaum ein zweites Beispiel finden, das mit solcher Sicherheit für die Durchführbarkeit der Baubeschränkungen spricht, wie das vorliegende. —

Beschränkung der nutzbaren Fläche auf 46 %, Herabdrückung des Bodenpreises auf ein Drittel, und das in einer der besten und teuersten Lagen innerhalb der Großstadt — das sind die Voraussetzungen der Wohnungsreform in unserer Parkstraße. Ich möchte den wütenden Bodenreformer sehen, der es wagen dürfte, solche Forderungen aufzustellen, ohne ausgelacht zu werden. Bisher hat gewiß noch Niemand für die Bebauung der tiefen Berliner Baublöcke eine Lösung vorgeschlagen, die darauf beruht, daß zunächst vier Fünftel der Bodenfläche entwertet werden. Der vorliegende Fall zeigt aber wieder auf das eindringlichste, auf welchen durchaus gekünstelten Grundlagen das Berliner System der Bodenaufteilung beruht. Volkswirtschaftliche Ursachen kommen bei dem tiefen Preisfall des Grundstücks überhaupt nicht in Frage. Das mächtige Grundstück von 8000 qm in der besten Stadtlage wurde lediglich durch technische Fehler in der Bodenparzellierung vollständig entwertet. Wir können, wie früher eine künstliche Preissteigerung, so in diesem Fall eine künstliche Entwertung des Bodens feststellen. Wie man hier von natürlichen Gesetzen der Volkswirtschaft sprechen kann, ist gewiß unerfindlich. — Soviel aber muß ich hinzufügen: wenn schon solche ungeheuerlichen Beschwerungen der Bodennutzung, wie hier, durchgeführt werden sollen, dann läßt sich mit ihnen doch wohl eine andere Wohnungsreform erreichen, als eine asphaltierte Hofstraße mit einem Rasenbeet und zwei angeklebten Häuserstreifen. —

Ein städtisches Gebäude kann niemals isoliert für sich betrachtet werden; der Einfluß seiner Bauweise erstreckt sich, wie sich von selbst versteht, auf die Nachbargrundstücke. Auch bei dem G.'schen Bauwerk ist diese allgemeine Wirkung auf den Städtebau zu berücksichtigen. Der Goethepark bietet nun (vgl. die Skizze S. 96) als Abschluß gegen die Nachbargrundstücke eine 240 m lange und 20 m hohe Brandmauer. Wie eine solche Anlage nach der ästhetischen Seite wirkt, kann sich der Leser ungefähr, wenn auch keineswegs vollkommen der Wirklichkeit entsprechend, vorstellen; um sie richtig zu schätzen, muß man sie selber gesehen haben. Nach der hygienischen Seite dagegen ist diese Bauweise, was kaum der Erklärung bedarf, die denkbar schädlichste. Es wäre bedauerlich, wenn eine „Wohnungsreform" zustande käme, die in einer parallelen Häufung solcher turmhohen, in engen Abständen von 30 Metern gezogenen Mauerreihen bestünde.

Wenn schon durch diese Erwägung Zweifel angeregt wurden, ob es nicht doch noch eine schlechtere Bauweise gäbe, als die heutige Mietskaserne, so bringt die Besichtigung der Nachbargrundstücke des „Parks" hierfür eine überraschende Bestätigung. Das anliegende Grundstück Kaiser Friedrichstraße 65 hat tatsächlich die Bebauung der typischen Mietskaserne etwa nach unserer Abbldg. 3 oben S. 72; es besitzt zwei Höfe mit den entsprechenden Seitenflügeln und Quergebäuden. Hinter dem zweiten Quergebäude befindet sich nun hier — ein Garten, ein ächter, wirklicher Garten von erheblichem Umfang. Dieser Garten ist verteilt unter die Mieter, die sich auf ihren Parzellen Lauben errichtet haben. Unmittelbar neben den öden Steinmassen des „Parks" und mitten in der Großstadt bietet die Mietskaserne also in kleinem Maßstab eine jener beliebten Laubenkolonien, die der Berliner mit den Namen Klein-Kamerun, Lehmannsruhe u. ähnl. zu benennen pflegt. Ich bin in Verlegenheit, welchen Ausdruck ich für diese Anlage hier anwenden soll. Denn wenn ein Rasenstreifen von 6 Metern Breite als „Park" zu gelten hat, so dürfte es schwer halten oder vielleicht ganz unmöglich sein, für den nachbarlichen Garten eine zureichende Bezeichnung zu finden.

C. Berechnungen und Schlußfolgerungen.

Die Zahlen, die Voigt & Geldner über das finanzielle Ergebnis des Goetheparks mitteilen, sind teils schlechtweg falsch, teils ungenau und irrtümlich. Doppelt bedenklich erscheinen diese Unrichtigkeiten wiederum wegen der von den Verfassern gemachten Nutzanwendungen. Das Grundstück soll, wie V. & G.

unter Anfügung der ausschweifendsten Schlußfolgerungen behaupten [1]), einen Überschuß von 33187 Mk. aufweisen. Die Berechnung des Grundstücks enthält nun zunächst — einen groben Rechenfehler von 4000 Mk. Es betragen nämlich

die Unkosten des Grundstücks	22588	Mk.
die Amortisation [2])	7750	„
die Hypothekenzinsen (nach V. & G.; s. unten)	73375	„
Summa	103713	Mk.
die Bruttomieten betragen	132900	Mk.
bleibt also Überschuß	29187	Mk. [3])

Unwahr sind alsdann die Angaben über die Beleihung und Verschuldung des Grundstücks. Die hypothekarische Belastung beträgt nach dem Grundbuch nicht 1700000 Mk. (V. & G. S. 318), sondern 1890000 Mk. Die Hypothekenzinsen ergeben also nicht, wie V. & G. S. 319 einstellen, 73375 Mk., sondern 82875 Mk.; das sind wiederum 9500 Mk., die abzusetzen sind. Der Überschuß, der von V. & G. auf 33187 Mk. angegeben war, vermindert sich also schon auf ganze 19687 Mk., die übrigens, wie wir weiter sehen werden, in Wirklichkeit keineswegs vorhanden sind. — An einer Stelle, die das mitgeteilte Ergebnis mit Posaunenstößen als die Errungenschaft hoher Geschäftstüchtigkeit und als eine glänzende vorbildliche Tat volkswirtschaftlicher Unternehmung verkündet, sollten solche groben Unrichtigkeiten nicht vorkommen. Wegen des derben Rechenfehlers aber sei mir gestattet, auf die Operationen in den Tabellen der Straßmannstraße und — auf die Äußerung über die mangelhafte Arithmetik der historischen Schule (oben S. 10) zu verweisen. —

Ungenau sind die Angaben über die Rentabilität des Grundstücks. Vielleicht wird der Leser glauben, daß man hier mit den Verfassern, ihres geschäftlichen Interesses wegen, nicht allzustreng ins Gericht gehen dürfe; hiervon abgesehen aber ist es gewiß, daß man bei einem Mietsgrundstück im Werte von

---

[1]) Vergl. weiter unten.

[2]) Die Angabe V. & G. S. 319 — 7550 Mark — beruht auf einem Druckfehler.

[3]) Statt 33187 Mark. Der Rechenfehler dürfte wohl darin liegen, daß V. & G. die Bruttomieten nach Abzug der Heizung mit 136900 Mark statt 132900 Mark berechnet haben; wenigstens findet sich derselbe Fehler auf S. 321.

2 Millionen Mark schwerlich wissenschaftlich unanfechtbare, dauernd feststehende Zahlen mitteilen kann, insbesondere, wenn die Ergebnisse dem ersten Geschäftsjahr entstammen und eigentlich bisher nur auf dem Papier stehen. Denn schon die obigen falschen Angaben beweisen, daß es sich bei den Berechnungen nicht um tatsächliche Abschlüsse, sondern um angenommene Ziffern handelt. Umsomehr wären V. & G. verpflichtet gewesen, auf die schwankende Begründung hinzuweisen und sie nicht, wie sie es getan, zu weitgehendsten und apodiktischen Folgerungen für das Wohnungswesen zu benutzen. Ich begnüge mich damit, einige Punkte hervorzuheben.

Für Mietsausfälle ist kein Pfennig in die Berechnung eingestellt. Die Ladenmieten allein betragen 29 800 Mk. = 21,2 % der Gesamtmiete; sie bilden deshalb einen wesentlichen Faktor des Unternehmens. Hier dürfte wohl bestimmt auf Schwankungen zu rechnen sein. Die Erklärung von V. & G., daß „die im Jahre 1905 vorhandenen Läden offenbar dem Bedarf entsprechen und dabei gut bestehen“ (S. 303), ist unzutreffend. Von den Läden der Privatstraße standen im Jahre 1905 nicht weniger als acht leer. Auch bei einem Teil der übrigen dürfte sowohl ihr wirtschaftlicher Nutzen wie ihre Nützlichkeit zweifelhaft sein[1]). Die Wohnungsmieten sind mit dem vollen angenommenen Betrag eingestellt[2]); auch hier sind, bei der großen Zahl der Wohnungen, Mietsverluste unausbleiblich. Von der Gesamtmiete von 132 900 Mk. wird man bei vorsichtiger Rechnung mindestens 1400 Mk. für Ausfälle zurückstellen müssen; es brauchte dann nicht viel mehr als eine Fünf-Zimmer-Wohnung durchschnittlich leerzustehen oder unbezahlt zu bleiben.

Für Reparaturkosten des ganzen großen Komplexes sind — es ist kein Scherz — 2738 Mk. (!) eingestellt; bescheiden wird

---

[1]) Die Läden sind teilweise einem starken Wechsel unterworfen. Einige der von V. & G. genannten Läden (so der S. 313 und 314 mehrfach erwähnte Gärtnerladen) sind bereits verschwunden; neu hinzugekommen ist dagegen — eine zweite Kneipe, sowie ein Likör- und Spirituosenladen. Schwerlich wird man die Läden dieser Straße als ein Bild gesunden gewerblichen Lebens ansehen dürfen. Voigt & Geldner aber konnten, wie immer, aus ihrem eigenen Material ersehen, daß doch nicht bei allen Läden der geringe Umsatz in größerer Wohlfeilheit seinen Ausgleich findet (oben S. 19).

[2]) Als billigste Jahresmiete werden 400 Mark angegeben; die Angabe dürfte kaum zutreffen.

hierzu bemerkt: „sie dürften sich später etwas höher stellen" (S. 317). Vielleicht hätten V. & G. richtiger gehandelt, wenn sie diese klare Kenntnis in ihren Berechnungen gleich verwertet hätten. Das Gebäude enthält 125 Wohnungen und 12 Läden; rechnet man auf jedes Objekt eine Reparatur auf je drei Jahre und beziffert sie nur auf 120 Mk., so ergeben sich im Jahresdurchschnitt 5500 Mk. Das Gebäude selbst mit seinem mächtigen Umfang verlangt fortlaufende innere und äußere Ausbesserungen und zeitweise eine Erneuerung der Façaden. Hierfür sind im Jahresdurchschnitt zum mindesten 1200 Mk., im ganzen also schwach gerechnet 6700 Mk. einzustellen. Die übrigen Sätze (insbesondere Verwaltungskosten, Wasserverbrauch) entziehen sich der Nachprüfung; die Unterhaltung des Parks scheint von der Gärtnerwohnung abgesehen keine Kosten zu verursachen. Im ganzen sind also nochmals (1400 plus 4000) mindestens 5400 Mk. von dem angegebenen Überschuß abzusetzen.

In melodramatischer Weise äußern sich Voigt & Geldner S. 319 über das finanzielle Ergebnis der Privatstraße. „Es wäre eine große Torheit und eine Bekundung völliger Unkenntnis des Funktionierens der Wirtschaftsordnung (!), wenn man der Gesellschaft aus dem erzielten Gewinn einen Vorwurf machen wollte", sagen V. & G. Wir wollen uns dieser Torheit gewiß nicht schuldig machen. Der regelmäßige „Überschuß" eines Berliner Grundstücks beträgt 1 % des Gesamtwertes; er müßte sich also hier, bei einem kapitalisierten Werte von 2,06 Millionen Mark (V. & G. S. 318) auf mindestens 20 600 Mk. belaufen. Der Überschuß beträgt jedoch nach der obigen Richtigstellung nur 19 687 Mk., von denen weiter noch wenigstens 5400 an Minderertrag abzusetzen sind. Es könnten also im günstigsten Falle 14 200 Mk. Überschuß, oder nur $^7/_{10}$ % bleiben. Bei der Größe des Objektes und der Unsicherheit und Willkür der rechnerischen Grundlagen sind aber diese angenommenen 14 000 Mark nur ein herausgerechneter Bilanzposten, der sich, falls die G.'sche Gesellschaft nicht zu Mietssteigerungen schreitet, bald in einen Fehlbetrag verwandeln muß. Die Straßmannstraße war ein besseres Geschäft und mit minderem Geräusch verbunden.

Aber — wie das Ergebnis nun geht und steht, wurde es lediglich erzielt durch die Herabdrückung des normalen Bodenpreises. Bei Einstellung eines der Umgebung auch nur entfernt entsprechenden Bodenpreises schwinden Extragewinn und Überschuß. Das Funktionieren der Wirtschaftsordnung hat mit diesen Vorgängen nicht das geringste zu tun. Unsere Wirtschaftsordnung funktioniert auf dem Grundstück Kaiser Friedrichstraße Nr. 68 ganz ebenso wie auf dem unglücklich zugeschnittenen Nr. 66/67. Voigt & Geldner aber machen sich einer groben Täuschung schuldig, wenn sie in der zusammenfassenden Betrachtung den Bodenpreis völlig außer Acht lassen und das erzielte Ergebnis lediglich auf die zweckmäßige Bebauung (sic) zurückführen. Der Leser möge diese unqualifizierbaren Ausführungen in der Anmerkung nachlesen [1]). Ein armseliger Ramschbazar, der über seinen Geschäftsbetrieb ähnlich geartete Behauptungen aufgestellt hätte, würde auf Grund des § 4 des Reichsgesetzes vom 27. Mai 1896 wegen „wissentlich unwahrer und zur Irreführung geeigneter Angaben tatsächlicher Art" einer schweren Bestrafung verfallen. In der Wissenschaft sind solche Dinge nicht strafbar; man wird sie darum aber nicht minder scharf verurteilen [2]).

[1]) „Der Gewinn stellt sich dar als eine Prämie, die der Gesellschaft zuteil wurde für den wirtschaftlichen Pionierdienst, den sie der Volkswirtschaft leistete, indem sie zeigte, wie ohne Erhöhung der Mieten, ohne Änderung der Bauordnung und ohne jede städtische und staatliche Wohnungspolitik sich lediglich durch eine zweckmäßige Bebauung Anlagen schaffen lassen, welche allen Anforderungen der Hygiene und des modernen Komforts der Wohnungen entsprechen. Diese aus privatwirtschaftlichen Motiven hervorgegangene Leistung stellt, wenn sie recht viel Nachfolge findet, eine Wohnungsreform dar. Sie wird sich aber in größerem Umfange nur Bahn brechen, wenn den Unternehmern ein außergewöhnlicher Gewinn winkt. Das ist die volkswirtschaftliche Funktion der Extragewinne." V. & G. S. 319. Eines Kommentars sind diese pyramidalen Sätze kaum bedürftig. Höchstens die Schlußbehauptung, daß der schwere Verlust des Bodenspekulanten, des Vorbesitzers des Geldner'schen Grundstücks, eine volkswirtschaftliche Funktion ist — nur dieses Wort ist vielleicht der Hervorhebung wert, schon weil es ein kostbares Stück von unfreiwilligem Humor enthält.

[2]) Auf die mehr als bedenklichen Ausführungen S. 320 ff. in denen V. & G. ihr Bauunternehmen zur Nachahmung für Private und Baugenossenschaften empfehlen, möchte ich nicht näher eingehen. Es genügt zu bemerken, daß die von V. & G. S. 321 aufgestellte Berechnung auf den unwahren und fehlerhaften Angaben beruht, die wir hier oben S. 105 ff. besprochen haben; ferner, daß diese Berechnung obendrein noch den Genossenschaften zumutet, 21¼ Proz. ihrer Mietseingänge aus Läden, Wirtschaften und dgl. (oben S. 106) zu beziehen. Aber selbst unter Berücksichtigung dieser Dinge und der anderen oben erörterten Umstände bleibt es immer noch ein starkes Stück, gegenüber den Leistungen unserer Baugenossenschaften die Geldner'sche Anlage als Vorbild hinzustellen. — Zur fachmännischen Beurteilung vgl. noch Theodor Goecke, Zeitschrift „Der Städtebau" III. Jahrg 8. Heft S. 110.

Der auffällige Angriff auf die Mietskaserne, mit dem Voigt & Geldner die Schilderung ihrer Wohnungsreform eröffnen (oben S. 93), wird uns jetzt verständlich; die gezogenen Schlußfolgerungen erklären alles. Es handelt sich nur um einen Scheinangriff; die Meinung der Verfasser ist, daß alles beim alten bleiben solle und daß an dem heutigen gemeinschädlichen System des Städtebaus nichts geändert werde. Nach wie vor muß der Typus der Strassmannstraße die Herrschaft im Wohnungswesen behalten. Aber die Verfasser haben sich geirrt. Das Gegenteil der von ihnen vertretenen Behauptungen konnte schwerlich klarer bewiesen werden als es in dem vorliegenden Kapitel geschehen ist. Für eine Wohnungsreform ist die Beseitigung der Mietskaserne und der auf sie gegründeten Bodenspekulation allerdings — das haben jetzt auch Voigt & Geldner gezeigt — die unerläßliche Vorbedingung. Aber diese Reform ist nicht erreichbar durch die Entwertung und den fehlerhaften Zuschnitt einer Baustelle, sondern durch die naturgemäße und wirtschaftsgemäße Parzellierung des städtischen Bodens.

DRITTER ABSCHNITT.

Bodenpolitische Einzelheiten.

Erstes Kapitel.

Das Wesen der Wohnungsfrage.

Eine Reihe bedeutsamer Probleme der Bodenpolitik bleibt noch übrig, deren Behandlung vom Standpunkt der Bodenspekulation wir kennen lernen müssen und mit denen sich der folgende Abschnitt zu beschäftigen hat. Die hier im Anschluß an Voigt & Geldner zu erörternden Gegenstände betreffen: das Wesen der Wohnungsfrage, die städtischen Verkehrseinrichtungen und die Bauverwaltung. Das Wesen der Wohnungsfrage wird von V. & G. bezw. von Prof. Voigt in folgenden Sätzen dargestellt:

„Warum wird außer von der Wohnungsfrage nicht auch von einer Nahrungsfrage oder von einer Kleidungsfrage gesprochen, da doch regelmäßig in Arbeiterfamilien die Ausgaben für Nahrung und Kleidung erheblich größer sind als für Wohnung? — Weil wir im allgemeinen die Preise von Nahrung und Kleidung für unabänderlich feststehend (!) oder wenigstens nur innerhalb sehr enger Grenzen variabel halten, die Wohnungspreise dagegen von den Reformern für ganz bedeutend herabdrückbar erklärt werden. Dadurch entsteht erst hier die „Frage". Gewöhnen wir uns nun, was wir unseres Erachtens müssen, die städtischen Wohnungspreise als in nicht viel höherem Grade veränderlich anzusehen, als die Preise für Nahrungsmittel und für Kleidung, dann verliert die Wohnungsfrage ihre Sonderstellung (S. 243)"

Diese Grundauffassung eines Vertreters der neueren nationalökonomischen Wissenschaft bedarf gewiß der genaueren Betrachtung. Was zunächst die Frage — „warum spricht man von einer Wohnungsfrage und nicht auch von einer Nahrungs- und Kleidungsfrage?" — anlangt, so gehört sie ihrer Form nach zu jenen Rätselfragen, wie sie wohl in Zirkusvorstellungen, nicht aber in der Wissenschaft angebracht sind. Ihrem Inhalte nach steht die Frage ganz auf der Höhe der Gleichstellung von Wohnung und Luft, die wir oben S. 22 kennen lernten. Doppelt befremdlich aber ist diese Scherzfrage aus dem Munde eines Autors, dem wir die Kenntnis der Strassmannstraße verdanken. Unter Bezugnahme auf unsere obigen Erörterungen darf ich deshalb wohl antworten: wäre es möglich, Nahrung und Kleidung ebenso zu monopolisieren und einseitig zu steigern wie den Boden; ja, wäre es auch nur möglich, den Wert von Nahrung und Kleidung der vergangenen Jahre in Hypotheken zu verwandeln und Jahr aus, Jahr ein von den Konsumenten verzinsen zu lassen — so würde man gewiß auch von einer Nahrungs- und Kleidungsfrage in gleichem Sinne wie von der Wohnungsfrage zu sprechen haben. So lange aber Korn und Leinwand nicht hypotheziert und dem staatlich geführten Grundbuch unterworfen sind; solange man nicht sagen kann, Brot und Stiefel werden „nach der Beleihung bewertet" (oben S. 54), — solange ist es schwerlich gerechtfertigt, wenn man die Preisbildung dieser Erzeugnisse der des städtischen Grund und Bodens gleichstellt.

Wenn wir aber auch von den Institutionen ganz absehen, so sollten schon die natürlichen Unterschiede zwischen Luft, Nahrung, Kleidung einerseits und städtischem Boden andererseits genügen, um die Gleichstellung dieser Dinge auch für denjenigen Teil der Nationalökonomie, dem Prof. Voigt angehört, zu verbieten. Die Zustände sind andere auf dem Gebiete der Luft, der Nahrung und Kleidung, als auf dem der Wohnung. Im übrigen aber mag es manchem scheinen, als ob auch das Gebiet der Volksernährung heute seine Fragen hätte und daß sie auch in dem weiten Bereich der „Bekleidung" nicht fehlen [1]).

Über alles aber geht der phänomenale Lehrsatz: „Die Wohnungsfrage entsteht dadurch, daß wir die Wohnungspreise für herabdrückbar ansehen; sie verliert ihre Sonderstellung, sobald wir die Wohnungspreise für unabänderlich feststehend oder nur innerhalb sehr enger Grenzen variabel halten." Wie sehr durch früher hervorgehobene Dinge die Empfindung des Lesers gegen Unsinn und Unwahrheit abgestumpft worden ist — was in dem obigen

---

[1]) Vgl. u. a. Grotjahn, Über Wandlungen in der Volksernährung, Schmollers Forschungen Bd. XX, Heft 2.

Satze geleistet wird, ist stark genug, um auch die ermüdetsten Nerven noch einmal aufzurütteln. Die Wohnungsfrage besteht also nur in unserer Einbildung; es steht ganz bei uns, diesem Problem seine Sonderstellung zu nehmen. Bleiben wir zunächst bei dem Vergleich mit den Nahrungsmitteln. Der Preis für Weizen und Roggen betrug in Berlin:

	Weizen	Roggen[1])	Bevölkerung
	für 1000 kg in Mark		Personen
im Jahre 1869	194	163	763 175
„ „ 1870	193	152	774 498
„ „ 1903	159	132	1 955 910
„ „ 1904	174	135	1 999 194

Die Wohnungsmiete für eine Kleinwohnung von Stube und Küche dagegen betrug im Jahre 1869/1870 in den damaligen äußeren Arbeitervierteln (Grüner Weg, Pallisadenstraße) 108 bis 120 Mk. (30 bis 40 Taler); heute kostet die kleine Hofwohnung in der entsprechenden äußeren Stadtlage 295 bis 300 Mk. Inmitten einer gewaltigen Bevölkerungsvermehrung sind also in dem obigen Zeitabschnitt die Getreidepreise stark heruntergegangen, obwohl man sie inzwischen durch hohe Zollbelastungen gehörig „abgeändert“ hat. Die Wohnungsmieten dagegen sind in der gleichen Zeit auf das dreifache gestiegen. Was ist nun das natürliche und unabänderliche: daß mit der Bevölkerungsvermehrung die Nutzungen und Erzeugnisse des Bodens im Preise steigen, oder daß sie fallen? Gerade die Preisentwickelung erklärt wohl zur Genüge, daß bei der Wohnung bezüglich der Preise eine „Frage“ besteht.

Wie die Behauptung von der Unabänderlichkeit der Preise überhaupt aufgestellt werden konnte, erscheint rätselhaft; sowohl die Nahrungspreise wie die Wohnungspreise sind und waren stets

---

[1]) Festschrift des Kgl. Preuß. Statist. Bureaus Berlin 1905 II. Teil S. 69. Vgl. hierzu noch die Getreidepreise im Osten und Westen der Monarchie:

	Rheinland		Ostpreußen		Bevölkerung des Deutschen Reichs
	Weizen	Roggen	Weizen	Roggen	(nach seinem heutigen Umfang)
1869	202	166	196	150	40 494 000
1870	228	177	186	127	40 805 000
1903	164	141	153	128	58 569 000

der Beeinflussung zugänglich. In größtem Umfange aber haben gerade die Nahrungsmittel das Gebiet abgegeben, auf dem sich öffentliche und private Eingriffe erfolgreich betätigt haben. Für die Behauptung der Unabänderlichkeit der Preise konnte kaum ein unglücklicheres Beispiel gewählt werden als dieses. Seit mehr als 100 Jahren haben die Kulturvölker der alten und der neuen Welt daran gearbeitet, die Marktverhältnisse und die Getreidepreise abzuändern; und was hier vollbracht worden ist, gehört gewiß zu den größten Leistungen der neueren Volkswirtschaft. Noch vor wenig mehr als einem Jahrhundert konnte in der einen Provinz Hungersnot herrschen, in der nächstgelegenen dagegen Getreideüberfluß. Die Überernte des Nachbargebietes war damals für die notleidenden Bezirke unerreichbar (ähnlich wie heute die umliegenden Geländeflächen für die eingeschnürte Stadtbevölkerung). Die Umwälzung auf dem Gebiete der Nahrungsmittelversorgung aber wurde herbeigeführt durch drei Momente: durch die Abänderung des Bodenbesitzrechts, durch die Schaffung gewaltiger Verkehrsmittel, durch die Reformierung der Grundsätze und Einrichtungen der Verwaltung. Diese Bewegung zur Einwirkung auf den Markt der Nahrungsmittel ist keineswegs abgeschlossen, sondern jeder Tag kann uns eingreifende Neuerungen auf diesem Gebiete bringen.

Privilegierte Bodenrechtsordnungen, einseitige Vorrechte, technische Rückständigkeit und daneben polizeiliche Eingriffe waren die Grundlagen für die Bildung der Getreidepreise bis in den Anfang des neunzehnten Jahrhunderts. Die Vertreter der damaligen Bodenpolitik durften die Zustände jener Zeit mit dem gleichen Recht für „unabänderlich feststehend" erklären, wie dies heute seitens der Verteidiger der schlechten und unhaltbaren Zustände des städtischen Wohnungswesens behauptet wird. Der Hinweis auf die Preisentwicklung der Nahrungsmittel kann uns gewiß nicht den Glauben an die Unabänderlichkeit aufzwingen; sondern er beweist gerade, welche Fortschritte und Umwälzungen durch die Beseitigung gekünstelter, zweckwidriger und veralteter Einrichtungen auf diesem Gebiete erzielt worden sind.

Die Preisentwicklung der städtischen Bodenwerte aber sollen wir uns gewöhnen für „unabänderlich feststehend" zu halten? Also das Spekulantentum ist für sakrosankt erklärt sogar in den Gedanken und Meinungen! Nicht einmal zweifeln darf man mehr an der Heiligkeit der Bodenspekulation. Betrachten wir uns aber doch zuvor das neue Dogma etwas genauer.

„Unabänderlich feststehend“ sollen die städtischen Bodenwerte sein? Das sagen die Herren von der Strassmannstraße und vom Goethepark? Wie soll man diese Behauptung gebührend kennzeichnen? Schon eine Abänderung des Bebauungsplans wirft alle ihre „unabänderlichen“ Bodenwerte über den Haufen. Bei einer Reform des Hypothekenwesens bricht die ganze „feststehende“ Spekulantengesellschaft mitsamt ihrem vierprozentigen Hausbesitzer zusammen. Eine Reinigung des Taxwesens fegt ihre Spekulationsgewinne hinweg. Ja, der verfehlte Zuschnitt einer Baustelle wirft den „unabänderlichen“ Bodenpreis auf ein Drittel seines Wertes. Ein Krach am Pfandbriefmarkt treibt innerhalb einer Krise die Wohnungsmieten um 10 Prozent in die Höhe. Und diese gekünstelte Ordnung, die ein Raub ist an unserer Volkswirtschaft, soll für unabänderlich feststehend gelten? Dann verschwindet die Wohnungsfrage, versichern Voigt & Geldner. Ganz gewiß; wenn die Vergewaltigung unserer städtischen Bodenentwicklung als unabänderlich anerkannt ist, dann ist die Herrschaft des Spekulantentums dauernd gesichert.

Wie aber kommen Voigt & Geldner zu der weiteren Behauptung, daß die Bewegung für die Wohnungsreform lediglich in einem Versprechen der Mietsermäßigung besteht und daß dadurch allein die „Frage“ entstehe? Die große Literatur über Wohnungswesen und Städtebau sollte Voigt & Geldner nicht gänzlich unbekannt sein. Soweit hier der Boden- und Mietspreis behandelt wird, werden im wesentlichen zwei Behauptungen aufgestellt: 1. die Preisbildung ist eine einseitige und nur auf die Preissteigerung gerichtet; 2. trotz des gesteigerten Aufwandes ist die Gestaltung des Kleinwohnungswesens eine ganz unbefriedigende. Ich glaube, die Berechnungen der Strassmannstraße haben zur Genüge gezeigt, daß die Einwendungen gegen die Natürlichkeit der Preisbildung begründet sind. Aber sie bilden durchaus nicht den einzigen Gegenstand der Reformierung, die sich vielmehr auf die Grundlagen des Wohnungswesens bezieht. Die Mietskaserne ist wohl das teuerste, aber sie ist zugleich auch das schlechteste System des Städtebaus. Die oben gekennzeichneten Wohnungen unserer Abbildung S. 71 würden untauglich sein, auch wenn sie „bedeutend herabdrückbar“ wären; allerdings aber kosten sie, im äußersten Norden des Berliner Weichbilds gelegen, 325 Mk. Die Löcher nach unserer Skizze 7 S. 98 wären immer noch schlecht, auch wenn sie zum halben Preis abgegeben würden; allerdings kosten diese Reformwohnungen 1200 bis 1500 Mk. Es gibt, wie ich glaube, Schriften über den Städtebau, in denen die „Frage“ des Wohnungspreises nicht oder nur beiläufig behandelt wird; dagegen dürfte es keine einzige geben, die nicht die Form der Wohnungsherstellung in den Vordergrund rückt. Die beiden Behauptungen, daß die Wohnungspreise unabänderlich seien und daß sie die einzige Grundlage der Wohnungsfrage bilden, sind einander wert.

Zweites Kapitel.

Die städtischen Verkehrseinrichtungen.

Die hohe Bedeutung, die den städtischen Verkehrsmitteln für das Wohnungswesen zukommt, bedarf nicht der Hervorhebung. Von manchen Autoren werden die Verkehrseinrichtungen für das Hauptmittel der städtischen Bodenpolitik gehalten. Die Behandlungsweise, die Voigt & Geldner diesem Gegenstand angedeihen lassen, ist die folgende:

„Jedes Stockwerk, jede Treppe erspart ein Stück horizontalen Weges, ein um so bedeutenderes, je größer der Unterschied der Intensität der Bebauung der in Vergleich zu stellenden Anlagen ist .... Wieviel größere Schwierigkeit macht überhaupt die Lösung der Verkehrsfrage bei extensiver als bei intensiver Bauweise (sic). Die Verkehrsanlagen werden selbstverständlich bei der viel größeren Länge der Linien viel teurer, und wegen der geringeren Bevölkerungsdichtigkeit im Verkehrsrayon ist gleichzeitig die Frequenz und Rentabilität geringer. Die gleiche Verkehrsleistung erfordert sowohl mehr Anlage- als mehr Betriebskosten. In extensiv gebauten Städten ist daher regelmäßig das Verkehrsnetz weniger dicht als in den intensiv gebauten und daher für den einzelnen im Durchschnitt schwerer zu erreichen und zu benutzen (sic). Dabei ist das Bedürfnis nach Verkehrserleichterung hier ein größeres (sic). Sowohl vom Standpunkt der Unternehmer als von dem der Benutzer aus ist der Verkehr in einer extensiv gebauten Stadt schwieriger und kostspieliger.“ (S. 279.)

Die hier wiedergegebenen Behauptungen über die Verkehrsleistung, das Verkehrsbedürfnis und das Verkehrsnetz sind derart, daß ein Gegner des Kasernierungssystems an ihnen eine geradezu diabolische Freude haben müßte. Jeder der obigen Sätze enthält, wenn man ihn für sich allein nimmt, eine Unrichtigkeit, wenn man ihn mit den übrigen aber zusammenhält, einen Widerspruch.

Bemerkt sei noch, daß V. & G. für ihre Verkehrslehre keine einzige sachliche Angabe, geschweige denn eine Ziffer beibringen.

„Die Lösung der Verkehrsfrage ist viel schwieriger bei extensiver als bei intensiver Bauweise", dozieren V. & G. Ich weiß nicht, ob der Leser die Geduld haben wird, um eine Widerlegung dieses Satzes anzuhören. Denn der Satz ist logisch wie tatsächlich gleich falsch, und es versteht sich von selbst, daß das gerade Gegenteil richtig ist. Die neuzeitlichen Verkehrsmittel sind ohne eine einzige Ausnahme in den Städten mit extensiver Bauweise geschaffen und angewandt worden. Die extensiv gebauten Städte in Großbritannien und Amerika, nicht die intensiv gebauten Städte unseres Festlandes, sind die Schöpfer und planmäßigen Erbauer der großstädtischen Verkehrsmittel und zwar lediglich aus der Ursache der Weiträumigkeit [1]). Jahrzehnte bevor der preußische Staat das rückständige Verkehrswesen der Stadt Berlin mit einer einzigen großstädtischen Verkehrslinie, der Stadtbahn, versorgte, besaß London längst ein ganzes Netz rasch fahrender Bahnlinien. Auch heute noch sind die Verkehrsanlagen in den extensiv gebauten Großstädten unendlich viel besser und leistungsfähiger für das Wohnungswesen, als in den intensiv gebauten Großstädten. Jeder Leser kennt ohne Zweifel den Stand der Verkehrsmittel und der Besiedelung in London, New York, Chicago einerseits, in Berlin, Hamburg, Paris andererseits. Er weiß, daß die Bearbeitung des Verkehrswesens in den erstgenannten weiträumig gebauten Städten weit weniger Schwierigkeiten gefunden hat, als in den letztgenannten engräumigen. Ein Hinweis auf die Geschichte der Berliner Verkehrsmittel während der letzten dreißig Jahre genügt, um zu zeigen, welche Hindernisse sich einer Lösung

[1]) „In Amerika sind die ersten Straßenbahnen entstanden. Hier hat aber auch das Straßenbahnwesen wegen des weiträumigen Städtebaues, der deshalb zu überwindenden großen Entfernungen, die stärkste Entwicklung und die weiteste Verbreitung erfahren. In Großbritannien sind wegen des Vorherrschens des Einfamilienhauses und der dadurch bedingten größeren räumlichen Ausdehnung der Städte, um die sich bei der hohen Entwicklung der englischen Industrie große Industriegebiete lagern, die Straßenbahnen nicht bloß für die Großstädte, sondern auch für die industriellen Zentren von mittlerer Größe, die sich sehr rasch entwickeln, von ganz besonderer Bedeutung. Von nicht geringerer Wichtigkeit ist der Nahverkehr der Eisenbahnen." Clemens Heiß, Wohnungsreform und Lokalverkehr, herausg. vom Verein Reichs-Wohnungsgesetz, Göttingen 1903, S. 19 und 37.

der Verkehrsaufgaben in dieser intensiv gebauten Stadt entgegengestellt haben und noch heute entgegenstellen. Die weiträumig gebauten Städte wachsen durch das Verkehrsnetz und mit diesem; die Verkehrsanlagen gehen hier häufig dem Bedürfnis und der städtischen Bebauung voraus [1]). In den engräumigen Städten dagegen wird das Verkehrsbedürfnis — das hier übrigens durchaus kein geringeres ist; s. unten — erfahrungsgemäß am schlechtesten befriedigt. Man glaubt hier schon viel getan zu haben, wenn man gezwungener Weise und in langen Abständen hinter der Entwicklung nachfolgt, wobei mitunter die Sonderinteressen der innerstädtischen Hausbesitzer noch ein besonderes Hindernis für durchgreifende Verkehrspläne bilden.

Wir können nun diesen allgemeinen Angaben zunächst noch den exakten Vergleich mit unseren typischen Mietskasernen an die Seite stellen. Der glückliche Bewohner des typischen Massenmietshauses in der Strassmannstraße hat innerhalb seines Verkehrsbereichs nur ein einziges Verkehrsmittel zur Verfügung; es ist die langsam fahrende, während der Verkehrsstunden überfüllte und häufig versagende Straßenbahn, auf deren Linien überdies (da keine Umsteigkarten ausgegeben werden) ein Umsteigen unmöglich ist. Der Mann der Strassmannstraße gebraucht von der ihm nächstgelegenen Haltestelle in der Petersburger Straße bis zum Mittelpunkt Berlins, dem Alexanderplatz — drei Kilometer Entfernung —, mit der Straßenbahn etwa 18 Minuten, wenn er nicht unterwegs in einem der Engpässe der Landsberger- oder Alexanderstraße hängen bleibt. Mit der Fahrzeit von 20 Minuten gelangt der Londoner von dem Mittelpunkt der Stadt (Broadstreet, Liverpoolstreet, Fenchurchstreet usw. in der City) nach städtischen oder ländlichen Vororten in jeder beliebigen Richtung in einer Entfernung von 16 Kilometern. Die Verkehrslinien, die nach den Geschäftsmittelpunkten von London führen, zählen nach Dutzenden, und rastlos wird an ihrer Vermehrung und Verbesserung gearbeitet (s. unten).

Neuerdings befindet sich das Verkehrswesen der weiträumigen Städte Englands und Amerikas wiederum in einer Umbildung, indem der Grundsatz des „rapid transit“ weiter durchgeführt wird. Der Verkehr von den Außenbezirken nach dem Stadtinnern soll a l l g e m e i n (auf zahlreichen Einzelstrecken ist

---

[1]) Insbesondere ist dies in Amerika der Fall.

dies schon jetzt erreicht) als Schnellverkehr organisiert werden. Zu diesem Zweck werden die örtlichen Verkehrslinien (ganz abgesehen von dem gesondert geführten Betrieb der Fernlinien) viergeleisig ausgebaut; auf dem einen Geleispaar verkehren die Züge, die jede einzelne Stadtbahnstation bedienen; auf dem zweiten Paar laufen die örtlichen Schnellzüge, die den Schnellverkehr von der Stadtmitte nach den Außenbezirken besorgen. Die neue Stadtlängsbahn von New-York ist bereits nach diesem System angelegt. In London sind die Vorortslinien der Eisenbahnen längst viergeleisig ausgebaut. Vororts-Schnellzüge, für das Wohnungswesen von höchster Bedeutung, laufen auf allen Vorortslinien bis zu den Endbahnhöfen in der Stadtmitte[1]). Die Meinung der maßgebenden technischen und administrativen Kreise geht gegenwärtig dahin, daß Schnellverkehrslinien von der Stadtmitte Londons auch nach solchen Bezirken gebaut werden sollen, die bis jetzt keine oder nur eine spärliche städtische Besiedelung aufzuweisen haben und daß für den Betrieb solcher Linien nötigenfalls eine zeitweilige Beihülfe aus öffentlichen Geldern gewährt werden solle[2]).

Bei den rasch fahrenden Verkehrsmitteln der weiträumigen Städte ist überdies der Verkehrsbereich — d. h. der Kreis, inner-

[1]) Die wichtige Einrichtung der Vorortschnellzüge ist in Berlin, von der Ausnahme der direkten Züge nach Potsdam abgesehen, bis auf den heutigen Tag unbekannt. Auf der Wannseebahn verkehrt ein einziger Zug, dessen besondere Leistung darin besteht, daß er — die ersten vier Stationen überschlägt.

[2]) As a result of the enactment of the Housing of the Working Classes Act 1903, a discretion ist now vested in the Local Government Board, which enables them to authorise re-housing at a distance from the demolished buildings instead of in close proximity, as formerly; but without facilities for locomotion this discretion cannot be generally exercised. The question of the loss in re-housing has become of more importance, because the number of cases in which re-housing is required has been increased by the Legislature.“ . . . . „We think that it would be an advantage if local authorities were enabled, as recommanded by the Joint Select Committee of 1901, in relation to „the prolongation of railways into districts thinly populated“, to make arrangements with railway companies whereby, in consideration of additional trains being put on, guarantees might be given for limited periods for such minimum receipts per train mile run as might be agreed. In the event of difference, the Railway and Canal Commissioners might act as arbitrators. In this way local authorities, in co-operation with the owners of the lands likely to be benefited by the running of the trains, might frequently, at a very small cost, secure the development of building land much more rapidly than can be done without the assistance of such arrangements.“ Royal Commisson on London Traffic, Bd. I London 1905, S. 14 u 78.

halb dessen ein Verkehrsmittel von der umwohnenden Bevölkerung mit Vorteil benutzt werden kann — (im Gegensatz zu einer der obigen Behauptungen von V. & G.) ein vielfach vergrößerter. Bei der Berliner Straßenbahn beträgt der Verkehrsbereich zu beiden Seiten einer Linie höchstens 10 bis 12 Minuten[1]); für die weiter entfernt wohnende Bevölkerung bietet die Benutzung der Linie regelmäßig keinen Vorteil mehr. Bei den rasch fahrenden Schnellzügen ist der Verkehrsbereich naturgemäß ein sehr viel ausgedehnterer. —

Eine besondere Beachtung verdient die Behauptung von V. & G., daß in der intensiv gebauten Stadt das Bedürfnis nach Verkehrserleichterung ein geringeres sei, da die Mietskaserne „horizontalen Weg" erspare. Die Herren scheinen zu glauben, daß die Bewohner der Mietskasernen nur untereinander verkehren, sodaß die Zusammenpferchung der Menschen eine Wegersparnis bedeutet. Das ist indes keineswegs der Fall. Wohnstätte und Arbeitsstätte fallen heute für die Mehrzahl der Bevölkerung vollständig auseinander, in Berlin ganz ebenso wie in London oder Chicago. Nur eine Minderheit wohnt, in den weiträumigen wie in den engräumigen Städten, unmittelbar oder nahe bei ihrer Arbeitsgelegenheit. Die Bewohner der Strassmannstraße sind gezwungen, für Erwerb und Haushalt Wege zurückzulegen, ganz ebenso wie die Bewohner von Camdentown oder Hampstead. Die Benutzung der Verkehrsmittel in Berlin ergibt sich aus folgender Tabelle[2]):

Übersicht über die Personenbeförderung der Stadtverkehrslinien in Berlin.

	Straßenbahn	Omnibus	Stadt- und Ringbahn	Hoch- u. Untergrundbahn	Insgesamt	Bevölkerung (Großberlin)
1902	343 775 474	78 670 498	91 711 439	18 800 000	532 957 411	2,504,729
1903	367 950 417	80 824 665	97 623 724	29 628 545	576 027 351	2,584,940
1904	394 559 854	93 452 837	110 713 991	32 091 230	630 817 912	2,689,646

Insgesamt beförderten die öffentlichen Verkehrsmittel Berlins im Jahre 1904 mehr als 630 Millionen Personen. Doch diese

---

[1]) Es ist dies die allgemeine Annahme der Techniker.

[2]) Nach Auskunft des Königlichen Polizei-Präsidiums, Statistisches Jahrbuch der Stadt Berlin, Jahrg. 1904 S. 201. Vgl. auch Ernst Hirschberg, Berliner Statistik I. Heft, Berlin 1903.

Zahl ist für das Verkehrswesen noch nicht vollständig. Ein erheblicher Teil des Mittel- und Arbeiterstandes bedient sich zur Beförderung des Fahrrades, und dessen nicht geringe Ziffer ist der obigen Zahl hinzuzurechnen. Von den Personen, die sich der Droschke bedienen, wollen wir ganz absehen[1]). — Nach den obigen Gesamtziffern entfallen demnach auf den Kopf der Berliner Bevölkerung jährlich 235 Fahrten. Die Beanspruchung der Verkehrsmittel durch die Wohnbevölkerung läßt sich indes aus der obigen gewaltigen Verkehrsziffer, wie sich von selbst versteht, nicht ohne weiteres feststellen. In der Hauptsache kommt für die Benutzung der Verkehrsmittel nicht die Gesamtzahl der Einwohner, sondern nur die eigentliche erwerbs- und geschäftstätige Bevölkerung in Betracht; dies sind insbesondere die Altersstufen zwischen dem 15. und 60. Lebensjahr; die Verkehrsziffer verteilt sich also auf eine wesentlich geringere Personenzahl als die obige Ziffer der Gesamtbevölkerung[2]). Jedenfalls ist nach den obigen Ziffern soviel gewiß, daß die Mehrzahl der geschäfts- und erwerbstätigen Bewohner von Berlin, der intensivst gebauten Stadt der Welt, heute gezwungen ist, sich eines Verkehrsmittels zu bedienen — in welchem Verhältnis, werden wir gleich sehen.

Vergleichsziffern mit anderen Großstädten gibt zunächst der Bericht der Königlichen Kommission für das Londoner Verkehrswesen vom Jahre 1905. Der Sachverständigen-Ausschuß der Londoner Ingenieure bezifferte vor der Königlichen Kommission die Zahl der im Jahre 1904 in Greater-London durch Stadtbahnen, Straßenbahnen und Omnibusse beförderten Personen auf 1164000000, während die Gesamtbevölkerung, die bei der Zählung des Jahres 1901 6581402 Einwohner betrug, für 1904 nahe an 7 Millionen heranreichte. Auf den Kopf der Bevölkerung entfallen darnach

[1]) Am 1. Januar 1905 waren in Berlin 8093 Droschken vorhanden, gegen 6678 i. J. 1895; die Zahl der beförderten Personen ist nicht bekannt. Nur die Zahl der von den Fernbahnhöfen gemachten Fahrten wird polizeilich festgestellt. Statist. Jahrb. der Stadt Berlin, Jahrg. 1904 S. 49 Einleitung.

[2]) Die Genauigkeit der Verkehrszählung mag andererseits einigen Zweifeln unterliegen. Die Angaben über den Personenverkehr der Stadtbahn sind (nach den Darlegungen des Statist. Jahrb. der Stadt Berlin Jahrg. 1904 Einleitung S. 42) unvollständig; es fehlt die Ausscheidung des Fernverkehrs, die Angabe des Streckenverkehrs, die Zahl der Abonnenten usw. — Bei der Straßenbahn wird jeder Abonnent als täglich viermal befördert (gleich 4 Personen) gerechnet.

in dieser extensiv gebauten Stadt ca. 170 Fahrten — also wesentlich weniger als in dem engräumigen Berlin. Ein Vergleich unter verschiedenen Großstädten ergibt dagegen folgende Ziffern:

Beförderungsziffern der örtlichen Verkehrsmittel (Stadtbahnen, Straßenbahnen, Omnibusse) auf das Jahr und auf den Kopf der Bevölkerung berechnet[1]).

New-York	Berlin	Paris	London
300	270	200	170
	(235)[2])		(200)[3])

Das Verkehrsbedürfnis in Berlin, der intensivst gebauten unter diesen Großstädten, ist also (im Gegensatz zu der frei erfundenen Verkehrslehre von Voigt & Geldner) mindestens ebenso groß als das der extensiv gebauten Großstädte. Berlin übertrifft in der Verkehrsziffer das weiträumige London und reicht fast an New-York heran. — Doch dies Ergebnis würde sich auch ohne jede statistische Ziffer herausgestellt haben. Denn eine Großstadt von der Einwohnerzahl Berlins kann nicht in ihrem Umfang beschränkt bleiben, auch wenn man die Mietskaserne zehnstöckig erbaute; eine solche Stadt hat ihre spezialisierten Geschäfts- und Fabrikviertel und ihre nach Klassen getrennten Wohnbezirke, gleichviel wie sie im übrigen gebaut sein mag. Der Bewohner einer solchen Stadt muß sich der Verkehrsmittel bedienten mindestens in dem gleichen Maße wie der Bewohner einer weiträumig gebauten Großstadt.

Auch in der Beförderungszeit steht die intensiv gebaute Stadt sicherlich nicht besser da als die extensiv gebaute. Die Zeit, die ein Berliner gebraucht, um an seine Arbeitsstätte zu gelangen, dürfte durchschnittlich auf mindestens 45 Minuten, im einzelnen noch viel höher, zu veranschlagen sein[4]). An rasch fahrenden

---

[1]) Royal Commission a. a. O. S. 6.

[2]) Nach unserer obigen Ziffer. Der Unterschied erklärt sich vermutlich daraus, daß wir die Bevölkerung von Groß-Berlin, nicht die des eigentlichen Weichbildes, zu Grunde legten.

[3]) Royal Commission a. a. O. S. 6 nach Berechnungen von Harper; unter Einbeziehung der mit den Fernlinien beförderten Vorortsbewohner.

[4]) So wird die Beförderungszeit auch von Franz Oppenheimer veranschlagt; zitiert bei Clemens Heiß, Wohnungsreform und Lokalverkehr S. 111.

Verkehrsmitteln stehen dem Berliner nur die Hochbahn und die Stadtbahn (die heute ebenfalls einer Beschleunigung dringend bedürftig erscheint) zur Verfügung. Der Hauptverkehr entfällt auf die Straßenbahn, deren Unzugänglichkeit heute - 14 Jahre nach dem Erscheinen meiner „Berliner Kommunalreform" — allseitig und ohne Ausnahme (auch von der Direktion der Gesellschaft selber) anerkannt ist [1]). Die Straßenbahn fährt langsam, sie versagt während der Hauptverkehrsstunden völlig und während der übrigen Stunden zeitweise; von ihrem 10 Pfennig-Tarif sind die Vorortslinien z. T. ausgenommen, und sie beschränkt die Benutzer, infolge des Mangels von Umsteigkarten, auf eine bestimmte Linie [2]). Auf den wichtigsten Strecken ist die Straßenbahn kein Verkehrsmittel mehr, sondern eher ein Verkehrshindernis. Zustände, wie sie heute auf den Hauptverkehrsstrecken und Kreuzungspunkten der Berliner Straßenbahn bestehen, dürften sich bei entsprechendem Verkehr kaum in einer zweiten Großstadt finden. In der Großstadt ist das rascheste Verkehrsmittel das billigste; und schon aus diesem Grunde wird man das Hauptverkehrsmittel der intensivst gebauten Stadt sicher für unzureichend erklären müssen.

Die Verkehrslehre von Voigt & Geldner hat wohl nur eine Bedeutung als ein notwendiges Glied des von den Verfassern angewandten Systems; sie zeigt wiederum, zu welchen Mitteln die Verteidiger der Kasernierung ihre Zuflucht nehmen müssen. Ich würde dem selbständigen Urteil des Lesers zu nahe treten, wenn ich in der Besprechung der oben zitierten Grundanschauungen fortfahren wollte; in der Hauptsache bedürfen die Sätze nur der Hervorhebung, nicht der Widerlegung. Für einen weiteren Leserkreis dürfte es dagegen vielleicht von Interesse sein, wenn ich den zuvor mitgeteilten Ziffern über den großstädtischen Verkehr noch einige vergleichende Angaben hinzufüge. Dies umsomehr, als das Verkehrswesen der Großstädte des Auslandes sich in rasch fortschreitender Entwickelung befindet und insbesondere London bestrebt ist, seine Verkehrsanlagen systematisch fortzubilden; während in Berlin endlich die Erkenntnis durchzudringen beginnt, daß das heutige System der Straßenbahnen (Straßendammbahnen) ungenügend ist und verlassen werden muß.

[1]) Vgl. Städtische Bodenfragen S. 31 ff.

[2]) Nur die Linien der ehemaligen Charlottenburger Straßenbahn gewähren Umsteigkarten.

Die städtischen öffentlichen Verkehrsmittel scheiden sich zunächst in zwangsläufige, die (wie Straßenbahn, Stadtbahn) an einen Schienenweg gebunden sind; und in freiläufige, die (wie Omnibus, Kraftwagen, Droschke) sich unabhängig von Schienengeleisen bewegen. Nach ihrer Anlage zerfallen die zwangsläufigen Verkehrsmittel weiter in Straßenbahnen oder Straßendammbahnen, die die Oberfläche einer Straße benutzen, und in Stadtbahnen, die unabhängig von der Straßenoberfläche, sei es oberhalb oder unterhalb derselben, geführt werden (Hochbahnen bezw. Untergrundbahnen). Die neuere Technik endlich hat eine weitere Scheidung innerhalb der Untergrundbahnen bewirkt; man unterscheidet Unterpflasterbahnen, die in geringer Tiefe unmittelbar unter dem Straßenpflaster angelegt werden; und Tiefbahnen, die in einer großen Tiefe von 20 Metern und darunter gebohrt werden (Londoner Tube, Pariser Stadtbahn).

Die Entwicklung der reinen Stadtbahnen in London und Paris, der Stadt- und Vorortsbahnen in Berlin (s. unten) ergibt sich aus folgender Zusammenstellung:

	Betrieb eröffnet Jahr	Länge in km	Baukapital insgesamt in Mark	Baukapital auf 1 km Doppelgleis Million Mark	Von Straße bis Bahnsteig Meter	Betriebskraft	Auf 1 km Doppelgleis beförderte Personen Million	Einnahmen auf 1 Person ₰
Metropolitan Railway	1861/68	58,6	225 470 000	7,1 } soweit Untergrundbahn	3—4	Dampf (in Umwandlung begriffen)	1,6	
District Railway	1868/84 1905	20,9	157 280 000	8,8 } soweit Untergrundbahn	3—4	elektrisch	2,4	14
City and South London	1890	10,1	49 000 000	4,8	22	elektrisch	1,9	16
Waterloo and City	1898	2,4	12 100 000	5,0	23		1,9	15,2
Central London	1900	10,4	77 400 000	7,5	30	elektrisch	4,3	16,5
Great Northern and City	1904	5,6	40 800 000	7,0	18	elektrisch	2,1	14,5
Baker Street and Waterloo	1906	8,4	71 260 000	8,5	19,5	elektrisch		16,6
London im Betriebe	1861 bis 1906	116,4	633 300 000					

ferner im Bau 20,0 km; in Vorbereitung 37,5 km

	Betrieb eröffnet Jahr	Länge in km	Baukapital insgesamt in Mark	Baukapital auf 1 km Doppelgleis Million Mark	Von Straße bis Bahnsteig Meter	Betriebskraft	Auf 1 km Doppelgleis beförderte Personen Millionen	Einnahmen auf 1 Person ₰
Paris Linie 1, 2, 3	1900	36,22	108 140 000	3,7	5-15	elektrisch	4,0	12
ferner im Bau 36,4 km; in Vorbereitung 7,7 km								
Berlin Stadtbahn	1884	12,1	68 129 000	5,6	7	Dampf	3,3 (1902)	
Hoch- u. Untergrundbahn	1902	11,2	28 000 000	2,5 [1]	3,75	elektrisch	3,1	12,4
ferner zu bauen beschlossen:								
Süd-Nord		8,6	51 000 000	6	4,05	elektrisch		

außerdem zu bauen beschlossen 10 km; in Vorbereitung 25,6 km

Für London geben die obigen Ziffern, so gewaltig sie sind, noch keine irgendwie zureichende Vorstellung von den schnellfahrenden Bahnlinien des Stadtverkehrs. Es fehlen nämlich in der Tabelle vollständig die Stadtlinien und Vorortslinien der großen Eisenbahngesellschaften, die in umfassendster Weise den Stadtverkehr besorgen. Die in und bei der City mündenden Eisenbahnen (Liverpoolstreet, Fenchurchstreet, Cannonstreet usw.) sind z. T. als regelrechte Stadtbahnen anzusehen, die auf ihren Ortsgeleisen dem Verkehr der von ihnen durchschnittenen dichtbevölkerten Stadtbezirke dienen. Die Eisenbahngesellschaften sind es ferner, von denen in der Hauptsache der mächtige Vorortsverkehr von Greater London geleitet wird. Die Ziffern der von den Eisenbahngesellschaften betriebenen eigentlichen Stadtlinien wären also der obigen Zusammenstellung hinzuzurechnen, wenn sich ein Bild der schnellfahrenden Stadtverkehrsmittel für London ergeben soll. Für das Wohnungswesen der arbeitenden Klassen dürfte der Stadt- und Vorortsverkehr der Eisenbahngesellschaften, die die billigen Wohnbezirke bedienen, vielleicht sogar die größere

[1]) Durchschnittlich für Hoch- und Untergrundbahnstrecken der Stammlinie Warschauerbrücke in Station Knie.

Bedeutung besitzen. Immerhin sind die obigen Teilangaben nicht ohne Wert.

Beachtenswert ist die Schnelligkeit, mit der die Anlage neuer Stadtlinien in dem letzten Jahrzehnt vorschreitet. Nach dem von der Königlichen Kommission neuerdings aufgestellten Programm ist ferner eine umfangreiche Erweiterung der Verkehrslinien in nächster Zeit zu erwarten. Der Betrieb durch Dampfkraft ist nach Umwandlung der Anlagen der Metropolitan Railway (deren Verkehr unter dem Dampfbetrieb schwer gelitten hat) vollständig aufgegeben. Das aufgewendete Kapital zeigt die stattliche Höhe von 633 Millionen Mark und dürfte unter Einrechnung der Stadtanlagen der Eisenbahngesellschaften 1 Milliarde erreichen. Es verdient erwähnt zu werden, daß dieses Kapital ausschließlich durch private Unternehmungen aufgebracht worden ist.

Mit den Londoner Stadtlinien der obigen Tabelle läßt sich die Berliner Stadtbahn nicht ohne weiteres vergleichen, da sie zum Teil dem Vororts- und Fernverkehr dient und eine Scheidung zwischen Stadt-, Vororts- und Fernverkehr hier nicht möglich ist. Die Berliner Straßenbahn ist eher den in der Tabelle nicht enthaltenen Linien der Londoner Eisenbahngesellschaften gleichzustellen. Als eine den Londoner Linien unserer Tabelle gleichstehende Anlage ist dagegen die Berliner Hoch- und Untergrundbahn zu betrachten, der künftig die von der städtischen Verwaltung zu bauende Nord-Südbahn hinzutreten wird. Würde man die Stadtlinien unserer Tabelle auf die Einheit von 1 Million Einwohner umrechnen, so ergeben sich für

London	Paris	Berlin
25,7 km	15 km	8,7 km

Stadtbahnstrecke auf 1 Million Einwohner im Jahre 1905. Dieser Vergleich ergibt indes ein unzutreffendes und für London, trotz der hohen Ziffer, noch immer ungünstiges Bild, da, wie oben bemerkt, in London die Stadtverkehrslinien der Eisenbahnen in unserer Tabelle fehlen, während für Berlin die Stadtbahnlinie eingerechnet ist.

Die Baukosten der Bahnlinien zeigen im einzelnen erhebliche Abweichungen. Sieht man von den Baukosten des eigentlichen Bahnkörpers ab, so sind für die Kosten der Anlage insbesondere zwei Faktoren von Bedeutung: die Grunderwerbskosten und die Beschaffenheit des Baugrundes[1]). Hinsichtlich des Grunderwerbs bestehen in den einzelnen Großstädten und bei den einzelnen Verkehrslinien verschiedenartige Verhältnisse. Die Untergrundbahnen fordern, wo sie nicht unterhalb der öffentlichen Straßenzüge verlegt werden können, hohe Grunderwerbskosten. In England geht das Grundeigentum des Bodenbesitzers rechtlich bis zum Mittelpunkt der Erde. Für die Unterfahrung privater Grundstücke waren deshalb, insbesondere in der City, hohe Kosten aufzuwenden[2]). Der Grunderwerb für die Berliner Stadtbahn fand, soweit private Grundstücke neu zu erwerben waren, unter günstigen Umständen statt. — Für die Anlage von Hochbahnen auf öffentlichen Straßen kommen nur besonders breite Straßenzüge (Promenadenstraßen) in Betracht; in Paris und London werden solche Straßen nicht für den Bahnbau hergegeben, während der Berliner Hochbahn die Benutzung der Promenadenstraßen gestattet wurde, sodaß die Hochbahnstrecke unter vorteilhaften Verhältnissen gebaut werden konnte. Hinsichtlich der Beschaffenheit des Baugrundes ist die früher häufig zur Stütze des Systems der Straßendammbahnen vorgebrachte Meinung, daß der Berliner Untergrund die Anlage von Untergrundbahnen nicht gestatte oder daß er für solche Bauten besonders ungünstig sei, heute allseitig aufgegeben. Die Erfahrung hat gezeigt, daß der Berliner Boden dem Bau von Untergrundbahnen keine Schwierigkeiten entgegenstellt, während andererseits die praktischen Hindernisse fehlen, die in der Bodengestaltung von Paris und London mehrfach hervortraten[3]).

Der großstädtische Verkehr verlangt rasch fahrende und rasch fördernde Verkehrsmittel, die unabhängig von der Straße sind. Aber auch das an die Straße gebundene Verkehrsmittel ist in der Großstadt keineswegs entbehrlich, sondern behält auch bei dem bestgestalteten Schnellverkehr seine besondere Bedeutung. Der

---

[1]) Die Annahme von V. & G., als ob die Dichtigkeit der Bevölkerung für die Anlagekosten entscheidend sei, bedarf kaum der Zurückweisung.

[2]) Die Königliche Kommission schlägt infolgedessen vor, daß die Erlaubnis zur Unterfahrung seitens der Grundbesitzer künftig gegen Vergütung etwa entstehender Gebäudeschäden gewährt werden solle. Report S. 74.

[3]) So z. B. in Paris die Unterhöhlung des Bodens durch weitverzweigte und in ihrem Verlauf unbekannte Steinbrüche. Ein vergleichender Bericht über diese Verhältnisse steht von technischer Seite zu erwarten.

großstädtische Verkehr innerhalb der Straßen gebraucht die für diesen Zweck geeigneten Verkehrsmittel (Straßenbahn, Kraftwagen, Omnibusse), die eine von dem Schnellverkehr völlig verschiedene Aufgabe zu erfüllen haben. Die seitherige Entwicklung hat bewiesen, daß die unabhängig von der Straße geführten Schnellverkehrslinien (Stadtbahnen, Eisenbahnen usw.) nicht die Wirkung haben, den Verkehr von der Straße wegzuziehen, sondern daß nach wie vor ein Bedürfnis für die an die Straße selbst gebundenen Verkehrsmittel bestehen bleibt [1]). Fehlerhaft dagegen ist die Ordnung des Verkehrswesens, die den Straßenbahnen diejenigen Leistungen zuweist, die der Schnellverkehr zu erfüllen hat.

Auf die Einheit von 1 Million Einwohner zurückgeführt, ergeben sich an Straßenbahnstrecken für das Jahr 1905 in

London	Paris	Berlin
67,5	106,0	116,6 Kilometer

Straßenbahn auf je 1 Million Einwohner. Auch dieser Vergleich aber zeigt nicht die richtigen Verhältnisse; denn da er nur die Streckenlänge an sich berücksichtigt, gibt er kein zutreffendes Bild von der verschiedenartigen Bedeutung und Benutzung der Straßenbahnen in den drei Großstädten. Berlin besitzt nicht nur der Streckenlänge nach das größte Straßenbahnnetz; sondern den Straßenbahnlinien fällt hier, infolge ihrer Lage, der größte Teil des städtischen Verkehrs überhaupt zu; vgl. die Tabelle oben S. 119. Die Berliner Straßenbahnstrecken führen durch die Hauptverkehrsstraßen der Innenstadt und werden in einer nahezu ununterbrochenen Wagenfolge befahren; während in London die inneren Straßen vollständig, in Paris wenigstens teilweise, den Straßenbahnen verschlossen sind. In Berlin bildet die Straßenbahn das Hauptverkehrsmittel i n n e r h a l b der Großstadt; in London dagegen besorgt die Straßenbahn den Verkehr der äußeren Bezirke und dringt nicht in den inneren Stadtkern ein.

Für die Baukosten der Straßenbahnen seien folgende Beispiele gegeben:

---

[1]) The construction of underground railways has not taken off the streets a sufficient number of people to affect substantially the demand for street conveyances, or to diminish the street congestion. Royal Commission on London Traffic S. 55.

Baukosten von Straßenbahnen auf 1 km.

		Mark	
London Doppelgeleis fertige Anlage	bei Oberleitung	493900	London County Council
	bei Unterleitung	657500	
Berlin Doppelgeleis für den Geleisbau als solchen (Schienenmaterial, Verlegen, Unterbau und Straßenbefestigung)			
	in Holzpflaster	190000	Große Berliner Straßenbahn
	„ Asphalt	180000	
	„ Steinpflaster I. Klasse	150000	
	„ „ II. u. III. „	145000	
	„ „ IV. „	115000	
	„ „ V. „	110000	
	„ „ VI. „	100000	

Die Ziffern sind für beide Städte nicht vergleichbar. Für Berlin treten noch hinzu die Kosten für die elektrische Leitung, bei Oberleitung 14—18000 Mark für den km, bei Unterleitung in Asphalt 325000 Mark, in Steinpflaster 280000 Mark für den km. Ferner sind hinzuzurechnen die Kosten für Kabel, Röhrenverlegungen und Umformerstationen. (Nach freundlicher Auskunft der Direktion der Großen Berliner Straßenbahn.)

Die Baukosten der Straßendammbahnen sind, gegenüber den Kosten der Stadtbahnen mit eigenem Bahnkörper, sehr niedrig (vgl. oben S. 125). Schon aus diesem Umstand ergibt sich, daß der Straßenbahn dauernd ein weites Feld im Stadtverkehr bleibt und daß sie den eigentlichen Stadtbahnen vielfach ergänzend zur Seite treten kann. Insbesondere für die Leitung des Verkehrs in den Außenbezirken und für die Aufschließung neuen Baugeländes wird die billig angelegte Straßenbahnlinie stets wichtige Leistungen für das Wohnungswesen zu erfüllen haben. Eine geringe Bebauungsdichte ist schon hinreichend, um die Anlage einer Straßenbahnlinie zu ermöglichen. Nach den von Paul Möller angestellten Berechnungen genügt bereits eine landhausmäßige Bebauung mit Grundstücken von $^1/_6$ ha für jede Familie, um die Betriebskosten einer Straßenbahnlinie zu decken [1]).

[1]) Paul Möller, Wohnungsnot und Grundrente. Conrads Jahrbücher Bd. 78, 1902, S. 32.

Mit Bezug auf das städtische Verkehrswesen ist endlich noch ein wesentliches Moment hervorzuheben. Auch für die Leistungsfähigkeit der Verkehrsmittel ist nicht oder nicht in erster Linie die Dichtigkeit der Bevölkerung entscheidend, sondern das System der Stadtanlage und des Bebauungsplanes, das der Verkehrsentwicklung günstig oder ungünstig sein kann. Der Verkehr stellt bestimmte Anforderungen an die Technik des Städtebaus; er bedarf der Berücksichtigung in der Straßenführung. Eine dichtbesiedelte Stadt kann unter Umständen der Entwickelung der Verkehrsmittel die schlechtesten, eine weiträumige Stadt dagegen die besten Voraussetzungen bieten. Ein Schachbrettsystem von gleichwertigen Straßen ist für den Verkehr ungünstig. Die günstigsten Bedingungen für die Entwicklung des Verkehrs sind vielmehr dann gegeben, wenn in dem System der Stadtanlage die Längslinie (Verkehrslinie) betont wird. Die städtebautechnische Herausarbeitung der Verkehrslinie ist für die Gestaltung des Verkehrswesens von sehr viel höherer Bedeutung als die Zusammendrängung der Wohnbevölkerung [1]).

Drittes Kapitel.

Die Bauverwaltung.

Über die Tätigkeit der Bauverwaltung bringen die Verteidiger der Mietskaserne in der Hauptsache nur endlose verärgerte Polemik, dagegen kaum irgend welche selbständigen Ausführungen. Die wichtigsten Anschauungen von Voigt & Geldner über Bauordnung und Bebauungsplan lassen sich nur aus eingeflochtenen

---

[1]) „Im allgemeinen glaube ich, daß es wünschenswert wäre, daß das in Deutschland meist angewandte Schachbrettsystem verlassen würde und daß man sich der Straßenführung nähere, die der englische Städtebau zeigt. Das Quadrat, die der Bebauung wie dem Verkehr gleich ungünstige Form, ist hier vermieden, die Längslinie (Verkehrslinie) ist betont; Querstraßen sind in dem Maße vorgesehen, wie es die Kommunikation erfordert. Der Ausdehnung der Stadt ist eine bestimmte Richtung gegeben; die Verkehrsbewegung und hiermit die Ausbildung der Verkehrsmittel findet die günstigsten Bedingungen; die Straßenführung und -vermehrung erscheint hier wesentlich erleichtert — alles Vorzüge, die dem Quadratsystem fehlen, auch da wo es nicht so tendenziös verarbeitet wurde, wie in Berlin." Städtische Bodenfragen S. 111.

Bemerkungen in den oben S. 41 fg. u. 94 fg. behandelten Kapiteln über die Bauten der Strassmannstraße und des Goetheparks entnehmen. Eine Reihe eingestreuter Erörterungen über die Bauverwaltung findet sich ferner in einem mit „Wohnungshygiene und Bauordnung" überschriebenen, im Zickzack verlaufenden Kapitel. In diesem Kapitel bemühen sich die Verfasser, an einer Aufzählung bunt zusammengewürfelter Angaben zu zeigen, daß man von allem, was wahr und erwiesen ist, auch das Gegenteil behaupten kann. Die hierbei angewandten Mittel sind die uns von früher bekannten: Aufstellung unrichtiger Behauptungen mit anschließenden Widersprüchen. Es sei hierfür das folgende Beispiel erwähnt:

„Was wir in Deutschland an städtischen Kleinhäusern zum Alleinbewohnen besitzen, schliesst ohne Zweifel das schlechteste mit in sich, was überhaupt an Wohnungen vorhanden ist (sic). Die Bremer Ganghäuser können hier als abschreckendes Beispiel (sic) dienen. . . . Das sind Unterschiede der Sterblichkeit, welche sich nicht durch die Verschiedenheit der Gesellschaftsklasse oder des Altersaufbaues allein erklären lassen. Daß sie vielmehr mit den ungesunden Verhältnissen der Wohnungen zusammenhängen, geht schon aus dem starken Überwiegen der Infektionskrankheiten (sic) und der Krankheiten der Lunge und Atmungsorgane hervor . . . Dem Hygieniker dürfte es auch nicht schwer fallen, aus der Beschaffenheit dieser Häuser, die zum weitaus größten Teile Einfamilienhäuser sind, die hohe Sterblichkeitsziffer zu erklären (sic). Es genügt, die durchaus nicht pessimistisch gefärbte Beschreibung der Ganghäuser in den Mitteilungen des Bremischen Statistischen Amtes zu lesen" (S. 255).

Wir wollen es nun dem Leser ganz bequem machen und die ihm zur Lektüre empfohlenen Mitteilungen des Bremischen Statistischen Amtes über die sog. Gangwohnungen gleich hier wörtlich zum Abdruck bringen:

„Die hier untersuchten Bezirke gehören gerade zu den dürftigsten. Diese Tatsache ist bei einer Würdigung der Gesundheitsverhältnisse im Auge zu behalten. Die Gesamtsterblichkeit war auf 10,000 Bewohner der Gänge berechnet, durchschnittlich jährlich 285,1, während die gleiche Berechnung bei der gesamten Stadt nur 205,1 ergab. . . . . Wieviel unter diesen Umständen gerade der mangelhafte Zustand der Wohnungen zu der Erhöhung der Sterblichkeit beiträgt und wieviel wir der ungünstigen wirtschaftlichen Lage, der mangelhaften oder unzweckmäßigen Ernährung und ähnlichen Begleiterscheinungen der Dürftigkeit zurechnen müssen, wird sich ziffernmäßig nicht nachweisen lassen (sic). Dasselbe gilt für die Sterblichkeit der Erwachsenen (sic). Die Höhe dieser Sterblichkeit wird ganz überwiegend durch die Verbreitung der Lungenschwindsucht und anderer Erkrankungen der Atmungsorgane verursacht. Dagegen sind die Sterbefälle an den bekannteren Infektionskrankheiten wie Scharlach, Diphtherie, Kindbettfieber, Typhus und anderen nicht größer, sondern sogar vielfach wesentlich geringer gewesen als in der ganzen Stadt (sic). Nur Masern machen dabei eine auffällige Ausnahme. Es ist das eine Beobachtung, die auch anderwärts gemacht worden ist Man hat geradezu behauptet, daß die Diphtherie eine Krankheit der in günstigeren Verhältnissen lebenden Kinder, Masern dagegen eine solche der ärmeren Kinder sei, und das scheint auch hier bestätigt zu werden (sic). Auffällig ist es, daß in der ganzen Beobachtungszeit nur eine Person am Typhus gestorben ist, während man nach den ungünstigen Zuständen in den Kloset- und Abwässerungsanlagen gerade hier eine besonders hohe Sterblichkeit annehmen sollte (sic)[1]."

Von alledem, was das Statistische Amt schließt und behauptet, haben Voigt & Geldner glattweg das Gegenteil unterstellt. Das Statistische Amt geht davon aus, daß ein Bevölkerungsteil in besonderer wirtschaftlicher Lage, nämlich die dürftigsten, ärmsten Bezirke hier isoliert betrachtet werden. Hervorgehoben wird das Überwiegen der Arme-Leute-Krankheiten. Den Grundzug der Sterblichkeitstabelle bildet die Höhe der Kindersterblichkeit[2]; die Todesursachen sind in der Hauptsache solche, die mit schlechter Lebenshaltung, schlechter Ernährung, schlechter Konstitution zusammenhängen. Die wirtschaftlichen Verhältnisse bilden nach dem statistischen Amt einen entscheidenden Faktor bei der Sterblichkeit der Kinder ebenso wie bei der der Erwachsenen. Bei den bekannteren Infektionskrankheiten dagegen ist die Sterblichkeit eine geringere als im Durchschnitt der Stadt. Die einzige Infektionskrankheit, die man unmittelbar auf eine ungünstige Wohnungsanlage zurückführen müßte, der Typhus, fehlt in den Wohngängen so gut wie vollständig. —

Doch der Leser wird fragen: wie geraten die Gangwohnungen überhaupt unter die heutigen Bauordnungen? Unter einem „Wohngang" versteht man in den drei Hansestädten eine Wohnungs-

---

[1]) Mitteilungen des Bremischen Statistischen Amtes 1902 Nr. 2, Beiträge zur Bremischen Wohnungsstatistik von Dr. Wilhelm Böhmert, S. 10 ff. Vgl. hierzu die Sterblichkeitstabelle, deren Material im ganzen 702 auf einen Zeitraum von 18 Jahren verteilte Todesfälle, also im Durchschnitt 39 Fälle auf das Jahr umfaßt. Dr. Böhmert warnt im übrigen ausdrücklich davor, „aus dieser geringen Zahl von Todesfällen allzu rasche Schlüsse zu ziehen;" a. a. O. S. 14.

[2]) Die Altersklasse von 1 bis 5 Jahren zeigte Todesfälle in 18 Jahren (1872/89): Masern, Scharlach, Diphtherie 38; Lebensschwäche 24; Atrophie 34; Hirnhautentzündung 36; Krämpfe 43; Lungenschwindsucht 14; andere Krankheiten der Atmungsorgane 73; Krankheiten der Verdauungsorgane 49; unbekannte verschiedene Ursachen 15.

anlage, die in das Innere des Baublocks zur Ausnutzung des Hinterlandes hingeschoben ist. Von der Straße her erfolgt der Zutritt durch einen schmalen Hausgang, der sich nach dem Blockinnern als eine enge Gasse fortsetzt. Diese Hofgasse ist häufig auf beiden Seiten, oft auch nur auf einer Seite, von flachen, 5 bis 7 Meter tiefen Wohnhäusern eingefaßt. Solche Wohngänge bestehen in großer Zahl, jedoch mit ganz verschiedenen Zuständen, in Hamburg, Bremen und Lübeck. Gemeinsam ist den Gängen der drei Städte, daß sie in ihrer alten Form einen längst verlassenen, von der Baupolizei seit Generationen nicht mehr gestatteten Bautypus darstellen. Die Ganghäuser gehen z. T. auf das achtzehnte Jahrhundert, ein anderer Teil auf den Anfang und einige wenige auf die Mitte des neunzehnten Jahrhunderts zurück; sie enthalten die ältesten und weitaus billigsten Wohnungen der drei Hansestädte.

Den besten Zustand zeigen die Ganghäuser in Lübeck. Seit der Hamburger Choleraepidemie sind sämtliche Wohngänge in Lübeck mit Klinkerpflaster, Sielen und öffentlicher Beleuchtung versehen. Ein erheblicher Teil der Ganghäuser steht im Eigentum der in Lübeck besonders zahlreichen Stiftungen und wird von Pfründnern bewohnt. Andere sind im Besitz von kleinen Handwerkern und Arbeitern. Vielfach finden sich hier wohlgepflegte Gartenanlagen; manche dieser Gänge haben ein besonders freundliches, einige ein vortreffliches Aussehen. Andere sind minder gut, aber entsprechend billiger. Die Instandhaltung der Ganghäuser — wie übrigens die eines jeden Hauses — hängt von der Beschaffenheit der Bewohner ab. Ist die Bewohnerschaft gut, so wird das Haus gut gehalten; ist sie schlecht, so wird das Haus unsauber und verwahrlost [1]).

Eine andere Wohnungskategorie als die Lübecker stellen die Bremer Wohngänge dar; sie werden, wie oben bemerkt, von der ärmsten Einwohnerklasse bewohnt. Die ungünstigen Eigenschaften dieser Gangwohnungen werden in den oben erwähnten „Statistischen Mitteilungen“ von Dr. Böhmert genau hervorgehoben. Aber andererseits verweist Böhmert auf die Vorzüge und auf die Beliebtheit

---

[1]) Vgl. über die verschiedenen Wohnungsklassen mein „Wohnungswesen“ S. 36 und die Schilderung einer verwahrlosten „Prachtstraße“ Rhein. Wohnverhältnisse S. 25.

der Ganghäuser bei den Wohnungsinhabern[1]). — Daß diese Einfamilienhäuser, wie V. & G. sagen, „das schlechteste an Wohnungen in Deutschland überhaupt in sich schließen", ist eine geradezu wahrheitswidrige Behauptung. Von den gleich zu erwähnenden Hamburger Wohnungen wollen wir hier absehen. Der Leser möge vielmehr nur irgend ein Heft der Wohnungsenqueten aufschlagen, die die Krankenkasse der Kaufleute in Berlin jährlich veröffentlicht; er wird dort Schilderungen und Abbildungen von Wohngelassen und Zuständen finden, denen kein Bremer Wohngang etwas ähnlich trauriges und trostloses an die Seite zu stellen hat[2]). Es ist schwer verständlich, dass V. & G. von diesen vielerörterten Verhältnissen nichts wußten. Dabei handelt es sich bei den Berliner Wohnungen nicht um Altertümer, sondern um Mietskasernen der neueren Zeit.

Die schlechtesten Zustände dagegen bestehen in den Gangwohnungen von Hamburg; in ihnen befanden sich die Seuchenherde der Cholera. Sie enthalten in der Tat neben den Berliner

---

[1]) „Es läßt sich somit nicht leugnen, daß die Ganghäuser vom Standpunkte einer gesunden Wohnungspolitik aus zu manchen Bedenken Anlaß geben. Diesen Bedenken stehen aber auch große Vorteile gegenüber. Vor allem ist hier die Billigkeit hervorzuheben, die wohl hauptsächlich das Fortbestehen dieses Wohnungstypus veranlaßt. Ärmere Familien mit zahlreichen Kindern finden in Zeiten des Wohnungsmangels schwer Unterkommen und suchen dann mit Vorliebe solche Ganghäuser auf, die sie den Souterrains vorziehen. Sie haben dabei noch den besonderen Vorteil, daß die Kinder in dem von der Straße abseits liegenden Gang ohne Aufsicht oder sich gegenseitig beaufsichtigend spielen können. Ein weiterer Vorteil liegt in der zentralen Lage in der Nähe der wichtigsten Arbeitswerkstätten. Auch die Vorliebe für ein eigenes Heim spielt eine große Rolle. Die Billigkeit der Miete macht das Halten von Schlafgängern unnötig. Es wäre daher auch ein großer Irrtum, wenn man annehmen wollte, daß die Häuser nur im Notfalle bezogen werden. . . . . Die alten Bewohner und solche, die vom Lande oder aus dem Osten kommen und keine großen Anforderungen an die Bequemlichkeit der Wohnung stellen, befinden sich in den Ganghäusern sehr wohl und haben das auch bei der Untersuchung vielfach zum Ausdruck gebracht. Etwa ein Viertel aller Bewohner wohnte schon länger als 10 Jahre in derselben Wohnung, viele länger als 30 Jahre." Böhmert a. a. O. S. 8. Der von V. & G. S. 256 gegen Karl Bauer gerichtete Vorwurf, er „müsse aus einer hygienisch sehr getrübten Quelle geschöpft haben", erscheint darnach kaum gerechtfertigt.

[2]) Wohnungsenquete der Ortskrankenkasse für das Gewerbe der Kaufleute, Handelsleute und Apotheker, herausgegeben von Alb. Kohn, Berlin seit 1903 jährlich.

Mietskasernen „das schlechteste, was in Deutschland an Wohnungen vorhanden ist", und sind wirklich als „abschreckendes Beispiel" allenthalben bekannt geworden.[1]) Nur Voigt & Geldner wissen nichts von diesen Dingen. Denn — und damit dürfen wir wohl das Argument der Gangwohnungen verlassen — diese Hamburger Ganghäuser sind gerade keine Einfamilienhäuser, sondern Etagenhäuser. Der „schwarze Morian" und die andern vielberufenen Wohngänge der Niedernstraße und der Steinstraße in Hamburg enthalten keine Kleinhäuser zum Alleinbewohnen; sondern sie sind zu ihrem Glück mit dem von V. & G. innigst gewünschten System des Stockwerkbaus ausgestattet. —

Die Beziehungen zwischen Bauordnung, Bebauungsplan und Hausformen werden von V. & G. folgendermaßen dargestellt:

„Daß die Mietskaserne in der engeren Bedeutung des Wortes nur da entstehen kann, wo die Baublöcke zur Entwicklung von Hintergebäuden und Höfen hinreichend groß sind, ist selbstverständlich. Insofern mag diese Mietskaserne als ein Produkt des Bebauungsplanes gelten; das hat noch niemand bestritten. — Unbestreitbar aber ist auch, daß die Mietkaserne im gewöhnlichen Sinne, das hohe Etagenhaus, ein Produkt der historischen Entwickelung ist und überall aus dem Bestreben nach möglichster Ausnutzung des knappen oder teuren städtischen Bodens entstanden ist, wo nicht eine kräftige Wohnsitte oder neuerdings die Bauordnung es hinderte." (S. 272.)

Die Berliner Mietskaserne ist also nach der eigenen Meinung von V. & G. ein Produkt des Bebauungsplans; und — niemand hat dies bestritten. Wir könnten uns dieses Eingeständnisses, daß die Polemik von V. & G. in diesem Punkt gegenstandslos ist, freuen. Aber leider bringen die folgenden Sätze wieder eine Fülle von neuen Unrichtigkeiten und Unterschiebungen. Unrichtig und kaum der Zurückweisung bedürftig ist die überraschende Behauptung, daß das hohe Etagenhaus und die Mietskaserne eins und dasselbe sind. Diese auffällige Unterschiebung kann nur den Zweck haben, den Leser zu täuschen und zu persönlichen Angriffen einen Vorwand zu liefern, indem die Gegner der Mietskaserne zu Gegnern des Stockwerksbaus gestempelt werden[2]). Kein Wohnungsreformer ist ein Gegner des Stockwerksbaus. Im

---

[1]) Vgl. übrigens bezügl. der älteren Hamburger Wohnhäuser C. J. Fuchs, Die Hamburger Sanierung, Zeitschr. für Wohnungsw. III S. 277.

[2]) Vgl. die Umgrenzung der Mietskaserne oben S. 70.

übrigen ist nicht nur das Etagenhaus keine Mietskaserne, sondern es ist nicht einmal jedes hohe oder mehrstöckige Haus auch nur ein Mietshaus. — Erfunden und in ihrer Oberflächlichkeit keine Widerlegung verdienend ist die Behauptung, daß die Mietskaserne oder das hohe Etagenhaus ein Produkt der historischen Entwickelung sei.[1]) Schon die Verschiedenheit der Hausformen in den einzelnen Ländern zeigt die Unrichtigkeit dieser Annahme. In Deutschland insbesondere geht die ununterbrochene geschichtliche Entwickelung auf das Dreifensterhaus, das sich in einem großen Teil Deutschlands noch heute erhalten hat. Die Entstehung der Mietskaserne dagegen beruht auf bestimmten Voraussetzungen, die im einzelnen nachweisbar und nachgewiesen sind. — Unrichtig ist endlich die Behauptung, daß die Mietskaserne „auf knappem oder teurem städtischem Boden“ entstanden sei. Vielmehr ist die Mietskaserne stets in den Außenbezirken und auf reichlich vorhandenem Boden entstanden, der durch die gedrängte Bauweise erst künstlich verteuert worden ist.

Zum Schluß geben Voigt & Geldner S. 280 ff. eine Zusammenfassung ihrer Anschauungen von den Gebieten des Bebauungsplans und der Bauordnung. Die Darlegung ist eine Sammlung von Trivialitäten, die in anspruchsvollster Form vorgetragen werden; es wäre ganz zwecklos, den Leser mit den Einzelheiten bekannt zu machen, von denen ich eine Stichprobe in der Anmerkung mitteile.[2]) Nur eine Stelle mag vielleicht der Hervorhebung bedürfen:

„Wir wollen keineswegs nur die Mietkaserne, aber auch sie, und sie besonders als billigstes Wohnhaus für die niedrigste Einkommenklasse. Wenn man von der Wohlfeilheit der Mietkaserne nicht überzeugt ist, möge man doch zum Vergleiche daneben auch das Einwohnungshaus baupolizeilich erzwingen (!), indem man einen Teil des Ausdehnungsgebietes der Stadt dieser Bauweise vorbehält und das Kleinhaus hier in seiner billigsten Form zu verwirklichen suchen.“

Also das Einwohnungshaus soll zum Vergleich neben der Mietskaserne baupolizeilich erzwungen werden. Wie schade, daß dieser Vorschlag nicht drei Jahre früher gemacht wurde, dann

---

[1]) Vgl. die Schilderung der Entwickelung der städtischen Bauweise, mein „Wohnungswesen“ S. 9 fg.

[2]) So heißt es S. 281: „Mit der Gebäudehöhe werde auch die Ausnutzbarkeit der Fläche nach Möglichkeit variiert. Namentlich auch sei der Bebauungsplan, die Breite der Straßen und die Größe der Baublöcke keiner einseitigen Schablone unterworfen.“ Der Allgemeinheit dürften diese Forderungen bisher nicht ganz unbekannt gewesen sein.

hätte man ihn gleich auf den Grundstücken Straßmannstraße Nr. 3 bis 5 erproben können. Die Worte von V. & G. sind gewiß ehrlich gemeint, und die Verfasser hätten sicherlich nichts dagegen einzuwenden gehabt, wenn man das Experiment des baupolizeilich erzwungenen Einwohnungshauses zunächst an ihren eigenen Grundstücken ausgeführt hätte. — Der Vorschlag bildet den würdigen Abschluß eines mit den unzulässigsten Mitteln arbeitenden Buches. Die Verfasser wissen genau, daß es unmöglich ist, neben der Mietskaserne das Einwohnungshaus oder auch nur das Kleinhaus in seiner billigsten Form zu verwirklichen. Die Preisbildung der Bodenwerte steht dem entgegen. Wohl kann man neben der Mietskaserne vornehme Landhausbezirke aussondern, in denen der Wert der Lage den Wert der gedrängten Bauweise ausgleicht. Aber auch in diesen Bezirken drängt der Bodenpreis in der Nachbarschaft der Mietskaserne bald auf viergeschossige Bauten, die von anderer Seite als „landhausmäßige Mietskasernen“ bezeichnet werden [1]). Wo die Mietskaserne eindringt, rottet sie durch die Steigerung des Bodenpreises den Kleinbau naturgemäßer Weise aus; selbst polizeiliche Zwangsvorschriften sind, wie die Erfahrung zur Genüge gezeigt hat, unhaltbar, sobald die Mietskaserne an die Bebauungsgrenze heranrückt. Die Mietskaserne duldet keine anderen Götter neben sich. Der Vorschlag, auf oder neben dem durch die Mietskaserne verteuerten Boden billige Kleinhäuser zu errichten, reiht sich nach seiner Ehrlichkeit und Wissenschaftlichkeit vollgültig den Lehren an, die wir zuvor kennen lernten.

[1]) Paul Voigt, Grundrente und Wohnungsfrage in Berlin und seinen Vororten; Jena 1901 S. 134.

VIERTER ABSCHNITT.

Gegnerschaft in der Nationalökonomie.

Erstes Kapitel.

Sachliche Grundlagen der Polemik.

Von den zehn Kapiteln des Buches „Kleinhaus und Mietkaserne“ sind nach den Angaben der Verfasser neun von Professor Andreas Voigt verfaßt. Diese neun Kapitel sind erfüllt von einer Polemik, wie sie nach dem einmütigen Zeugnis der wissenschaftlichen Kreise bisher in der Nationalökonomie noch nicht erlebt worden ist. Die Angriffe Voigts richten sich gegen die Professoren Brentano, Schmoller und Ad. Wagner: in der Hauptsache aber betreffen sie meine Person und meine Arbeiten. Von Seite 31 des V. & G.'schen Buches ab mögen sich nur wenige Seiten finden, auf denen nicht mein Name in Sperrschrift von Angriffen begleitet in die Augen fällt.

Die Polemik Prof. Voigts gegen meine Arbeiten bildet nicht allein den äußerlich am meisten hervortretenden Bestandteil, sondern auch nach der wissenschaftlichen Seite eine der wesentlichen Grundlagen seines Buches. Wie in den Tabellen der Straßmannstraße und in den übrigen Argumenten Mietskaserne und Bodenspekulation empfohlen werden, so sollen durch die gegen mich gerichtete Polemik die entgegenstehenden wissenschaftlichen Anschauungen aus dem Wege geräumt werden. Zu diesem Zweck stellt Prof. Voigt ein System von sachlichen Behauptungen auf, die, wenn sie zutreffend wären, die in meinen Arbeiten vertretenen Grundsätze aus der Wissenschaft beseitigen müßten. Hierdurch ist auch der Standpunkt für meine Erwiderung gegeben. Die einzige Frage, die ich im folgenden zu beantworten habe, lautet: ist das, was Prof. Voigt vorbringt, wahr oder unwahr?

Nur an dieser Frage hat die Wissenschaft ein Interesse, und lediglich zur Berichtigung wissenschaftlicher Urteile können die folgenden Darlegungen Aufmerksamkeit beanspruchen. Auf die persönlichen oder aus subjektiven Werturteilen bestehenden Angriffe Prof. Voigts auch nur mit einem Wort zu erwidern lehne ich dagegen ab.

Zur genaueren Abgrenzung habe ich die hier zu behandelnden Fragen in Artikel gefaßt und mit Nummern versehen. Da Prof. Voigt selber fernliegende Dinge in seine Polemik hereingezogen hat, so müssen leider auch unsere Ausführungen in den beiden ersten der nachfolgenden Punkte aus dem Rahmen der Wohnungsfrage heraustreten. Die übrigen Erörterungen gehören dagegen der Wohnungsfrage an und bringen zu den einzelnen Punkten Material von allgemeinerem Interesse.[1])

1. Zu Beginn seiner Darlegungen erklärt es Prof. Voigt, „obwohl dies eine kleine Abschweifung zu sein scheint," in erster Linie für erforderlich, meine zunftgeschichtlichen Untersuchungen heranzuziehen und meine Arbeitsweise zu charakterisieren. Meine Arbeiten werden nach der Behauptung von Prof. Voigt dadurch gekennzeichnet, daß ich, um eine Theorie zu konstruieren, historischen Ereignissen rückwirkende Kraft verleihe und deren Reihenfolge willkürlich ändere (S. 39 f.). Diese Beschuldigung wird von Prof. Voigt dadurch belegt, daß er mir die Erfindung einer Theorie des Aufsteigens der mittelalterlichen Handwerker — die Theorie der „Stufenfolge" — zuschreibt, wobei ich die Reihenfolge und das Alter eines mittelalterlichen Gesetzes, der lex Burgundionum, willkürlich verschoben haben soll. Hierzu erkläre ich: jedes Wort an diesen Behauptungen Prof. Voigts ist eine Unwahrheit. Die genannte Theorie besteht seit mehr als fünfzig Jahren und wird von namhaften Historikern Deutschlands und Frankreichs (wie Nietzsch, Geering, Fagniez u. a.) vertreten; ich selbst dagegen habe die Anwendung dieser Theorie auf meinem Arbeitsgebiet entschieden abgelehnt und bekämpft.

Zur Erläuterung bemerke ich, daß eine gewerbegeschichtliche Theorie, die „Stufenfolge" genannt, das allmähliche (stufenmäßige) Aufsteigen der mittelalterlichen Handwerker von der Hörigkeit

---

[1]) In der Hauptsache wird es in dem folgenden Kapitel genügen, die Klarstellung im Text zu lesen; die Anmerkungen enthalten nur einige ausführlichere Erläuterungen.

zur Freiheit behauptet und hierfür vier Stufen angibt. Jede dieser vier Stufen wird durch das Beispiel einer Urkunde belegt; die erste Stufe wird durch das Kapitular de villis (ein Gesetz Karls des Großen), die zweite durch das Beispiel der sog. „lex Burgundionum" (ein frühmittelalterliches Volksrecht) dargestellt. Anhänger wie Gegner des Stufenschemas sind darüber einig, daß die in den ersten Belegstellen geschilderten Zustände vor bezw. nach dem Datum der betreffenden Gesetze (Kap. de villis und „lex Burgundionum") bestanden haben, und daß die beiden Belegstellen eine jedem Historiker sofort verständliche Illustration mittelalterlicher Rechtsverhältnisse darstellen.[1])

Ich selbst habe indes weder mit der Konstruktion der Theorie noch mit ihren Belegstellen auch nur das allergeringste zu tun. Meine Arbeiten gehen vielmehr, wie jeder Leser meiner Schriften weiß, gerade davon aus, daß ich es ablehne, die Stufenfolge für das Gebiet meiner Untersuchungen heranzuziehen.[2])

[1]) Zum Überfluß hat einer der bekanntesten Vertreter der Stufenfolge, Gustav Fagniez, dies ausdrücklich hervorgehoben, Etudes sur l'Industrie, S. 2. — Vgl. die Darstellung des Schemas bei Georg von Below, Historische Zeitschrift 1887 Bd. 58 S. 217. Georg von Below behauptet gar, daß das in der lex Burgundionum geschilderte Verhältnis noch zu Ende des zwölften Jahrhunderts, im Jahre 1182, in Worms bestanden habe; a. a. O. S. 217.

[2]) Die Originalstelle in meinem „Ursprung des Zunftwesens" S. 2 lautet: „Die beiden Auffassungen, die sich (hinsichtlich der Entstehung des Zunftwesens) schroff gegenüberstehen — ich muß hier allbekannte Dinge wiederholen — sind die von der sogenannten Stufenfolge und von der freien Einung. Die erstgenannte Anschauung nimmt ein allmähliches Aufsteigen der Handwerker von der Hörigkeit zur Freiheit an, wie es in zeitlicher Folge dargestellt wird durch das Kapitular de villis, die lex Burgundionum, das erste Straßburger Stadtrecht und die Sententia Kaiser Friedrichs für Worms vom Jahre 1182 (L. L. II. 165). Die zweite Anschauung bestreitet jenes stufenmäßige Aufsteigen der städtischen Handwerker; sie betrachtet das freie Vereinswesen als die bildende Kraft der Zunft, und auch für die unfreien Handwerker wird angenommen, daß sie nicht allmählich, sondern mit einem Schlage zur Freiheit gelangen . . . Gemeinsam erscheint diesen beiden Anschauungen, so sehr sie sich wechselseitig bekämpfen, der Mangel eines organischen Übergangs zwischen den älteren und den späteren Einrichtungen . . . Gegenüber diesem negativen Ergebnis mußte der Versuch gemacht werden, die verschiedenen Quellen, aus denen das Zunftwesen seinen Ursprung zieht, rückwärts zu verfolgen." — Wenn Prof. Voigt sich auf das Buch von Fr. Keutgen, Ämter und Zünfte, Jena 1903, S. 49 beruft, so ist auch diese Angabe unrichtig. Im Text seines Buches S. 49 nennt Keutgen meinen Namen überhaupt nicht. In der Anmerkung S. 49 Nr. 121 dagegen hat Keutgen die meinem „Ursprung

Bezeichnender Weise hat Prof. Voigt diesen Angriff, der in der Tat charakteristisch ist, allen andern vorangestellt. An den verschiedensten Stellen seines Buches kommt dann Prof. Voigt auf den Vorfall mit der „lex Burgundionum“ zurück. Jmmer von neuem werde ich in „Kleinhaus und Mietkaserne“ auf Grund dieser erfundenen Beschuldigung gekennzeichnet. Ich darf es mir wohl versagen, die Handlungsweise von Prof. Voigt mit dem Ausdruck zu bezeichnen, den sie verdient.

2. Zur weiteren Charakteristik — ich bedaure gewiß am meisten, auf solche Dinge hier eingehen zu müssen — gibt Prof. Voigt S. 38 einen Ausspruch Georg v. Belows wieder, der hinsichtlich meiner ersten zunftgeschichtlichen Untersuchung „Magisterium und Fraternitas“ besagte: „Die Kritik hat einstimmig E.'s Beweisführung als vollkommen mißglückt bezeichnet; nur eine Kritik hat sich zustimmend geäussert, und diese — war von E. selbst verfaßt.“ Ich habe diese unwahre Angabe, die von Prof. Georg v. Below s. Zt. wider besseres Wissen gemacht war, durch meine Berichtigung, Ursprung des Zunftwesens, Leipzig 1900, S. 177, längst für erledigt gehalten. Nachdem Prof. Voigt auf die alte Äußerung zurückgekommen ist, muß ich nochmals erklären: ich habe niemals eine zustimmende oder irgend eine Kritik über meine Arbeiten geschrieben; dagegen habe ich, um gewisse wahrheitswidrige Angaben G. v. Belows zu berichtigen, eine mit meinem Namen unterzeichnete Inhaltsangabe meines Buches „Magisterium und Fraternitas“ in Schmollers Jahrbuch XXII, S. 334f. veröffentlicht. Über die Anerkennung, die das Buch „Magisterium und Fraternitas“ in der Wissenschaft gefunden hat, brauche ich mich nicht zu äußern. Bemerkt sei nur, daß die von meinen Gegnern vorgebrachten Einwendungen, die ausnahmslos auf unrichtigen Angaben beruht haben, längst

des Zunftwesens“ S. 2 entnommene Stelle, wenn auch wohl in unklarer und mißverständlicher Weise, durch Anführungszeichen als ein nicht meine Meinung widergebendes Zitat gekennzeichnet. Den Vertretern der Stufenfolge ist übrigens durchaus kein Anachronismus vorzuwerfen; kein Anhänger der Stufenfolge (es handelt sich, wie oben bemerkt, um Nitzsch, Fagniez und Geering) hat geglaubt, daß das Kapitular de villis älter sei als die lex Burgundionum; vgl. die voraufgehende Anmerkung. Die sog. Stufenfolge (die nach der personenrechtlichen Seite vollständig richtig ist) läßt sich übrigens aus den Straßburger Urkunden des zwölften Jahrhunderts lückenlos belegen.

durch die veränderte Stellungnahme meiner Gegner selber überholt sind.[1])

3. Nach dieser „kleinen Abschweifung“ gelangt Prof. Voigt zu den wohnungspolitischen Arbeiten. Prof. Voigt läßt einen neuen Abschnitt in der Erörterung der Wohnungsfrage eintreten mit dem Erscheinen meiner Abhandlung „Berliner Kommunalreform“ (1892 veröffentlicht in den Preußischen Jahrbüchern, abgedruckt in meinen „Städtischen Bodenfragen“ 1894 S. 1 fg.). Dieser Auffassung gemäß will Prof. Voigt eine Schilderung der Begleitumstände geben, unter denen meine Untersuchung entstanden ist. Die Darlegungen Prof. V.'s über die wohnungspolitischen Zustände des Jahres 1892 sind durchgängig unrichtig. Es dürfte vielleicht von allgemeinem Wert sein, wenn ich einige Angaben über die jetzt 14 Jahre zurückliegenden Verhältnisse mache.

---

[1]) Nachdem Prof. Voigt die Kontroverse über den Ursprung des Zunftwesens in die Erörterung über die — Wohnungsfrage hereingezogen hat, bleibt mir nichts übrig, als zur Orientierung des Lesers einige Angaben über den Stand der Zunftkontroverse zu machen. Prof. Georg von Below vertrat in seinen seit 1885 erschienenen Arbeiten die Anschauung, die mittelalterlichen Zünfte seien im zwölften Jahrhundert plötzlich und ohne organischen Übergang errichtet worden für den Zweck des Zunftzwangs, um die dem Verbande nicht beitretenden Handwerker vom Gewerbe auszuschließen; und zwar sei der Zunftzwang in der überwiegenden Mehrzahl der Zunftbriefe des zwölften Jahrhunderts als der erste Zweck der Zünfte bezeichnet. In meinen Untersuchungen führte ich den Nachweis, daß diese Behauptung von Belows auf einer „offenbaren Beugung der Urkunden“ beruht. (S. meinen „Ursprung des Zunftwesens“ S. 143 ff.). Damit war dieser Teil der Frage erledigt; Georg v. Below griff dann zu einer zweiten Beugung und leugnete seine ursprüngliche Behauptung ab (vgl. meinen „Ursprung des Zunftwesens“ S. 145). — Der Theorie von der plötzlichen Entstehung des Zunftwesens hatte ich den Nachweis der allmählichen Entwickelung der Handwerkerverbände entgegengestellt, gestützt auf eine Reihe von Urkunden, die ich zum Teil in den französischen Archiven aufgefunden, zum Teil aus alten Drucken wieder zugänglich gemacht hatte. Gegen meine Untersuchungen äußerten sich in Kritiken, neben Georg v. Below, Siegfr. Rietschel und Fr Keutgen; vgl. über ihre Behauptungen meinen „Ursprung des Zunftwesens“ S. 167 ff. Im Jahre 1903 veröffentlichte Keutgen eine selbständige Gegenschrift, die sich allerdings ihrem Zweck gemäß mit größter Schärfe gegen mich wandte; aber mit Spott und Hohn die v. Below'sche Theorie ablehnte und eine neue Lehre (die, gleich der meinigen, dualistisch ist) aufstellte. v. Below erklärte nunmehr seinerseits, daß die Keutgen'sche Theorie unhaltbar sei und daß Keutgen — sich durch mich habe verführen lassen; Historische Vierteljahrschrift 1904 Bd. VII S. 553 (vgl. hierzu Deutsche Literaturzeitung 1905 Nr. 9 Sp. 553 fg.)

Bis zum Jahre 1892 herrschten im Städtebau — und zwar bei Freunden wie bei Gegnern des Massenmietshauses — zwei Anschauungen, die wie ein Axiom geglaubt wurden, nämlich 1. die naturgemäß hohen Bodenpreise erzwingen die Mietskaserne; 2. die Mietskaserne ist aus Mangel an Platz entstanden und deshalb ist sie notwendig. Unter der Herrschaft dieser Anschauungen mußte jede Wohnungsreform als aussichtslos erscheinen und das bestehende System des Städtebaus galt als unabänderlich. Der Widerlegung dieser beiden Sätze war meine „Berliner Kommunalreform" zunächst gewidmet. Ich habe gezeigt, daß hinsichtlich des Bodenpreises gerade das umgekehrte Verhältnis bestand: der durch den Berliner Bebauungsplan herbeigeführte Zwang, überall und ohne Rücksicht auf die Lage des Grundstücks Mietskasernen zu errichten, wird in dem hohen Bodenpreis antizipiert. Der natürliche Bodenpreis würde keineswegs die Kasernierung erzwingen. Erst das System der Mietskaserne ist es, das den Bodenpreis künstlich in die Höhe treibt.[1]) Mit Bezug auf den zweiten Satz habe ich festgestellt, daß die Mietskaserne gerade da entstanden ist, wo das Bauland am reichlichsten zur Verfügung steht, in den Außenbezirken und Vororten. Die Mietskaserne ist, wie oben erwähnt, nicht von dem inneren, naturgemäß hochwertigen Bezirk nach außen vorgedrungen, sondern sie hat auf dem billigen und reichlichen Außenboden begonnen.

Diese beiden Ergebnisse haben allerdings einen tiefgehenden Einfluß auf die bodenpolitischen Anschauungen ausgeübt und die Behandlung der städtischen Bodenfrage bei den Technikern und Nationalökonomen wesentlich geändert. Das System des Städtebaues ist seitdem als ein entscheidender Faktor in der Preisbildung der Bodenwerte anerkannt.

Es ist weiter hinzuzufügen, daß die zeitlichen Verhältnisse im Jahre 1892 für meine Arbeiten besonders günstig lagen und daß eine ganze Reihe von Umständen zu dem Erfolg meiner Untersuchungen beigetragen hat. Hierüber sei folgendes bemerkt.

Die Stadt Berlin selbst, wie auch der Städtekomplex, den

---

[1]) Zu diesem heute allgemein anerkannten Satz vgl. noch aus unserer vorliegenden Schrift als bemerkenswerte Beiträge, oben den Bodenpreis der Straßmannstraße ohne Mietskaserne S. 82, und den Preisfall des Geländes des Goetheparks infolge der Unausführbarkeit der Mietskaserne S. 99.

man unter der Bezeichnung „Groß-Berlin“ zusammenfaßt, befand sich damals in baulicher Hinsicht in einer raschen Umwandlung. Mit dem Ende der achtziger Jahre hatte die städtische Ausbreitung infolge einer Reihe von Umständen, die hier nicht der Aufzählung bedürfen (ich erinnere nur an die Schaffung neuer Verkehrslinien, an den Erlaß der Vororte-Bauordnung, an den Ausbau des Straßennetzes und der Kanalisationssysteme), einen großen Umfang angenommen. In den Berliner Außenbezirken, wie in den unmittelbar angrenzenden und in den entfernteren Vororten herrschte eine rege Bautätigkeit. In einzelne Vororte drang gerade jetzt die Berliner Bauweise ein und änderte die Bodenwerte und Mietswerte vollständig. Die Bedeutung des Einflusses der städtischen Bauweise trat hier scharf hervor und drängte sich dem Beobachter fast von selber auf. In einzelne Bezirke, die bis dahin gänzlich unbebaut waren (wie z. B. die weiten Geländeflächen beim Stadtbahnhof Charlottenburg) wurde das Schema der Mietskaserne unmittelbar und unter Ausschluss jeder anderen Bauform übertragen.[1]) In anderen Bezirken wiederum standen neue und alte Bauweise unvermittelt nebeneinander. In einigen Vororten endlich, die bis dahin den Flachbau hatten, wurde erstmalig die Mietskaserne errichtet, und ihre Wirkung auf die Entwickelung der Bodenwerte ließ sich genau studieren.[2])

Somit bot sich damals ein seltenes Zusammentreffen eigenartiger Verhältnisse, wie es schwerlich in der gleichen, für die Beurteilung der Bodenpolitik wertvollen Vollständigkeit wiederkehren wird. Diese Zustände sind es, die ich in meiner „Berl. Komm.-Ref.“ geschildert und festgehalten habe.

4. Bei diesen Untersuchungen zeigte sich mir die Schädlichkeit der systematischen Stockwerkshäufung. Die gedrängte Bauweise forderte in dem gleichen Bezirk allgemein höhere Mieten als der Flachbau. Das Ergebnis dieser Feststellung, die sich später in anderen Städten bestätigte, habe ich in die Formel gefaßt: je höher der Bau, je höher die Mieten. Der Satz ist von entscheidender Bedeutung für das Wohnungswesen und beseitigt jeden Vorwand für das Kasernierungssystem. Prof. Voigt greift

---

[1]) Städtische Bodenfragen S. 6.

[2]) ebenda S. 7.

nun allerdings den obigen Satz in heftigstem Tone an; zur Begründung seiner Angriffe aber vermag er nichts anderes beizubringen als die gröbsten Unwahrheiten. Prof. Voigt unterstellt mir schlechtweg, ich hätte die Begründung für meinen Satz dadurch hergestellt, „daß ich in meinen „Rheinischen Wohnverhältnissen“ zugunsten meiner Anschauung die Höhe der Häuser in Düsseldorf einfach nach dem Datum der Bauordnung von 1896, die die Stockwerkszahl jenseits des Bahndamms beschränkte, bestimmt habe;“ hierbei soll ich „die wesentliche Tatsache übergangen haben, daß lange vor 1896 schon höhere Häuser jenseits des Bahndammes standen, die doch unmöglich von der nach ihrer Erbauung erlassenen Bauordnung beeinflußt sein konnten“ (S. 58 fg.).

Prof. Voigt wagt es, seinen Lesern diese dreiste, von seitenlangen Ausfällen begleitete Erfindung vorzutragen, gegenüber meinen genauen Darlegungen, die mit aller Ausführlichkeit und wiederholt die frühere Errichtung zahlreicher höherer Gebäude und die nachträgliche Einführung der Baubeschränkung in den von der Düsseldorfer Bauordnung von 1896 abgegrenzten Bezirken hervorheben. Prof. Voigt hat hier, wie öfter, die Stelle nicht angegeben, auf die sich seine Behauptung bezieht, und hat hierdurch dem Leser jede Nachprüfung unmöglich gemacht. Der Hinweis auf den nachträglichen Eingriff der Bauordnung ist mit meiner Schilderung auf das engste verflochten und sogar im ersten Absatz vorangestellt, und an zwei folgenden Stellen wird nochmals auf den Sachverhalt hingewiesen:

„Da die geltende Bauordnung überdies erst am 25. April 1896 erlassen worden ist, finden sich auch jenseits des Bahndamms noch in erheblicher Zahl viergeschossige Gebäude, die vor jenem Zeitpunkt entstanden sind“; Rhein. Wohnverh. S. 23. Hierzu noch: „Gebäude älterer Jahrgänge mit vier Stockwerken und Dachgeschoß wechseln mit den dreistöckigen Bauwerken der neuen Bauordnung“, ebenda S. 24 „neben ihnen stehen Bauten der vorigen und der jüngsten Bauordnung“, ebenda S. 26.

Demgegenüber möge man die Ausführungen bei Prof. Voigt S. 58 fg. nachlesen und sich dabei gegenwärtig halten, daß jede der V.'schen Behauptungen auf Unwahrheit und Verfälschung beruht. Am Schluß dieser Erörterungen bemerkt Prof. Voigt nochmals, daß der Fall der Düsseldorfer Bauordnung ebenso liege, wie in der famose Fall der „lex Burgundionum“. Das ist richtig; auch die Handlungsweise von Prof. Voigt ist in beiden Fällen die gleiche und bedarf daher wiederum nicht der genaueren Kennzeichnung.

Sachlich bestätigt Prof. Voigt wie immer die Richtigkeit meiner Angaben. Er sagt am Anfang der Erörterung (Kleinh. u. Mietkas. S. 57): „Der Unterschied der Mieten ist also von Eberstadt im wesentlichen richtig angegeben." Ich erkläre hierzu: meine Angaben über die Rheinischen Wohnverhältnisse sind nicht nur im wesentlichen, sondern bis in die letzte Einzelheit richtig; vgl. auch hierzu oben S. 50.

5. In den heftigsten Ausdrücken und mit den weitgehendsten Schlußfolgerungen wendet sich Prof. Voigt S. 241 fg. gegen meine Darlegungen über das Verhältnis zwischen Geländezufuhr und Bodenpreis. Die Stelle, in der die lex Burgundionum zum dritten Male als Begründung des Angriffs dient, ist gleich bemerkenswert nach der persönlichen wie nach der wissenschaftlichen Seite.

„Genau so wie Eberstadt nach Keutgen Wirtschaftsgeschichte betreibt (sic, siehe oben Nr. 1 S. 138) hat er auch Wohnungspolitik betrieben, das heißt er hat die Tatsachen in das Prokrustesbett seiner Theorie gelegt und in diesem die vierstöckigen Häuser in der Cölnerstraße in Düsseldorf um einen Stock kürzer gemacht, damit die niedrigeren Häuser den niedrigeren Mieten entsprächen (sic; siehe oben Nr. 4 S. 144). Wie Schmoller die Billigung, Förderung und Empfehlung dieser Methode mit den Grundsätzen der historischen Schule zu vereinigen vermag, ist uns unverständlich.

Noch schlimmer als dies aber ist die Willkür, welche Schmoller seinen Schülern bei der Behandlung der volkswirtschaftlichen Grundbegriffe gestattet. — Wenn von Angebot gesprochen wird, so liegt es doch wohl schon im Wort, daß es sich dabei nur um die wirklich angebotenen, nicht aber um die vorhandenen Güter handeln kann. Eberstadt bringt es, mit Schmollers Zustimmung (sic), fertig, den hohen Preis des Baulandes aus der großen Menge vorhandenen Landes (!) abzuleiten und damit zugleich die Umkehrung des Satzes von Angebot und Nachfrage zu proklamieren" (S. 241).

Nach ihrer vorliegenden Fassung würden wir mit dieser Stelle allerdings rasch fertig sein. Die Behauptungen über meinen Betrieb der Wirtschaftsgeschichte und über die Verkürzung der Düsseldorfer Häuser sind, wie oben S. 138 und 144 gezeigt, dreiste Unwahrheiten, deren Tendenz hier durch die Hereinziehung von Gustav Schmoller nur noch widerwärtiger wird. Die weitere Behauptung, daß ich „den hohen Preis des Baulandes aus der großen Menge vorhandenen Landes ableite," beruht ebenfalls auf einer glatten Unterschiebung. Ich bin von nichts weiter entfernt, als von der mir von Prof. Voigt unterstellten Meinung. Vielmehr behaupte ich, daß durch das Eingreifen der Bodenspekulation bei reichlichem Geländebestand der Bodenpreis gesteigert wird. Auf die Tätigkeit der Bodenspekulation führe ich also die Tatsache zurück, daß die Bodenpreise in den deutschen Großstädten da am höchsten sind, wo große und gleichartige Geländeflächen zur Verfügung stehen. Meine Darlegungen schließen — s. Anmerkung, letzte Zeilen — jedes Mißverständnis aus.[1]) Über die Zwecke, die Prof. V. mit der obigen Verfälschung verfolgt hat, brauche ich mich nicht näher zu äußern; sie ergeben sich wohl zur Genüge aus der Fassung der mitgeteilten Stelle.

Mit der Berichtigung ist indes der Gegenstand nicht abgetan. Prof. Voigt hat in der obigen Stelle eine der wichtigsten Fragen des Städtebaus angeschnitten, ohne sie jedoch sachlich irgendwie zu erörtern. Wir müssen deshalb auf das Verhältnis von Geländezufuhr und Bodenpreis näher eingehen und zwar auf Grund meiner oben wiedergegebenen, nicht der mir von Prof. Voigt fälschlich unterstellten Auffassung. Die von mir vertretene Anschauung, daß

---

[1]) „Die Bodenpreise stehen, wie meine letzten Untersuchungen gezeigt haben, am höchsten da, wo sich das Bauland in reichster Fülle und leichtester Bebaubarkeit bietet; am niedrigsten dagegen auf ungleichartigem, schwierigem Gelände. Dies ist auch, wenn wir die Dinge genau betrachten, das natürliche. Denn nur, wo gleichartige Geländemassen zur Verfügung stehen, ist die Voraussetzung gegeben für den Ankauf des Geländes und für die Bodenspekulation. Nur dort können die städtischen Außenbezirke zusammengekauft und festgehalten werden;“ Naturrechtliche und realististische Betrachtungsweise, Schmollers Jahrbuch 1903, Bd. 27 Heft 3 S. 871. — Daß hier jede Mißdeutung unmöglich ist, zeigt die Darlegung von Prof. Karl Henrici: „Besonders dankbar bin ich dem Verf. für seine Erörterungen über die Bodenpreisbildung und den Beweis, den er auf S. 92 usw. dafür liefert, daß ein reichliches Angebot von zum Anbau reifen Bauland die Bodenwerte, infolge der Eingriffe der Spekulation, nicht herabdrückt, sondern steigert;“ Zentrbl. d. Bauverw. 1903 S. 216. Ebenso Spiller, Techn. Gemeindeblatt 20. Aug. 1903 S. 147: „Die Ursache liegt (nach E.) in der Bodenspekulation.“ Gerade bei reichlichem Geländebestand und entsprechender Aufkaufsmöglichkeit finden wir die spekulative Preistreiberei am stärksten entwickelt; und so stehen die Bodenpreise da am höchsten, wo sie nach dem Gesetz von Angebot und Nachfrage am niedrigsten stehen sollten. Wir haben jetzt genügende Erfahrung, um eine allgemeine Regel über das Verhältnis von Stadterweiterung und Bodenspekulation aufstellen zu können. Die ständige Gefahr für unsere städtische Bodenentwickelung liegt in der spekulativen Einschließung, die jede natürliche Preisentwickelung in den Außenbezirken, und damit für die Wohnbezirke überhaupt, unmöglich macht.“ Rhein. Wohnverh. S. 92.

durch die Bodenspekulation bei reichlichem Geländebestand der Bodenpreis gesteigert wird, ist sowohl an den Tatsachen, wie an den allgemeinen Regeln der Wissenschaft und an der Meinung der Praktiker zu prüfen.

Die Gegensätze, um die es sich hier handelt, sind die zwischen reichlichem, gleichartigem und leicht bebaubarem Gelände einerseits; und ungleichartigem und schwierig zu bebauendem Gelände andererseits. Nach der praktischen Seite hat es sich in der Erfahrung gezeigt, daß die Bodenpreise in Deutschland am höchsten stehen in den Städten mit reichlichem, gleichartigem und leicht bebaubarem Geländebestand, und daß die vermehrte Zufuhr von Bauland bei Stadterweiterungen und Festungsauflassungen stets zu einer allgemeinen (nicht etwa partiellen) Steigerung der Bodenpreise infolge des Eingreifens der Bodenspekulation geführt hat. Andererseits fehlen auf ungleichartigem und schwierig zu bebauendem Gelände die Vorbedingungen für die Bodenspekulation. Diese Tatsache wird im übrigen auch von Prof. Voigt bestätigt an einer anderen Stelle seines von Widersprüchen erfüllten Buches, indem er S. 157 an dem Beispiel Elberfelds genau die Bedeutung des ungleichartigen Geländebestandes zeigt. Um jedoch gegen mich polemisieren zu können, greift Prof. Voigt wiederum zu groben Entstellungen. Prof. Voigt ändert S. 157 den von mir gebrauchten Ausdruck „ungleichartiges und schwierig zu bebauendes Gelände“ einfach in „knapp und spärlich“, obwohl dies nach seiner eigenen Angabe „etwas ganz anderes ist,“ und fügt eine Reihe anderer Unwahrheiten hinzu.[1]) Er behauptet ferner, daß ich die tatsächlichen Verhältnisse (in Elberfeld) wiederum übergangen habe, während seine eigene Darlegung S. 158 nahezu wörtlich mit der meinigen (Rhein. Wohnverh. S. 71 Z. 11 v. u.) übereinstimmt.

Nach der wissenschaftlichen Seite entspricht der von mir vertretene Satz den Grundlehren der Nationalökonomie. Es ist allgemein bekannt und wird, soviel ich weiß, in der Wissenschaft insbesondere von Professor Lexis, Professor Fuchs und Professor Hasbach vertreten, daß die Spekulation zu ihrer Betätigung gleichartige, typische und große Mengen gebraucht; daß

---

[1]) Es lohnt sich wohl nicht mehr, diese Dinge im einzelnen aufzuzählen. Vgl. V. & G. S. 156/157 und die Originalstellen in meinen Rhein. Wohnverh. S. 92 und Schmollers Jahrbuch 1903, XXVII S. 871.

sie dagegen mit ungleichartigen aus kleinen und verschiedenartigen Mengen zusammengesetzten Beständen nicht operieren kann.[1]) Auch die Bodenspekulation kann, wie ich genau ausführe, nur eingreifen, wo ihr gleichartige, große Geländemengen zur Verfügung stehen.

Endlich sei hier noch die bemerkenswerte Äußerung zu dem Verhältnis von Geländebestand und Bodenpreis wiedergegeben, die von einem anerkannten Fachmann, dem Vorstand mehrerer großen Berliner Bodengesellschaften, herstammt und vielleicht besonderen Anspruch auf Berücksichtigung hat:

Der Gedanke, daß durch die Schaffung von möglichst vielem baureifem Gelände der Grund- und Bodenpreis herabgedrückt wird, geht von falschen Voraussetzungen aus. Es ist durchaus richtig und trifft auf die meisten Gebiete des wirtschaftlichen Lebens zu, daß ein reichliches Angebot einer bestimmten Warengattung einen nennenswerten Einfluß auf die Preisbildung ausübt. Der unbebaute Grundbesitz macht indessen von dieser Regel eine bemerkenswerte Ausnahme. Dies liegt darin, daß bei sonstigen Handelsobjekten eine Erhöhung ihres Wertes nur in sehr seltenen Fällen eintritt, während beim unbebauten Grundbesitz in den Städten sich der Wert der Ware erfahrungsgemäß in den meisten Fällen mit jedem Jahre erhöht.[2])

Wissenschaft, Erfahrung und Praxis stimmen mit der von mir vertretenen Anschauung vollständig und in jeder Einzelheit überein. Demgegenüber möge der Leser die Reihenfolge der Unwahrheiten vergegenwärtigen, die Prof. Voigt in diesem *einen* Punkte oben S. 145 zusammengedrängt hat.

6. Die von Prof. Voigt auf S. 35 seines Buches mir unterstellte und das ganze Voigtsche Buch durchziehende Behauptung, daß ich die Erhöhung der Mieten und die Wohnungsnot *unmittelbar auf die durch die vielstöckige Bebauung erhöhten Bodenpreise* zurückführe, ist unwahr, und von Prof. Voigt wider besseres Wissen vorgebracht. Die von Prof. Voigt vorgenommene Entstellung ist hier eine besonders schlimme; denn aus einer ganzen Reihe von Vorgängen weiß hier Prof. Voigt, daß er die Unwahrheit sagt. Erstmalig hat Prof. Voigt die obige Behauptung — als allgemeine Verdächtigung und ohne hierbei irgend einen Namen zu nennen — in einer Abhandlung

---

[1]) Vgl. hierzu meine Abhandlung: „Die Spekulation usw.," Schmollers Jahrbuch 1905, XXIX S. 1489 fg.

[2]) *Georg Haberland*, der preußische Gesetzentwurf zur Verbesserung der Wohnverhältnisse, Berlin 1904 S. 10.

im Jahre 1901 vorgebracht; durch den in der Anmerkung abgedruckten Brief vom 14. September 1901 habe ich Prof. Voigt darauf hingewiesen, daß ich jene Ansicht nicht vertrete und habe ihn um einen Literaturnachweis ersucht.[1]) Diese Mitteilung habe ich am 23. September 1901 anläßlich der Versammlung des Vereins für Sozialpolitik mündlich wiederholt. Zum dritten Mal habe ich in meinem Vortrag in München in Gegenwart von Prof. Voigt genau dargelegt, daß ein Hauptabschnitt in der Entwickelung der Mietwerte und der Wohnungsfrage erst nach der Vollendung des Hausbaues beginnt und mit dem Bodenpreis gar nichts unmittelbar zu tun haben kann.[2]) Endlich habe ich in der von Professor Voigt benutzten Abhandlung „Preisbildung der Bodenwerte“ S. 79, 80 und Anmerkung mich nochmals auf das entschiedenste gegen die mir fälschlich unterstellte Meinung verwahrt. — Unwahr ist ferner die Behauptung Prof. Voigts S. 118, daß ich keinen Unterschied zwischen dem absoluten und dem relativen Bodenpreis mache; vielmehr ist dieser Unterschied in der vorerwähnten Stelle, sowie „Rhein. Wohnverh.“ S. 97 auf das schärfste hervorgehoben.[3])

7. Selbst der Titel des Voigtschen Buches „Kleinhaus und Mietkaserne“ beruht auf einer Täuschung. Prof. Voigt geht in seinem Buch ausdrücklich davon aus, daß „die G e g n e r (sic) der Mietskaserne jedes städtische Etagenhaus ohne Unterschied der Art und Qualität als Mietskaserne bezeichnen“ (sic; S. 10) und daß ich insbesondere die Definition der Mietskaserne b e -

---

[1]) Berlin, den 14. September 1901. In Ihrer zweiten Abhandlung (Schriften des Vereins für Sozial-Politik) I Bd. II. Abtlg. sagen Sie S. 341 und öfter: es wird immer mehr üblich, jede M i e t s steigerung dem gestiegenen B o d e n preise zuzuschreiben. Es wäre für mich von besonderem Interesse zu erfahren, wer diese Behauptung aufgestellt hat, und Sie würden mich durch Mitteilung eines Literaturnachweises zu Dank verpflichten.

[2]) „Die Herren glauben, mit dem Hausbau sei die Wohnungsfrage fertig, aber dann fängt sie ja erst recht an. Das fertige Haus ist nicht das Ende, sondern in vielfacher Hinsicht erst der Beginn der Wohnungsfrage; dann kommt der Häuserhandel, die Mietssteigerungen, die Überfüllung, neue Abschiebung des Objekts zu erhöhtem Preise, kurz die Summe der bekannten Mißstände; sie alle liegen h i n t e r der Vollendung des Hausbaues — ja ich kann beinahe sagen, es ist gleichgültig, was das Haus ursprünglich gekostet hat, die Frage ist: wie steht es im Handel?“ Schriften des Vereins für Sozialpolitik Bd. 98 S. 85.

[3]) siehe die meiner „Preisbildung der Bodenwerte“ entnommene Darlegung, hier oben S. 90.

liebig abändere (S. 272). Beide Behauptungen sind falsch. Die Gegner der Mietskaserne bezeichnen keineswegs jedes städtische Etagenhaus als Mietskaserne. Der Gegensatz wird vielmehr in der Literatur auf das schärfste hervorgehoben, so z. B. von Karl Joh. Fuchs. Was mich selber anbetrifft, so habe ich den Ausdruck Mietskaserne stets streng auf den Berliner Typus beschränkt. Die gegen mich gerichtete Behauptung ist eine grobe Unwahrheit, die Prof. Voigt wiederum wider besseres Wissen vorbringt. Denn in einem in Gegenwart von Prof. Voigt gehaltenen und von Prof. Voigt nach der Drucklegung mehrfach benutzten Vortrag (München 1901) habe ich den Begriff der Mietskaserne gemäß dem Berliner Typus und mit größter Schärfe gegenüber anderen Bauformen genau abgegrenzt.[1]) In einer späteren Arbeit, deren Veröffentlichung Prof. Voigt ebenfalls bekannt war, habe ich noch eine Definition der übrigen Bauformen hinzugefügt.[2])

Dagegen ist es natürlich wiederum kein anderer als Prof. Voigt, der die seinen Gegnern fälschlich unterstellte Handlung — selber vornimmt. Wie wir oben S. 134 gehört haben, behauptet Prof. Voigt glattweg, „unter der Mietskaserne im gewöhnlichen Sinne ist nichts anderes zu verstehen als ein hohes Etagenhaus“. So hat nun Prof. Voigt über die Hausform, die den Gegenstand des Voigtschen Buches bildet, drei unwahre und einander widersprechende Behauptungen aufgestellt: 1. die Gegner der Mietskaserne bezeichnen jedes städtische Etagenhaus als Mietskaserne; 2. Eberstadt bezeichnet nach Belieben jedes Etagenhaus als Mietskaserne; 3. nach Prof. Voigts eigener Definition ist jedes hohe Etagenhaus eine Mietskaserne. Was bei diesen Verwirrungen und Widersprüchen gedeiht und allein gedeihen soll, wird wohl Prof. Voigt selber am besten wissen. Prof. Voigt hat seinem Buch einen Titel gegeben, den er nach Belieben umwendet. Beseitigt man das unstatthafte Doppelspiel, so fällt eine der wesentlichen Grundlagen der Voigtschen Polemik und damit des ganzen Buches weg.

8. Fast auf jeder Seite des Voigtschen Buches finden sich

---

[1]) Schriften des Vereins für Sozialpolitik Bd. 98 S. 78/79.

[2]) Zentralblatt der Bauverwaltung XXIII 1903 S. 408 und Voigt & Geldner S. 171 (Polemik gegen die an den erwähnten Aufsatz anschließenden Darlegungen von Prof. C. J. Fuchs, Zeitschrift für Wohnungswesen II, S. 151).

unwahre Angaben und Behauptungen von größerer oder geringerer Tragweite. Schon aus äußeren Gründen ist es indes unmöglich, ein Buch von dreihundert Seiten, in dem vom Titelwort bis zur Schlußzeile eine Unwahrheit und Entstellung sich an die andere reiht, Punkt für Punkt zu berichtigen. Ich muß mich deshalb auf die Erklärung beschränken, daß die gegen mich gerichteten Behauptungen von Prof. Voigt ausnahmslos auf den gleichen Grundlagen, wie die zuvor besprochenen, beruhen. Eine Reihe von Einzelheiten habe ich in der nachstehenden Gruppe zusammengefaßt.

A. Die Ausführungen Prof. Voigts (Kleinhaus und Mietskaserne) S. 149, die darin gipfeln, daß ich die Tatsache der Berliner Landhausspekulation einfach übergangen habe, sind durchweg unwahr. Ich habe die Bedeutung, die Grundlage und den Verlauf der Landhausspekulation genau in Betracht gezogen; hierzu hatte ich um so mehr Anlaß, als das Fehlschlagen der Landhausspekulation beweist, daß die Berliner Bodenspekulation in ihrer heutigen Form der gedrängten Bauweise und bestimmter Institutionen bedarf. Vgl. Bericht über den VI. Internationalen Wohnungskongreß S. 638. — B. Unwahr ist die Angabe von Prof. Voigt a. a. O. S. 223, daß die Mieten in Berlin seit 1890 fast konstant geblieben seien (!). Die Steigerung der Mieten für die Kleinwohnung ist eine stetige gewesen; im Jahre 1900/1901 hat sogar eine außergewöhnliche Steigerung stattgefunden (oben S. 37) und das Steigen der Kleinwohnungsmieten hat sich inzwischen fortgesetzt. Nur minderwertige und verwahrloste Gebäude mögen in den Mieten zurückgeblieben sein. — C. A. a. O. S. 51 wird Baumeister H a r t w i g als Gegner meiner Anschauungen genannt. Soweit mir die öffentliche Stellungnahme Hartwigs bekannt ist, beruht die Angabe von Prof. Voigt auf Unwahrheit. H a r t w i g ist der Vorsitzende des bekannten Zentralverbandes der Haus- und Grundbesitzervereine Deutschlands, der in der oben S. 64 zitierten Veröffentlichung sich grundsätzlich auf den Boden meiner Anschauungen gestellt und Mietskaserne und Bodenspekulation verworfen hat. Vgl. noch die Äußerungen von Hartwig, Bericht über den Verbandstag Berlin 6. August 1902. — D. Eine Unwahrheit ist es ferner, wenn Prof. Voigt mich zu den Befürwortern repressiver baupolizeilicher Beschränkungen rechnet; ich bin derartigen Angriffen s t e t s e n t g e g e n g e t r e t e n (vgl. Städt. Bodenfragen S. 15, 16, Rhein. Wohnverh. S. 44 f.). Die Behauptung ist von mir schon früher mündlich und schriftlich berichtigt worden (Schriften des Vereins für Sozialpolitik Bd. 98 S. 81). — E. A. a. O. S. 191 sagt Prof. Voigt „Die Behauptung (Eberstadts) entspringt aus der irrigen Vorstellung, wonach „normaler Weise“ der Bauunternehmer das Grundstück vom Bodenbesitzer kaufen, bis zum letzten Heller bar bezahlen, und dann, ebenfalls ganz mit eigenem Kapital, das Gebäude darauf errichten sollte.“ (!) Diese Behauptung Prof. Voigts über meine Auffassung vom Realkredit ist glattweg erlogen; Prof. Voigt weiß, daß ich den Kredit und die Kapitalzufuhr für das Baugewerbe erleichtern und vermehren will. Vgl. hier oben S. 33 und 39. — F. Prof. Voigt erweckt fortgesetzt den Eindruck, als ob e r die freie Privattätigkeit vertrete, während die Wohnungsreformer als deren Gegner dargestellt werden.[1]) Diese unzutreffende Auffassung bedarf der Zurückweisung. Soweit mir bekannt, wird von allen Wohnungsreformern die Belebung der privaten Unternehmung im Wohnungswesen angestrebt; für meine Vorschläge insbesondere hat sie von Anfang an die erste Voraussetzung gebildet.

Ich erbitte mir die Aufmerksamkeit des Lesers nunmehr nur noch für die beiden folgenden Punkte, die dieses Kapitel abschließen.

9. Eine Erörterung, die bereits über den Rahmen des Voigtschen Buches hinausgegriffen hat, wird von Prof. Voigt an eine Stelle meiner „Rhein. Wohnverh." geknüpft. Über die Beziehungen zwischen Stockwerkshäufung und Boden- und Mietspreis und über das Ergebnis bei privatwirtschaftlicher Bautätigkeit hatte ich „Rhein. Wohnverh." S. 98 u. a. bemerkt:

„Mit der senkrechten Anhäufung der Stockwerke empfängt der Boden einen mehrfach gesteigerten Wert; der Preis des Bodens erhöht sich um den Wert der stärkeren Ausnutzung. Es entsteht hierbei der stärkste Zuschlag zu dem natürlichen Bodenpreis". Hierzu die Anmerkung: „Die Behauptung, daß die vertikale Häufung der Stockwerke den Mietspreis der einzelnen Wohnung verbilligen könne, wird überhaupt nur dadurch ermöglicht, daß man — den Bodenpreis außer acht läßt. Eine derartig fehlerhafte oder unlautere Beweisführung widerlegt sich von selbst und bedarf kaum der Zurückweisung."

Die Darlegung ist, wie ich glaube, genau umgrenzt und schließt ein Mißverständnis aus. Die von mir gerügte Beweisführung hat die zweifache und kumulative Voraussetzung, daß ein Autor behauptet hat, die vertikale Häufung der Stockwerke verbillige den Mietspreis der einzelnen Wohnung, und daß er hierbei die durch die Stockwerkshäufung bewirkte Steigerung des Bodenpreises nicht in Betracht gezogen hat. An Prof. Voigt habe ich damals in keiner Weise gedacht; er konnte auch, wie er selber am besten weiß, gar nicht gemeint sein, da die zweite Voraussetzung auf seine Anschauungen durchaus nicht zutrifft. Es war gewiß nicht anzunehmen, daß trotz alledem gerade Prof. Voigt, der wiederholt ganz allgemeine und beweislose Verdächtigungen ohne jede Namensnennung auszusprechen pflegt (s. hier oben S. 148 6 und eine spätere Stelle, weiter unten) an

---

[1]) Es geschieht dies durch Phrasen, wie: „Förderung, nicht Hemmung der privaten Unternehmertätigkeit, muß der oberste Grundsatz städtischer und staatlicher Wohnungspolitik sein;" a. a. O. S. 207.

meine sowohl auf das vorsichtigste umgrenzte, wie auch auf ihn nicht anwendbare Angabe eine Erörterung knüpfen würde.[1])

Zu meiner obigen Ausführung schreibt indes Prof. Voigt in seinem Buch Kleinhaus und Mietkaserne S. 86 folgendes:

Mit besonderer Virtuosität handhabt diese Methode der falschen Unterstellung Eberstadt, der in seinem Buch über die Rheinischen Wohnverhältnisse folgendes schreibt: (folgt die oben citierte Stelle) Wir fordern hiermit Herrn Dr. Eberstadt auf, zu zeigen, wo denn in der Literatur die von ihm behauptete Beweisführung versucht worden ist, oder der Vorwurf der Unlauterkeit der Beweisführung wird auf ihn zurückfallen.

Mit besonderer Virtuosität handhabe ich die Methode der falschen Unterstellung. Und der Beweis für diesen schimpflichen Vorwurf? Er ist einfach genug: Prof. Voigt weiß genau, daß in seinen Schriften die von mir getadelte Argumentierung nicht vorkommt; er ist ganz sicher, daß seine bis dahin erschienenen Arbeiten rechtmäßiger Weise nicht gemeint sein können — das ist der Beweis für meine Virtuosität der falschen Unterstellung. Wir haben hier die Wiederholung und Steigerung des Vorgangs, den wir bereits vielfach, bei der lex Burgundionum, bei der Düsseldorfer Bauordnung, bei der Behandlung der Geländezufuhr, bei der Definition der Mietskaserne usw. kennen lernten, und der uns noch öfter begegnen wird.

Ich sehe wiederum davon ab, die von Prof. Voigt begangene Handlung mit dem gebührenden Ausdruck zu kennzeichnen. Aber auch den Leser bitte ich, mit seiner Bewertung zurückzuhalten, bis er den weiteren Verlauf der Sache kennt. Der Gedankengang Prof. Voigts ist also bis hierher der folgende: Prof. Voigt fand in meinen Rhein. Wohnverh. eine Rüge, von der er nur wußte, daß sie sich nicht auf seine eigenen Schriften beziehen konnte, während ihm die in Betracht kommende Literatur unbekannt war. Darauf begründet Prof. V. den Vorwurf der „Virtuosität der falschen Unterstellung."

Die weitere Entwickelung beansprucht ein größeres Interesse.

---

[1]) Die obenerwähnte Stelle hat bisher nirgends ein Mißverständnis hervorgerufen Ich füge hinzu, daß es sich um zwei Autoren handelt. Der eine Autor hat in einer Abhandlung die Stockwerkshäufung empfohlen und hierbei den Bodenpreis völlig außer acht gelassen; der zweite Autor hat in Erörterungen über die städtische Bauweise die Stockwerkshäufung für Kleinwohnungen empfohlen, die für den Kleinwohnungsbau besonders schädliche Erhöhung des Bodenpreises in der betreffenden Stelle jedoch nicht erwähnt.

In der Frankfurter Zeitung vom 26. November 1905 bespricht Prof. Bernhard Harms das Voigt & Geldnersche Buch und tadelt hierbei, unter Hervorhebung einzelner Beispiele, die von Prof. Voigt gebrauchten Ausdrücke. Prof. Voigt sendet daraufhin der Frankfurter Zeitung eine Berichtigung (!), die folgendermaßen lautet:

„Die Beispiele, die Herr Bernhard Harms zitiert zum Beweise, daß ich u. a. auch Verdächtigungen ausspreche, rühren gar nicht von mir her, sondern sind vielmehr von meinen Gegnern gegen mich ausgesprochen worden (!). — So bekämpft Eberstadt meine (sic) Behauptung, daß der Mietspreis in Etagenhäusern unter gleichen Umständen niedriger sei als in Kleinhäusern mit der Bemerkung, dass ich (sic) den Bodenpreis ganz außer acht gelassen habe und sagt dann wörtlich: „Eine derartige fehlerhafte oder unlautere Beweisführung widerlegt sich von selbst". Ich habe lediglich diese Worte (sic) wiedergegeben und daran die Aufforderung geknüpft, E. möge zeigen, wo denn diese Art Beweisführung versucht worden sei, wenn nicht sein Vorwurf gegen mich auf ihn zurückfallen solle" (Frankfurter Zeitung No. 342 vom 10. Dezember 1905).

Ich darf es wohl als einen Skandal bezeichnen, wenn ein im akademischen Lehramt befindlicher Autor eine derartige Fälschung — ein anderer Ausdruck ist hier unmöglich — verübt. Nicht eine Spur der Möglichkeit von Gutgläubigkeit steht hier Prof. Voigt zur Seite, wie der Leser sofort sieht, wenn er die drei in Betracht kommenden Stellen — 1. meine Rhein. Wohnverh., 2. Voigts Kleinhaus und Mietkaserne und 3. die Frankfurter Zeitung — vergleicht. Prof. Voigt fälscht nicht bloß meine Ausführungen, in denen mit keiner Silbe von Professor Voigt die Rede ist; er fälscht auch seine eigene erste Darlegung, in der von all den Dingen, die in der „Berichtigung" der Frankfurter Zeitung auftauchen, sich kein Wort findet; und das alles in der klaren — und leider auch erreichten — Absicht, die Wissenschaft zu täuschen und mich zu schädigen.[1])

Es ist nicht leicht, hier die Handlungsweise von Prof. Voigt zu analysieren. Jede der Voigtschen Behauptungen schließt

---

[1]) Bernhard Harms schließt an die Voigt'sche Berichtigung (Frankfurter Zeitung No. 342) die Erklärung, es sei darnach richtig, daß Prof. Voigt von mir provoziert worden sei. Es versteht sich von selbst, daß Herrn Professor Harms hieraus kein Vorwurf gemacht werden kann; denn Harms ist lediglich einer Fälschung zum Opfer gefallen. Immerhin hätte die Unterlassung jedes Literaturnachweises in der Voigt'schen „Berichtigung" (vgl. oben S. 144) Mißtrauen erregen und zu genaueren Feststellungen führen können.

eigentlich die anderen aus. Prof. Voigt weiß, daß das von mir gerügte Argument sich in seinen Schriften nicht findet: wie kann er von mir erwarten, daß ich ihm die Stelle in seinen Schriften benenne? Er weiß, daß seine Behauptungen in „Kleinhaus und Mietkaserne“ von ihm selber erfundene Unwahrheiten sind; wie kann er von ihnen als von Tatsachen sprechen? Er weiß und sagt es noch selber in „Kleinhaus und Mietkaserne“, daß sein Name von mir nicht genannt ist und ehrlicherweise nicht genannt sein kann; wie kann er darnach die Fälschung in der Frankfurter Zeitung verüben? Es ist schwer verständlich, wie Prof. Voigt solche Handlungen begehen und der Wissenschaft derartiges bieten konnte.

Professor Voigt behauptet in seiner „Berichtigung“ und der Referent der Frankfurter Zeitung bestätigt es, daß er von mir provoziert worden sei. Ich lege Wert darauf zu erklären, daß auch diese Behauptung von Prof. Voigt — ganz abgesehen von dem oben besprochenen Vorgang — eine grobe Unwahrheit ist. Meine Beziehungen zu Prof. Voigt waren bis zu dem Erscheinen des Buches Kleinhaus und Mietkaserne die besten. In einem an mich gerichteten Briefe vom 18. Februar 1901 feierte Prof. Voigt meine Untersuchungen als „für alle Arbeiten auf diesem Gebiete bahnbrechend.“ Bei unserer Begegnung in München September 1901 habe ich mit Prof. Voigt in der ruhigsten und sachlichsten Weise verhandelt. In meinen später erschienenen Arbeiten habe ich die Anschauungen Prof. Voigts stets mit der größten Sachlichkeit besprochen. Es fehlt Prof. Voigt an jedem sachlichen Anlaß zu seinem unerhörten Vorgehen gegen mich; und daß er sich dessen bewußt war und irgend einen Vorwand schaffen wollte, beweist der hier besprochene Vorfall. Ein französisches Wort sagt: le mensonge d'une femme tient lieu d'une excuse. Es wäre trostlos, wenn man sagen müßte: ein deutscher Gelehrter fälscht, um für sein Verhalten eine Entschuldigung zu schaffen.

Für sein Auftreten gibt Prof. Voigt selber den Schlüssel, indem er in der „Berichtigung“ in der Frankfurter Zeitung erklärt:

„Richtig ist, daß die Schrift (Kleinhaus und Mietkaserne) in ihren polemischen Teilen eine sehr deutliche und stellenweise den Gegner herausfordernde (sic) Sprache führt. . . . Ich hatte die in der Schrift ausgesprochenen Ansichten schon im Jahre 1901 in den Schriften des Vereins für Sozialpolitik (Bd. XCIV u. XCV) ausgesprochen und begründet, doch waren sie teils entstellt und mit ganz unzutreffenden Argumenten bekämpft, teils von Wohnungspolitikern ohne

Angabe der Quelle benutzt, teils ignoriert worden, sodaß ich kein anderes Mittel wußte, ihnen Beachtung zu verschaffen, als eine entschiedene und kampfbereite Sprache".

Jedes Wort an dieser Begründung, sofern sie sich auf mich beziehen sollte, ist eine Unwahrheit. Ich habe den älteren Voigtschen Arbeiten wahrhaftig gerade genug Beachtung geschenkt. Ich will mich mit der Widerlegung der Behauptung nicht aufhalten; denn die Bedeutung der Erklärung Prof. Voigts liegt in dem Schlußsatz. Soweit sind wir also jetzt in unserer nationalökonomischen Wissenschaft. Die künstliche Provozierung des Skandals und zehnfach schlimmere Handlungen sind zugestandener Massen die Mittel, durch die man sich in der national-ökonomischen Wissenschaft Beachtung verschaffen kann. Für den Zynismus in der Erklärung seines Verhaltens haben wir alle Ursache, Prof. Voigt dankbar zu sein.

10. Endlich sind noch kurz die sachlichen Angaben zu erörtern, die Prof. Voigt mit besonderer Heftigkeit gegen meine Abhandlung „Berliner Kommunalreform" — über die Stellungnahme von Prof. Voigt vgl. hierzu oben S. 141 Nr. 3 — vorbringt. Vorweg ist zu bemerken, daß es sich bei meiner Untersuchung handelte um die Beantwortung der Frage: ein bestimmtes Einkommen, nämlich bis zu 1200 Mark (die Einkommensgrenze von drei Vierteln der Berliner Bevölkerung nach den Steuerlisten von 1891) vorausgesetzt, das eine jährliche Mietsausgabe von mindestens 150 Mk. bis höchstens 240 Mk. gestattet — wie ist die Wohnung beschaffen, die für diesen Preis zu haben ist, bezw. im Jahre 1892 zu haben war? Die Statistik gibt auf diese Frage keine ausreichende Antwort; es ergab sich also für mich die Notwendigkeit, das erforderliche Material durch eigene Untersuchungen zu beschaffen und zu verarbeiten.[1]) Die Voigt'sche Kritik meiner Untersuchungen umfaßt vier Punkte; der erste Einwand lautet wie folgt:

„Die Methode E's ist die der Enquête, aber der Enquête in ihrer rohesten Form. Der Verfasser geht in die Arbeiterstraßen, besichtigt Wohnungen, fragt nach den Preisen und stellt nun seine Beobachtungen zusammen. Natürlich werden die trockenen statistischen Angaben untermischt mit Bemerkungen über Beschaffenheit und Benutzung der Wohnungen. Scheussliche Hofkellerwohnungen, wirklich menschenunwürdige Löcher werden beschrieben. Wie viele es deren

---

[1]) **Städtische Bodenfragen S. 92 fg.**

gibt, steht nicht dabei. Der Eindruck des unkritischen Lesers ist der, daß sie die Regel bilden (sic). In die allerschlechtesten und ganz unvermietbaren Gelasse setzt der erfinderische Wirt, nach Eberstadt, solche Mieter, welche die Hausreinigung mit übernehmen; er erläßt ihnen dafür 10 Mk. von der Miete. Wie oft das vorkommt, ob es eine einmalige Beobachtung ist oder eine regelmässige Erscheinung, bleibt ebenfalls dem Leser zu beurteilen überlassen" (sic) (S. 40).

Die Stelle, auf die sich dieser Angriff bezieht, ist wiederum nicht angegeben; um dem „unkritischen Leser" das Urteil zu erleichtern, bringe ich meine Darlegungen hier zum Abdruck:

„Wir betreten zunächst den Bezirk, der sich um die Görlitzer Bahn gruppiert, ein richtiges Arbeiterviertel. Dort finden sich Mietskasernen aller Systeme, aus den früheren Jahren bis zur neuen Bauordnung.

An Wohnungen, bestehend aus Stube und Küche zu 150 Mk., finden sich nur die Kellerhofwohnungen der älteren Häuser, (Sperrdruck des Originals) deren Fenster $^1/_3$ bis $^1/_2$ Meter über das Hofpflaster reichen. Die Anlage solcher Wohnungen ist durchweg gleichartig.

Aus dem schmutzigen, engen Hof, der oft noch durch Remisen verbaut ist, führt die Treppe hinab. Ein ekelhafter Dunst dringt herauf. Die erste Tür führt in die Küche, dahinter liegt die Stube. Kein Sonnenstrahl fällt in diese Wohnungen; sie sind durchweg dunkel und kalt. An den Wänden zeigen sich feuchte Flecke; der Fußboden ist häufig gequollen und schadhaft. Winterkälte, Gewitterüberschwemmungen und Grundwasser hinterlassen die feuchten Stellen, die niemals von den Wänden verschwinden. Eine durchgreifende Lüftung herzustellen, ist unmöglich; die Luft ist dementsprechend auch bei geöffneten Fenstern immer muffig und dumpf.

Dennoch werden diese widerwärtigen Behausungen gut vermietet, des billigen Preises wegen. Wenn aber solch Gelaß gar zu schlecht und unvermietbar ist, dann wird es von dem erfinderischen Wirt „mit der Hausreinigung verbunden"; der Mieter muß gegen einen Nachlaß von 10 Mark monatlich die Reinigung des Hofes, der Treppen und Hausflure besorgen" (Städt. Bodenfr. S. 3).

Ich bitte den „unkritischen Leser", das äußerste Maß der Kritiklosigkeit anzuwenden, dessen er fähig ist; er wird nichts anderes finden können, als daß es sich um einen abgegrenzten Bruchteil der Wohnungen handelt, nämlich um Kellerhofwohnungen der älteren Häuser, in der nicht normalen Preislage von 150 Mk. für Stube und Küche. Niemand kann ehrlicherweise sagen, er habe den Eindruck, daß die geschilderten Kellerhofwohnungen „die Regel bilden." Schon aus dem hier abgedruckten Auszug ergibt es sich, daß die Angabe von Prof. Voigt auf Unwahrheit beruht. Wer aber auch nur zwei Seiten meiner Berliner Kommunalreform im Zusammenhang gelesen hat, wird die Behauptung, ich hätte die erwähnten Wohnungen als die Regel hingestellt, nach ihrem vollen Wert zu würdigen wissen.

Noch weit enger umgrenzt als bezüglich der alten Kellerhofwohnungen ist meine Angabe bezüglich der „Verbindung mit der Hausreinigung." Kein Leser kann über die Tragweite meiner Angabe im Zweifel sein, die unter den oben abgegrenzten schlechten Wohnungen wiederum nur die unvermietbaren aussondert. Die von Prof. Voigt vorgenommene Entstellung, daß ich hier eine „regelmäßige Erscheinung" auch nur vermuten lasse, bedarf nicht der näheren Kennzeichnung. — Meine obige Mitteilung bezog sich nur auf die „älteren Häuser" vom Standpunkte des Jahres 1892 aus (also Häuser aus der Zeit um 1870); sie ist in diesem Umfang vollständig zutreffend und ich habe keinen Anlaß über die von mir selber gezogene enge Grenze hinauszugehen. Gleichwohl darf ich darauf hinweisen, daß auch heute und zwar in neuen Häusern unvermietbare Gelasse dadurch verwertet werden, daß man sie mit der Hausarbeit verbindet; und daß die Häuser, in denen dies geschieht, Prof. Voigt wiederum nicht unbekannt sind. —

Auf diesen ersten Angriff folgt als zweiter die Beschuldigung, die wir bereits kennen, bezüglich der Berliner Hofwohnungen (oben S. 73). Aus seinem eigenen Material, das er selber verarbeitet hat und das er auf das genaueste kennt, weiß Prof. Voigt, daß die von mir gemachten Angaben richtig sind. Das Voigtsche Material geht sogar noch weit hinaus über die von mir aufgestellten Behauptungen. — Nunmehr wendet sich Prof. Voigt an dritter Stelle gegen meine Schilderung der Berliner Mietspreise von 1892. Die Kritik beginnt mit dem pyramidalen Satz: „Material für *unsere* Frage (ob die Mietskaserne teurere Mieten fordert als der Flachbau) bietet Berlin überhaupt nicht (S. 41)." Aus dem Munde des Statistikers der Straßmannstraße klingt diese Feststellung allerdings etwas befremdlich.

Neben den Berliner Arbeitervierteln hatte ich diejenigen Vororte untersucht, die damals (1892) für das Eindringen der Mietskaserne und für die meiner Arbeit gezogene Mietpreisgrenze (240 Mk.) von Bedeutung waren. Am lehrreichsten schienen mir Friedrichsfelde und Weißensee zu sein. Die Mietskaserne war damals in diese Vororte neu eingedrungen und erst vereinzelt errichtet, mit dem Ergebnis, daß sie teurere Mieten verlangte als der Flachbau. Von jetzt ab wurde in diesen rasch anwachsenden Orten die Mietskaserne der Regulator der Wohnungsproduktion und der Mietspreise. Leider macht Prof. Voigt gegenüber meinen Feststellungen auch nicht den leisesten Versuch einer sachlichen Erörterung. Hätte Prof. Voigt, statt seitenlange Skurrilitäten zu bringen, nur eine einzige Erkundigung eingezogen, so würde er, wie in Düsseldorf (oben S. 50 und 145) und in allen anderen Fällen meine Angaben bis in die letzte Einzelheit bestätigt gefunden haben. Hätte er nur die oberflächlichste Nachprüfung vorgenommen, statt meine Mitteilungen mit einem Fragezeichen zu versehen (eine bequeme Form der Widerlegung), so würde er gesehen haben, daß die von mir bezeichneten Häuser [1]) z. T. abgerissen und durch Mietskasernen ersetzt worden sind. Die Mietskaserne beginnt mit den höheren Mieten; die übrigen Wohnungen folgen nach. Diese von mir damals zuerst beobachtete und später immer von neuem festgestellte Entwickelung ist von mir gewiß zur Genüge erklärt worden. Der einzelne Hausbesitzer verfügt durchaus über keine Wunderkräfte; er erwirbt sein Haus unter den in der Straßmannstraße geschilderten typischen Formen und muß die seinem Erwerbspreis entsprechenden Mieten fordern. [2]) Die Steigerung der Mieten und der Druck nach oben beginnt mit dem Eindringen der Mietskaserne.

Der vierte Vorstoß erfolgt unter der Maske Voigtscher Statistik. Aus Friedrichsfelde, Karlshorst, Weißensee werden uns aus Geländeverkäufen der verschiedensten Stadien die Durchschnittsziffern (sic) mitgeteilt, die ich oben S. 83 wiedergegeben habe. Diese Durchschnittsziffern sollen beweisen, daß zwischen niedrigeren Mieten, billigerem Bodenpreis und Abwesenheit der Bodenspekulation [3]) kein Zusammenhang besteht. Das einzige, was diese der Straßmannstraße ebenbürtige Statistik beweist, ist, daß Prof. Voigt seine „unkritischen Leser“ wieder einmal hinters Licht führen will. Aber nehmen wir nun einmal ruhig an, ein Bauunternehmer habe in Friedrichsfelde für 8,71 Mk., in Karlshorst für 1,78 Mk., in Weißensee für 13,67 Mk. den Quadratmeter Baugelände gekauft. Was erklärt hierzu Prof. Voigt in der hier

[1]) Die sog. „eisernen Häuser“ in Weissensee, Städt. Bodenfr. S. 7.

[2]) Vgl. oben S. 62 fg.; s. auch unten, V. Abschnitt.

[3]) Im Original bei V. & G. S. 47 heisst es „Mangel an Bodenspekulation“. Man verzeihe die Verdeutschung.

oben S. 88/89 abgedruckten Belehrung? „Keineswegs“ wird der Bauunternehmer bei billigerem Bodeneinkauf seine Häuser oder Wohnungen billiger abgeben; sondern er wird seinen Berechnungen den höchsten erzielbaren Mietsertrag und den diesem entsprechenden Bodenpreis zugrunde legen.

Mit aller Sorgfalt habe ich hier die sachlichen Einwendungen von Prof. Voigt gegen meine „Berliner Kommunalreform“ wiedergegeben, die Prof. Voigt mit Vorbedacht als die Grundlage der neueren wohnungspolitischen Literatur bezeichnet. Ich mußte diese Kritik hier vollständig anführen, um dem Leser das daran unmittelbar und ohne Zwischenstelle anschließende Endurteil von Prof. Voigt unterbreiten zu können; es hat folgenden Wortlaut:

„Man sieht aus allem, wie wenig zuverlässig die Methode Eberstadts ist, die darin besteht, aufs Geratewohl hier und da einen Mieter und etwa noch einen sonstigen Ortsangesessenen nach dem Vorhandensein von Bodenspekulation zu fragen. Die Schrift Eberstadts ist nach allem eine absolut unwissenschaftliche Agitations- und Tendenzschrift, unzuverlässig in ihren (sic) ohne Sorgfalt zusammengerafften, nicht entfernt zu irgend welchen sicheren Schlüssen hinreichenden Tatsachenmaterial, unwissenschaftlich gegen die elementarsten volkswirtschaftlichen Einsichten verstoßend in ihren aus dem Material gezogenen Schlußfolgerungen.“ (S. 47.)

Wenn man ein derartiges herabwürdigendes Urteil ausspricht, so müssen die Beweise unerschütterlich wahr und für den Gegner vernichtend sein. Prof. Voigt hat zur Begründung vier Punkte angegeben: 1. Ungenauigkeit in meinen Angaben über die alten Kellerhofwohnungen und über die unvermietbaren Gelasse; 2. Ungenauigkeit in meinen Angaben über die Hofwohnungen; 3. Anzweiflung meiner Angaben für die Berliner Vororte; 4. Gegenbeweis durch Bodenpreisstatistik. Die erste Behauptung ist glattweg erlogen; von der zweiten Behauptung weiß Prof. Voigt aus seinem eigenen Material, daß sie unwahr ist. Für die dritte Behauptung wird nicht der geringste Versuch eines Beweises gemacht; und die vierte ist, gelinde gesagt, eine Mystifikation. Ich beklage mich nicht über die Schärfe des Ausspruchs von Prof. Voigt, sondern ich wende mich nur gegen die Unwahrheit. Prof. Voigt weiß, daß er nicht einen einzigen sachlichen Einwand vorgebracht hatte, als er seine Schlußsätze formulierte; er weiß, daß er den mit „nach allem“ beginnenden Sätzen unwahre Angaben vorausgeschickt hatte. Auch der „unkritische Leser“ kann nicht im Zweifel sein, daß Prof. Voigt seine beschimpfenden Behauptungen wider besseres Wissen aufgestellt hat und daß es sich um einen klaren Fall von Verleumdung handelt.

Es kommt mir nicht zu, meine Arbeit „Berliner Kommunalreform" zu verteidigen. Sie hat im Verlaufe von anderthalb Jahrzehnten wohl zur Genüge Gelegenheit gehabt, jede Probe zu bestehen, und niemals ist es gelungen, auch nur eine einzige der von mir gemachten Angaben als unzuverlässig, geschweige denn als unrichtig zu erweisen. Die Abhandlung enthält keine Ziffer, die nicht zehnfach nachgeprüft, und keine Zeile, die nicht ebenso oft durchgearbeitet ist. Daß Prof. Voigt an sich selber die Unangreifbarkeit meines Werkes erfahren mußte; ja daß er selber das beste Material zur Bekräftigung meiner Lehre beibringen mußte, das ist vielleicht die gerechteste Strafe, die seine unqualifizierbaren Handlungen treffen konnte.

Zweites Kapitel.

Wissenschaft und wissenschaftliche Interessen.

Die Polemik von Prof. Voigt hat sich ein weites Feld gewählt; sie beschränkt sich keineswegs auf die Wohnungsfrage, sondern sie ergreift das gesamte Gebiet der Nationalökonomie. Prof. Voigt zieht scharfe Scheidelinien in der deutschen Nationalökonomie; er unterscheidet sowohl bestimmte Schulen, wie auch Altersklassen, und spricht von sich als einem Nationalökonomen der „jüngeren Generation". Die Jugend zeigt jedoch in diesem besonderen Fall, wie ich glaube, ein verzweifelt hippokratisches Gesicht; von Jugendkraft ist an ihr nichts zu entdecken. In allen ihren Eigenschaften erscheint sie vielmehr als das vollendete Bild der Senilität. Die charakteristischen Grundzüge, vor allem die Keifsucht, der endlose Wortschwall, das geistige Unvermögen, haben bisher nicht gerade als Anzeichen der Jugend gegolten.

Wenn wir aber doch einmal gezwungen sind, uns den von Prof. Voigt vorgeschriebenenFormen wissenschaftlicher Erörterung zu unterwerfen, so ist es unbedingt notwendig, die Leistungen und die wissenschaftliche Befähigung des Vertreters dieser in der Tat neuen Richtung zu betrachten. Auf die Lehrtätigkeit von Prof. Voigt einzugehen, lehne ich hierbei durchaus ab. Wir haben es nur mit dem Schriftsteller zu tun; und in dieser Beziehung bieten sich uns allerdings Erscheinungen, die von allgemeinstem wissenschaftlichem Interesse sind.

Ein nationalökonomisches Buch zu schreiben, erscheint darnach heute als die leichteste Sache von der Welt. Wenn man früher für die geistlosen wissenschaftlichen Bücherfabrikanten das Rezept gab: nimm zehn Bücher und mache ein elftes daraus, so muss die Vorschrift jetzt lauten: nimm einen anerkannten Autor, schimpfe, verfälsche, verleumde, und du wirst in der Nationalökonomie „beachtet". Obwohl ich nun den Wert dieses Rezeptes für die Erleichterung der literarischen Produktion voll anerkenne, so erscheint mir doch die Ausführung durch Prof. Voigt als eine ganz unzulängliche. Eine hervorstechende Eigenschaft des Prof. Voigt'schen Buches ist, wie mehrfach bemerkt, die Selbstwiderlegung. Wo in dem Buch eine besonders wichtige und scharf zugespitzte Behauptung hervortritt, kann man ziemlich sicher sein, an einer zweiten Stelle die entgegengesetzte Angabe zu finden.

In der Bodenverschuldung und im Realkredit, in der Monopoleigenschaft des Bodens, in der Bodenpreisbildung, in den Mietpreisen, in den Hausformen, in zahllosen polemischen Stellen vertritt das Buch mit der gleichen Heftigkeit Behauptung und Gegenbehauptung und bringt zu jedem Beweis den Gegenbeweis. Wenn es sich um einen alten Herrn handelte, so würde man diese Fehler mit Altersschwäche entschuldigen; bei einem jungen dagegen muss man sagen, daß die Schwäche in seinen natürlichen Geistesanlagen begründet ist. Dabei hat Prof. Voigt das beste geliefert, dessen er fähig ist; er legt Wert darauf zu erklären, daß er in seiner Arbeit nicht flüchtig vorgegangen ist. Prof. Voigt teilt uns mit, daß er mit seinem Mitarbeiter Paul Geldner „nahezu die ganze Arbeit gemeinsam durchgelesen und durchgesprochen und dabei kleinere Irrtümer beseitigt habe." [1]) Es ist klar, daß Prof. Voigt ausser Stande ist, ein wissenschaftliches Buch auch nur zu lesen, geschweige denn zu schreiben; seine geistigen Fähigkeiten und sein Gedächtnis reichen hierzu nicht aus. Wer nicht einmal 100 Seiten einer wissenschaftlichen Druckschrift im Kopfe behalten kann; wer auf Seite 200 nicht mehr weiß, was auf Seite 150 gesagt ist, der kann keine wissenschaftlichen Bücher verfassen. Wir haben

[1]) V. & G. Vorrede S. 4.

keinen Befähigungsnachweis in der wissenschaftlichen Schriftstellerei; um so mehr muß Einspruch erhoben werden, wenn unfähige Elemente in das Schrifttum eindringen und mit höchster Anmassung und Intoleranz die Führung für sich beanspruchen. —

Weiter ist die wissenschaftliche Schulung und Ausrüstung des Schriftstellers zu betrachten. Prof. Voigt hat im Wohnungswesen ein Gebiet betreten, das die vielseitigsten und gründlichsten Kenntnisse aus der Volkswirtschaft, dem Verwaltungsrecht, der Geschichte und der Technik verlangt. Zum mindesten müßte aber Prof. Voigt diejenige elementare Ausbildung besitzen, die zu seinem eigenen Sonderfach der Nationalökonomie unbedingt gehört. Die Lehrmeinungen, die uns in den Prof. Voigt'schen Ausführungen begegneten, zeigen indes wohl das ungeheuerlichste, was an Unwissenheit geboten werden kann. In erster Linie ist hier an die Prof. Voigt'sche Anschauung vom Kredit zu erinnern, die keine einzige der Elementarlehren kennt, mit denen der Studierende der Nationalökonomie in den ersten Semestern bekannt gemacht zu werden pflegt (oben S. 35 fg.). Von weit größerer Bedeutung sind die Auffassungen, die Prof. Voigt auf demjenigen Gebiete kundgibt, das einen Hauptbestandteil seiner Darlegungen bildet; es ist die Lehre von der Grundrente. Prof. Voigt scheint sich einer wissenschaftlichen Richtung zuzuzählen, die einen engeren Anschluß an die Klassiker der Nationalökonomie befürwortet. Irgendwo hat nun Prof. Voigt den Namen Ricardo nennen gehört; und daraus leitet er das Recht her zu behaupten, die hier oben Seite 22 am Ende und Seite 24 wiedergegebenen Darlegungen entsprächen — der Grundrentenlehre von David Ricardo. Es ist wirklich wahr und bei V. & G. S. 176 zu lesen, zugleich mit einem absonderlichen, gegen Andere gerichteten Vorwurf der Vernachlässigung der klassischen Nationalökonomie.[1])

Die Bedeutung der Ricardo'schen Rententheorie — es bedarf

---

[1]) A. a. O. heisst es bei Prof. Voigt: „Die entgegengesetzten Behauptungen Freese's in einem viel genannten Aufsatz in Conrads Jahrbüchern, sowie die Sombart's, welche in seinem Buche über den Kapitalismus wiederkehren und einen nicht unwesentlichen Bestandteil seines Systems zu bilden scheinen, beruhen auf Trugschlüssen (sic). Sie wurden vor fast hundert Jahren schon von Ricardo widerlegt (sic) —, doch wer von den Modernen liest heute die Klassiker? —". Auf die Schlussfrage ist zu erwiedern: Prof. Voigt ganz gewiss nicht.

dies kaum der Hervorhebung — ist von der neueren Wissenschaft stets nach ihrem vollen Werte gewürdigt worden. Das Erscheinen der jüngsten Veröffentlichung von Karl Diehl beweist, daß die Ricardostudien ganz gewiß nicht im Rückgang begriffen sind. Bei dem Einfluß, den Ricardo auf die neuere Nationalökonomie ausgeübt hat — berufen sich doch die Anhänger verschiedenster Richtungen gleichmäßig auf ihn — ist die Beschäftigung mit Ricardo für jeden ernsten Nationalökonomen eine selbstverständliche Notwendigkeit. Prof. Voigt dagegen hat von dem Inhalt der Ricardo'schen Lehre nicht die entfernteste Ahnung. Es ist sicher, daß Prof. Voigt niemals eine Originalstelle, schwerlich auch nur eine halbwegs zureichende wissenschaftliche Darstellung der Ricardo'schen „Principles" zu Gesicht bekommen hat. Was Prof. Voigt als Grundrententheorie bezeichnet, ist ein Hohn ebenso auf die klassische wie auf die moderne Nationalökonomie.[1])

Für die Übertragung der Ricardo'schen Lehre auf die realen Verhältnisse bedarf es bestimmter wissenschaftlicher Unterscheidungen. Karl Diehl, der Kommentator Ricardo's, weist genau auf die Grenzen hin, die für Ricardo's „isolierendes Verfahren", und auf die scharfen Gegensätze, die zwischen der Untersuchung wissenschaftlicher Grundbegriffe und tatsächlicher Entwickelung bestehen.[2]) Es handelt sich hier indes nicht um einen Widerspruch oder Zwiespalt der Wissenschaft, sondern um getrennte Gebiete und verschiedene Methoden. Die Ricardo'sche Lehre gehört zu den Erkenntnissen, die durch geistige Anschauung der Probleme und durch reine Gedankentätigkeit gewonnen sind. Sie wird immer ihren hohen Wert für jede begrifflich differenzierende Forschung behalten. Sie ist indes, wie jede spekulative Erkenntnis, an die einfachen, von dem Philosophen selbst gewählten Voraussetzungen gebunden; sie enthebt

---

[1]) Als „handgreifliche Mißverständnisse" der Ricardo'schen Lehre bezeichnet eine wissenschaftliche Kritik die Prof. Voigt'sche Darstellung der Grundrententheorie; „es ist daher nicht zu verwundern, daß die Ergebnisse durchaus unzulänglich sind". Jolles, Ztschr. f. d. ges. Staatswsch. 62 Jahrg. S. 367.

[2]) Diehl erklärt die (richtig verstandenen) Lehren von Ricardo für zutreffend; doch dürfe man aus ihnen keine einseitigen Entwickelungsgesetze des volkswirtschaftlichen Einkommens ableiten. Hierfür müßten vielmehr die Macht- und Interessenkämpfe des realen Lebens berücksichtigt werden. Diehl, David Ricardos Grundgesetze der Volkswirtschaft und Besteuerung, Leipzig 1905 II. Band S. 313/316. Wir kommen auf die Frage weiter unten (Anhang) zurück.

uns nicht der Notwendigkeit, die ganz anders gearteten vielgestalteten Bedingungen der Wirklichkeit zu untersuchen. —

Die soeben erwähnten Gegensätze zwischen der verstandesmässigen Konstruktion und der realistischen Betrachtung sind der Wissenschaft allgemein geläufig. Die erstgenannte Anschauung ist die des Naturrechts, das man wohl als das grösste und einflussreichste System der Geisteswissenschaften bezeichnen darf. Unter Verwerfung der Bindung an die historische Entwicklung, verlangt das Naturrecht die Einheit und Einheitlichkeit der staatswissenschaftlichen Auffassung; es will die Dinge ordnen und konstruieren gemäß solchen Begriffen, wie sie unserm Verstand als die natürlichen erscheinen.[1]) Auf der Grundlage der naturrechtlichen Betrachtung ist vor allem die Wissenschaft der klassischen Nationalökonomie seit dem achtzehnten Jahrhundert aufgebaut und emporgewachsen. Man sollte es für unmöglich halten, daß diese landläufigen Dinge einem wissenschaftlich belesenen Menschen völlig unbekannt sein könnten. Gleichwohl ist es Prof. Voigt gelungen, auch hier eine Ausnahme zu statuieren und wiederum einen neuen Gipfelpunkt der Unwissenheit zu schaffen. Prof. Voigt hat nicht die entfernteste Vorstellung vom Naturrecht; der Fürsprecher der klassischen Nationalökonomie kennt nicht einmal den Begriff des Naturrechts. Unter dem üblichen Ausbruch von Gehässigkeiten erklärt Prof. Voigt auf S. 34 seines Buches Naturrecht und — natürliche Entwicklung für gleichbedeutend. Wer eine natürliche Entwicklung unseres Wohnungswesens empfiehlt, der ist ein Anhänger des Naturrechts.[2])

Wir haben also einen nationalökonomischen Schriftsteller, der nicht weiß, daß das Naturrecht ein subjektiv-verstandesgemäß konstruiertes System, die natürliche Entwicklung dagegen die aus den Dingen selbst hervorgehende Entwicklung ist — daß also beide Begriffe scharfe Gegensätze sind. Bei der Tendenz des Prof. Voigt'schen Buches dürfte man vielleicht annehmen, daß Prof. Voigt auch hier seinen Leser als einen wissenschaftlichen

---

[1]) Vgl. meine Abhandlung „Naturrechtliche und realistische Betrachtungsweise in den Staatswissenschaften", Schmollers Jahrb. XXVII 3. Heft S. 869.

[2]) Es ist natürlich wieder meine Wenigkeit, der die lange Polemik S. 34 fg. gilt. Weil ich eine natürliche Preisbildung der Bodenwerte und einen ungekünstelten Bebauungsplan befürworte, schwärme ich für die Rückkehr zur Natur à la Jean Jaques (sic).

Idioten behandelt, mit dem man sich jede Irreführung erlauben darf. Die Lektüre der betreffenden Stelle zeigt indes über allen Zweifel, daß Prof. Voigt in der Tat wieder einmal selber nicht weiß, wovon er spricht; er kennt den Begriff des Naturrechts genau so wenig wie die Grundgesetze des Ricardo.[1]) Die zahllosen übrigen Stellen, in denen Prof. Voigt den Mangel jeder wissenschaftlichen Kenntnis beweist, bedürfen hier kaum der Hervorhebung. Es sei hier nur noch etwa erinnert an die statistischen Ausführungen, an die Auffassung von der Spekulation, an die Verkehrslehre, an die Behauptungen über das Wesen der Wohnungsfrage.

Zu den unerlässlichen Kenntnissen nicht nur der wissenschaftlichen, sondern der allgemeinen Bildung zählte man bisher auch die hinreichende Beherrschung der deutschen Sprache und Grammatik. Prof. Voigt dagegen kann keinen Satz richtiges Deutsch schreiben. Sein ganzes Buch ist durchsetzt von den gröbsten Verstößen gegen die deutsche Sprache. Keinem Quartaner würde man ähnliche Fehler hingehen lassen, wie wir sie wiederholt — und immer nur als Stichproben — angeführt haben.[2]) Auf Flüchtigkeits- und Druckfehler bin ich mit voller Absicht nicht eingegangen, da mir daran lag, nur den wissenschaftlichen Beruf von Prof. Voigt klarzustellen. Prof. Voigt hat sich im übrigen nach seinen besten Kräften bemüht, Fehler zu vermeiden; er läßt uns einen Blick in seine geistige Werkstatt tun und hebt die Sorgfalt hervor, die von ihm und von seinem Mitarbeiter auf die Korrektur des Buches verwendet worden ist.[3]) Das Ergebnis dieser Bemühungen ist

---

[1]) Daß die Polemik S. 34 fg. wieder so viel Unwahrheiten enthält wie Ausfälle, bedarf kaum der Hervorhebung. Prof. Voigt sagt, daß ich in meiner, in der vorletzten Anmerkung erwähnten Abhandlung, S. 868 Text und Anmerkung, „die Begriffe der natürlichen Freiheit als überwundene Begriffe behandele". Die Behauptung ist glattweg erlogen. Die Stelle hebt vielmehr gerade die hohe Bedeutung des neubegründeten Begriffs der natürlichen Freiheit für den modernen Staatsgedanken und für die Bekämpfung der ständischen Vorrechte hervor.

[2]) Vgl. S 21, 34, 35, 50.

[3]) In dem Vorwort S. 4 heisst es: „Der Anteil der beiden Verfasser an dieser Schrift läßt sich darnach so umschreiben: Von Herrn Geldner rührt die Anregung zum Ganzen und das letzte Kapitel her, von mir stammt (sic) die Einleitung und die neun ersten Kapitel. Nicht ohne Belang war es auch, daß wir nahezu die ganze Arbeit gemeinsam durchlasen und durchsprachen,

ein Buch, das von Fehlern strotzt und das nicht in deutscher Sprache, sondern — ich will höflich sein — in gewöhnlichstem Jargon geschrieben ist.

Weit überragt aber werden die wissenschaftlichen Mängel durch Defekte, die auf ethischem Gebiet liegen. Das Prof. Voigt'-sche Buch — ich wünsche dies ausdrücklich und unter der vollen Übernahme der Verantwortung hervorzuheben — beruht in allen seinen wesentlichen Teilen auf Unwahrheit und Verfälschung. Ich scheide hierbei, wie sich von selbst versteht, diejenigen Fälle aus, in denen Prof. Voigt unrichtige, unzutreffende, irrtümliche Angaben macht, die auf subjektiven Auffassungen oder persönlichem Urteil beruhen. Von strittigen Fragen oder Meinungen ist keine Rede. Es handelt sich vielmehr um materiell unwahre Angaben, die jeder Laie ohne alle Fachkenntnis als unwahr oder erlogen erkennen muß. Überaus zahlreich sind die Fälle, in denen die Behauptungen von Prof. Voigt objektiv unwahr sind; bei den schärfsten Behauptungen von Prof. Voigt tritt indes hinzu, daß sie subjektiv unwahr und von Prof. Voigt wider seine bessere und berufsmässige Kenntnis und mit Vorbedacht zur Verfolgung unberechtigter Interessen aufgestellt sind. Prof. Voigt ist in dem vorliegenden Fall nicht etwa Interessent in dem Sinne, daß er in Terrains oder Grundstücken spekuliert. Trotzdem hat er durch die Art seines Vorgehens persönliche Interessen wahrgenommen. Das Interesse des wissenschaftlichen Schriftstellers ist, wie Prof. Voigt selber erklärt, bekannt und anerkannt zu werden. Die Mittel, die Prof. Voigt für die Erreichung seiner Zwecke angewandt hat, gehören nicht zu den erlaubten und rechtschaffenen.

Punkt für Punkt mußte ich zeigen, daß die entscheidenden Behauptungen von Prof. Voigt Unwahrheiten und Verfälschungen sind. Es steht jetzt einzig und allein bei unseren wissenschaftlichen Kreisen, ob das System von Prof. Voigt eine Fortsetzung finden soll oder nicht. Unsere gesamte Wissenschaft ist hieran, wie ich glaube, interessiert, und deshalb war es notwendig, die Handlungen von Prof. Voigt hier als eine allgemein wissenschaftliche Angelegenheit zu besprechen. Von sich selbst aus wird sich Prof. Voigt nicht ändern. Er hat die Vorzüge seiner Methode kennen

---

wodurch nicht nur einige kleinere Irrtümer beseitigt wurden, sondern auch die Darstellung an manchen Stellen verbessert werden konnte (so). Auch für die Teilnahme an der Korrektur bin ich Herrn Geldner zu Danke verpflichtet".

gelernt; er hat sein eingestandenes Ziel, in der Öffentlichkeit bekannt zu werden, durch sein verwerfliches Mittel rasch erreicht. Er hat auch bereits den zehnfachen Beweis geliefert, daß er entschlossen ist, bei seinem System zu verharren. Vergleichsweise harmlos ist noch die Wendung, durch die sich Prof. Voigt der Notwendigkeit entzog, die von ihm erfundene falsche Behauptung über den Monopolbegriff richtig zu stellen; die Berichtigung ist „Sache der Andern". Es ist interessant zu beobachten, wie die Fertigkeit der Verfälschung vorschreitet in der Statistik, Theorie, Polemik bis zu dem (nach dem Erscheinen des Prof. Voigt'schen Buches eingetretenen) Vorfall in der Frankfurter Zeitung. Prof. Voigt wird immer kühner; er hat erfahren, was man seinem Leser bieten darf und welchen Erfolg die Skrupellosigkeit bringt.

In England verlangt die von dem Parlament streng festgehaltene und deshalb im öffentlichen Leben und in der Wissenschaft unbedingt geltende Übung, daß der Urheber oder Verbreiter einer unwahren Behauptung, nach erfolgtem Nachweis der Unwahrheit, seine Behauptung zurücknimmt, widrigenfalls er nicht weiter als ehrlicher Mensch angesehen wird. Aus diesen Anschauungen mag es sich erklären, daß sich die öffentliche Tätigkeit in England in sachlicher Weise abspielt und daß es für einen anständigen Menschen keinerlei Schwierigkeiten bietet, im öffentlichen Leben zu wirken. Für die Praxis der öffentlichen Betätigung, von der Wissenschaft bis zur Politik, bedürfen die Vorteile, die der erwähnte Grundsatz bringt, kaum der Hervorhebung.[1]) Aber ich glaube, daß es auch für den Urheber der Unwahrheit selber von größtem Vorteil ist, wenn er zur Wahrheit gezwungen wird; er kommt sonst aus den von ihm selber geschaffenen Schwierigkeiten nicht mehr heraus. Die Lüge ist ein äusserst fruchtbares Wesen. Es ist bemerkenswert zu beobachten, wie in dem hier besprochenen Buch der Verfasser genötigt ist, in dem begonnenen System weiterzubauen und jede Unwahrheit durch eine weitere Verfälschung zu stützen.

Die wissenschaftliche Kritik hat einmütig den Ton des Prof. Voigt'schen Buches gerügt und zurückgewiesen. Sicherlich war diese Stellungnahme berechtigt. Indes möchte ich doch meiner Auffassung Ausdruck geben, daß die Rohheit des Tons und die

---

[1]) Vgl. Otto Friedmann, das Recht der Wahrheit, Leipzig 1901.

Verwahrlosung der Sprache das einzige ehrliche an dem Prof. Voigt'schen Buche ist. Der Ton ergab sich notwendigerweise aus dem Inhalt, der auf Täuschung berechnet ist. Der sachliche und wahrheitsgemässe Beweis bedarf nicht der Verhöhnung, der Beschimpfung, der Beleidigung des Gegners; er wirkt durch sich selber. Ich glaube die Wissenschaft wird sich der Notwendigkeit nicht entziehen können, sich nunmehr mit dem Inhalt der Prof. Voigt'schen Behauptungen zu beschäftigen. Die Stellungnahme bietet jetzt keine Schwierigkeiten mehr; ich bin in meinen Erörterungen auf keinen Punkt eingegangen, über den eine Verschiedenheit der Meinung oder Auffassung bestehen kann; es handelt sich nur um tatsächliche, von jedem Leser leicht zu beurteilende Angaben. [1])

Ein literarischer Betrieb, in dem es möglich ist, die von Prof. Voigt gebrauchten Mittel straflos und gefahrlos anzuwenden, verdient nicht mehr den Namen einer Wissenschaft. Die von Prof. Voigt befolgte Methode würde, wenn sie für zulässig gehalten wird, den Verderb jeder wissenschaftlichen Arbeit in der Nationalökonomie bedeuten. Ich möchte deshalb wünschen, daß diese Episode unerfreulicher Dinge alsbald zum Abschluß gebracht, und der Nationalökonomie die Möglichkeit ruhiger unbehinderter Arbeit zurückgegeben wird.

---

[1]) Mit Rücksicht darauf, daß Prof. Voigt bei der oben gekennzeichneten Methode verharrt und sie auch in seinen nach dem Buche „Kleinhaus und Mietkaserne“ erschienenen Arbeiten weiter befolgt, bitte ich den Leser, etwaigen Gegenbehauptungen von Prof. Voigt nur dann Glauben zu schenken, wenn sie mit genauen durch Seitenzahlen bezeichneten Literaturangaben belegt sind und wenn der Leser sich überzeugt hat, daß die Angaben dem Wortlaute und dem Zusammenhang nach richtig wiedergegeben sind.

FÜNFTER ABSCHNITT.

Zur Entwickelung des neueren Städtebaues.

Erstes Kapitel.

Grundzüge der städtischen Ausbreitung.

Wenn eine Reformierung des Städtebaus verlangt wird, so haben die Vertreter dieser Forderung dreierlei zu beweisen: zunächst, daß das heutige System der Wohnungsproduktion als solches schädlich ist und der Änderung bedarf; ferner, daß die Mißstände tatsächlich an der behaupteten Stelle ihren Sitz haben; endlich, daß die vorgeschlagenen Mittel den Zweck erfüllen, den schlechten Zustand zu beseitigen und eine befriedigende Gestaltung des Wohnungswesens herbeizuführen. Der vorliegende Abschnitt macht den Versuch, die hauptsächlichen unter den in Betracht kommenden Gesichtspunkten zu erörtern und sie in möglichst knappe, z. T. programmatisch geformte Sätze zusammenzufassen.

Der Städtebau ist vielleicht dasjenige Gebiet unseres Kulturlebens, auf dem es der Gegenwart am wenigsten vergönnt war, aus eigenem zu schaffen und auf dem — was wohl die selbstverständliche Folge ist — das geschaffene am wenigsten befriedigt. Wir haben die vorhandene Stadtanlage und die Vorbilder der Vergangenheit übernommen; aber wir haben keine den Bedürfnissen der Gegenwart entsprechenden Formen entwickelt. Die äußere Gestaltung, das System und die Bauformen des Städtebaus sind in Deutschland aus Perioden ererbt, die durchaus andere Aufgaben zu erfüllen hatten, als sie der Städtebau der Gegenwart stellt.[1] Eine vergleichende Gegenüberstellung kann vielleicht am

---

[1] Wir haben in Deutschland drei Perioden des Städtebaus zu unterscheiden, die mittelalterlich-kommunale, die sich im zwölften und dreizehnten Jahrhundert entwickelt, die des landesfürstlichen Städtebaus, die in Deutschland in der zweiten Hälfte des siebzehnten Jahrhunderts einsetzt; und die der Gegenwart, die in den sechziger Jahren des neunzehnten Jahrhunderts beginnt. Vgl. mein „Wohnungswesen“ S. 9.

raschesten dazu dienen, die wichtigeren unter den Gegensätzen zwischen dem uns überlieferten und dem neu zu entwickelnden Städtebau hervorzuheben und zugleich an ihnen die veränderten Ziele der Gegenwart zu umgrenzen.

Als den ersten Gegensatz zwischen der von uns vorgefundenen Stadtanlage und den neu zu schaffenden Formen möchte ich bezeichnen die vollständige Umkehrung in der Stellung des Zentrums und des Außenbezirks. Im älteren Städtebau bildet die Innenstadt den besten und gesuchtesten Wohnbezirk; die Außenbezirke und Vorstädte gelten als minderwertig. In den dem landesfürstlichen Städtebau entstammenden Stadtanlagen ist das fürstliche Residenzschloß der glanzvolle Mittelpunkt, der oft schon äußerlich das Stadtbild beherrscht und an dessen Umgebung die meistbegünstigten Stadtteile sich anschließen.[1]) Auch in den aus mittelalterlichen Anlagen entwickelten Städten befinden sich die guten Wohnbezirke nicht allzuweit von der Stadtmitte. Bis in die sechziger Jahre des neunzehnten Jahrhunderts hatte sich an dieser Bewertung von Innenstadt und Außenbezirken in Deutschland nichts wesentliches geändert. Heute dagegen hat fast in jeder Großstadt die Stadtmitte oder die Umgebung des Residenzschlosses aufgehört, den bevorzugten Wohnbezirk zu bilden; vielfach kommt sie als Wohnstadtteil nicht mehr oder nur in geringem Umfang in Betracht. Die Außenbezirke und Vorstädte dagegen haben den Charakter der Minderwertigkeit verloren; in ihnen vollzieht sich nach jeder Richtung hin, wenn auch mit Unterscheidung des Wertes der Lage, die neuere Stadterweiterung. Die uns überlieferte Stadtanlage hat einen zentripetalen, die neuzeitliche hat zentrifugalen Charakter.

Der zweite Gegensatz besteht darin, daß in den Großstädten heute Wohnstätte und Arbeitsstätte regelmäßig getrennt sind, während sie noch in der uns unmittelbar voraufgehenden Periode zumeist vereinigt waren. Schon diese Scheidung fordert eine Änderung des überlieferten und noch vielfach festgehaltenen Systems der Stadtanlage, die darauf beruhte, daß vordem die Bevölkerung — obere Klassen wie Handwerker — Geschäft, Laden und Wohnung im gleichen Hause hatte. In den Großstädten ist

[1]) In Paris wie in Berlin wurde die Errichtung von Neubauten in den Vorstädten mehrfach verboten, um die Besiedelung der von den Landesfürsten begünstigten Stadtteile zu fördern.

heute die Stadtmitte in größerem oder geringerem Umfang reine Geschäftsstadt geworden. Auch in den übrigen Stadtbezirken wohnt der Großkaufmann und Großunternehmer heute allgemein nicht mehr in dem Gebäude seines Geschäftsbetriebes. Für die Masse der städtischen Arbeiter vollends ist die Trennung von Wohnung und Arbeitsstätte selbstverständlich. Der Städtebau der Gegenwart steht somit zum ersten Mal vor der Aufgabe, reine Wohn-Stadtteile errichten zu müssen.

Als eine dritte Unterscheidung ist hervorzuheben, daß die Schichtung der städtischen Bevölkerung eine vollständig verschiedene gegenüber der voraufgehenden Zeit geworden ist. Die überwiegende Mehrzahl der städtischen Einwohner gliedert sich heute in Haushaltungen mit einem Einkommen bis zu 1200 und 2000 Mark. Der Bedarf an Kleinwohnungen und kleinen Mittelwohnungen ist auf mindestens 85 % sämtlicher städtischen Wohnungen zu veranschlagen. Die Wohnungen in den oberen Preislagen bilden nur einen geringen Prozentsatz des großstädtischen Wohnungsbedarfs. In reinen Industriestädten ist das Verhältnis vielleicht noch ein schärferes. Die Kleinwohnung müßte heute eigentlich dem Städtebau das Gepräge geben.

Endlich ist noch ein viertes Moment von Bedeutung: Die Stadterweiterung der Gegenwart geht regelmäßig über die kommunalen Gebietsgrenzen hinaus und erstreckt sich auf fremde Verwaltungsbezirke, die keine administrative Einheit bilden und zudem wirtschaftlich einen ganz ungleichartigen Charakter haben. Ortschaften, die weder die Steuerkraft, noch das Kapital, noch den erforderlichen technischen Apparat besitzen, werden von der Ausbreitung benachbarter Städte ergriffen. Andererseits entwickeln sich einzelne Vororte zum Sammelpunkt gerade der steuerkräftigsten Personen. Zudem wird die planmäßige behördliche Leitung der Stadterweiterung durch Zuständigkeitsgrenzen öfter behindert.[1]) Die Eingemeindungen bieten hiergegen nur ein ungenügendes, häufig verspätet angewandtes, mitunter auch vollständig versagendes Hilfsmittel. Doch auch innerhalb ihres eigenen Gebietes bleibt die kommunale Tätigkeit hinter den Anforderungen,

[1]) Vgl. hierzu „Denkschrift über die Beziehungen zwischen Berlin und seinen Nachbarorten, im Auftrag des Magistrats zu Berlin verfaßt von Magistratsrat Hamburger“, Berlin 1903.

die das städtische Wachstum stellt, zurück. Die Leitung der städtischen Ausbreitung fällt unter diesen Verhältnissen vielfach privaten Unternehmern zu, die die Stadterweiterungsgeschäfte in die Hand nehmen und in ihrem Betrieb nicht an die kommunalen Grenzen gebunden sind.

Für die städtische Ausbreitung und die Stadtanlage der Gegenwart dürften sich demnach aus dem vorigen als hauptsächliche Gesichtspunkte wohl die folgenden ergeben: 1. entscheidende Bedeutung der Gestaltung der Außenbezirke; 2. Scheidung zwischen den Wohnbezirken und den Geschäfts- und Industrielagen; 3. Berücksichtigung des Überwiegens der Kleinwohnung; 4. Notwendigkeit einer über die heutige kommunale Tätigkeit und die Gemeindegrenzen hinausgreifenden Leitung der Stadterweiterung.

Zweites Kapitel.

Kraft und Gegenkraft in der Entwickelung der Bodenwerte.

Stellen wir nun weiter die Frage: wer baut unsere Städte? welches sind die Träger der unsere gesamten städtischen Verhältnisse bestimmenden Entwickelung der Bodenwerte? Die Antwort wurde bereits oben S. 1 gegeben: das Wohnungswesen wird in den verschiedenen Stadien seiner Entwickelung beherrscht durch die Spekulation.

Dieser Bedeutung der Spekulation gemäß haben wir zunächst zu untersuchen, unter welchen wirtschaftlichen Machtverhältnissen die Spekulationsgeschäfte in den einzelnen Stufen des Wohnungswesens zustande kommen. Da die Boden- und Grundstücksspekulation eine einseitige Spekulation ist, die sich nur in der Richtung nach oben und zur Herbeiführung einer Preissteigerung vollzieht,[1]) so fehlt hier schon die bei anderen Spekulationsformen vorhandene Gegenkraft, die geschäftsmäßig, am gleichen Markte und als Gegenpartei für die Preisbewegung nach unten tätig wäre. Doch vielleicht finden wir unter den Vertragsgegnern und den Geschäftsnachfolgern des Spekulanten oder bei sonstigen Interessenten die Kraft, die der Preissteigerung das unbedingt erforderliche Gegengewicht halten

---

[1]) Oben S. 30/31.

könnte. Es kommen hier der Reihe nach in Betracht der Bauunternehmer, der Hausbesitzer und die Mieter. — Die erste Stufe der Entwickelung der Bodenwerte wird dargestellt durch das geschäftliche Verhältnis zwischen Bodenspekulant und Bauunternehmer. Der Bauunternehmer hat wie wir sahen, weder die Macht noch hat er auch nur das Interesse, der Preissteigerung des Bodens entgegenzuwirken (oben S. 14 fg.); er führt einfach die ihm durch den Bodenpreis vorgeschriebene Bauform aus. Der Bauunternehmer ist der Bundesgenosse, aber nicht der Gegner der Bodenspekulation. Wir haben sogar gehört, daß der Bauunternehmer bei billigerem Bodenkauf den allgemein höheren Bodenpreis in seine Berechnungen einstellt.[1]) Es ist gewiß ein schwerer, dem System unseres Städtebaus anhaftender Schaden, daß schon am Ausgangspunkt der Preisentwickelung keinerlei Widerstand gegen die Preistreiberei besteht. Auf irgend einen wirtschaftlichen Gegner hat die Bodenspekulation keine Rücksicht zu nehmen; ihren ersten Sieg gewinnt sie ohne jeden Kampf.

Auf der zweiten Stufe der Bodenwertentwickelung stehen sich gegenüber Bauunternehmer und Hausbesitzer. Der Hausbesitzer ist nun allerdings am wenigsten geeignet der Aufwärtsbewegung entgegenzuwirken. Unsere Untersuchung hat uns die typischen Vertreter des Geschäftsbetriebes gezeigt. Mit seiner geringfügigen Anzahlung — wenn er eine solche überhaupt geleistet hat — ist der Hausbesitzer nicht nur außerstande der Preissteigerung zu begegnen; sondern er ist gerade darauf angewiesen, die Preistreiberei seinerseits fortzusetzen. Der Hausbesitzer, der mit einem fast als Schiebung zu bezeichnenden Draufgeld ein Grundstück übernimmt, ist vielleicht die markanteste Erscheinung in dem bemerkenswerten Aufbau, der der Erzielung und Festhaltung der Spekulationsgewinne dient. Der Geschäftsbetrieb der Grundstücksspekulation beruht darauf, daß sie, — die selber der Kategorie des Großkapitals angehört — zur Realisierung ihrer Gewinne sich der Benutzung kapitalschwacher Unternehmer bedient, beim Hausbau, wie insbesondere beim Hausbesitz.[2]) Der Bauunternehmer, der

---

[1]) Oben S. 88.

[2]) Der kapitalschwache Bauunternehmer ist jedoch kein Bauschwindler; vgl. oben S. 16 Anmerkung 1 erwähnte Darlegung.

Kapital gebraucht und der Hausbesitzer, der kein Kapital hat, sind die willkommenen, man darf sagen, die notwendigen Hilfskräfte der Bodenspekulation. Der Hausbesitzer ist nichts anderes als der Hüter der Spekulationsgewinne, die die Form übermäßiger Hypotheken angenommen haben und die er bei Strafe der Preisgebung seiner eigenen Existenz in ihrem Bestande sichern muß. — Diese Ordnung der Dinge ist wohl für die Preissteigerung die vorteilhafteste. Aber sicherlich ist es keine gesunde Entwickelung, die ihre Erfolge dadurch erzielt, daß sie die stärksten wirtschaftlichen Funktionen in die wirtschaftlich schwächsten Hände legt.

Der Gegenkontrahent des Hausbesitzers endlich sind die Mieter, denen jeder individuelle Einfluß auf die Entwickelung der Bodenwerte genommen ist. Nur als objektive Voraussetzung der Wertbewegung kommen sie in Betracht. Während des normalen, durch unsere ökonomisch-technische Entwickelung bedingten Wachstums der Städte sind „die Mieter“ einflußlos, und selbst eine scharfe Wirtschaftskrise hat, wie wir mehrfach sahen, heute nicht die Wirkung, die Bodenwerte herabzudrücken. Die in wirtschaftlichen Kämpfen sonst angewandten Machtmittel, der Streik und die Gewerkschaftsbewegung, versagen beim Wohnungswesen aus naheliegenden und natürlichen Gründen; der Mieter kann die beiden schärfsten und wirkungsvollsten Waffen, die er überall im wirtschaftlichen Leben gebraucht, gerade hier nicht benutzen, obwohl er als Masse mit streng einheitlichen Interessen einer kleinen Minderheit gegenübersteht. Den Hausbesitzern dagegen steht jede Stärkung ihrer Stellung durch straffe Organisation, vermehrt durch politische Vorrechte, zu Gebote.

Somit sind wir also mit der Erklärung des Kräfteverhältnisses zu Ende? Keineswegs; sie muß hier vielmehr erst recht beginnen. Die für die spekulative Preissteigerung erforderlichen Summen kommen nicht aus der vierten Dimension, sondern sie müssen bis auf den letzten Pfennig hereingebracht werden. Natürlich wälzen die „Mieter“ die Belastung ab, da wo sie die stärkeren sind oder mindestens die Möglichkeit erfolgreichen Handelns haben; mißlingt aber die Abwälzung, so muß die Lebenshaltung eingeschränkt werden. Dieser Zwang zur Aufbringung der von der spekulativen Wertbewegung geforderten Beträge bildet vielleicht die schlimmste und am wenigsten beachtete Seite der Frage. Welche Folgen entstehen nun hier für unsere Volkswirtschaft?

Die nächstliegende Abwälzung der spekulativen Belastung ist für einen großen Teil der Bevölkerung die Erhöhung der Arbeitslöhne, bei deren Festsetzung dem Arbeiter diejenigen Machtmittel zu Gebote stehen, die ihm auf dem Gebiet des Wohnungswesens fehlen. Der ständigen Aufwärtsbewegung der Bodenwerte geht parallel die ständige Bestrebung der Lohnsteigerung. Wenn dem Arbeiter die Wohnungsmiete schrittweise von 120 Mark auf 300 Mark gesteigert wird, so muß er versuchen, sich jeweils im Arbeitslohn schadlos zu halten. Indes mit einer Erhöhung seines Lohnes ist dem einzelnen Arbeiter nicht für die Dauer geholfen; denn die Preise aller Wirtschaftsgüter werden jetzt mit Notwendigkeit in die Höhe getrieben. Jeder Lohnarbeiter muß in den allgemein steigenden Preisen der Lebenshaltung auch die Zuschläge aller anderen Individuen bezahlen, die die auf sie entfallende Last ihrerseits abwälzen. Nach kurzer Zeit ist der einzelne Wirtschafter mit der Prästationskraft seines Einkommens wieder gerade soweit wie zuvor, und es entsteht eine Schraube ohne Ende. Die Lohnbewegung ist also eine dauernde und kommt nicht zum Abschluß.

Nicht immer gelingt indes die Lastenabwälzung durch Einkommenserhöhung. Den Organisationen der Arbeiter treten neuerdings die geschlossenen Verbände der Unternehmer gegenüber, die durch entsprechende Maßnahmen (Heranziehung billiger Arbeitskräfte u. a.[1])) die steigenden Forderungen der Arbeiter abwehren. Für einen erheblichen Teil der Bevölkerung aber ist die stetige Steigerung des Einkommens überhaupt schwierig oder unerreichbar. Die Haushaltungen mit festem Einkommen (Beamte) können mit der Verteuerung der Lebenshaltung nicht gleichen Schritt halten; die Aufbesserung der Gehälter wird häufig schon durch neue Mietssteigerungen aufgezehrt.[2]) In der Arbeiterschaft aber ist ein nicht geringer Teil (ungelernte Arbeiter, Heimarbeiter) außerstande, eine stetige Einkommenserhöhung durchzusetzen; hier ist eine Verschlechterung der Lebenshaltung die vielfach beobachtete Folge. Für die wirtschaftlich schwächste Schicht der Bevölkerung

---

[1]) Vgl. Soziale Praxis XV. Jahrg. 1906, Sp. 1831.

[2]) Preisbildung der Bodenwerte, Bericht über den VI. Internationalen Wohnungskongress Düsseldorf, Berlin 1902 S. 91.

endlich bleibt als letzte Abwälzung — die auf den kommunalen Armenetat, der in den letzten Jahrzehnten trotz aller sozialpolitischen Maßnahmen fortwährend steigt.

Der für die Boden- und Grundstücksspekulation zu beschaffende Aufwand ist die schwerste Belastung, die unsere Bevölkerung zu tragen hat. Sie trifft die Produktion auf ihrer ersten, untersten Stufe und wächst fortwährend durch erhöhte Zuschläge und Überwälzungen.[1]) Die Verteilung der wirtschaftlichen Kräfte in der Grundstücksspekulation zeigt uns das eigentümliche Verhältnis, daß es bei den einzelnen Trägern der spekulativen Bodenwertentwickelung schon an jedem Gegeninteresse gegenüber der Preissteigerung fehlt, von einem Widerstand ganz zu schweigen. Umsomehr nimmt die auf die Gesamtheit der Bevölkerung ausgeübte Wirkung unsere Aufmerksamkeit in Anspruch. Die von der Bodenspekulation ausgehende Bewegung pflanzt sich fort in einem durch Zuschläge stetig gesteigertem Maße; sie wird übertragen auf unsere gesamte Wirtschaft — begleitet von einer andauernden Unruhe und Beunruhigung der wirtschaftlichen wie der politischen Zustände. Die Prästationskraft des Arbeitseinkommens (nicht etwa die Höhe des Arbeitseinkommens, wie manche Bodenreformer glauben) sinkt parallel mit dem Steigen der Bodenrente. Die Bewegung ist nicht vorübergehender und konjunkturgemäßer, sondern dauernder Art und in den Institutionen begründet. Ein Stillstand kann nur eintreten, wenn der hier geschilderte Aufbau in seiner Grundlage, bei der Bodenspekulation, abgeändert wird.

Drittes Kapitel.

Kapital und Spekulation.

Jede spekulative Hochbewegung (Haussespekulation, Preistreiberei) gebraucht Kapital. Denn die Spekulation schafft keine neuen Wirtschaftsgüter; sondern sie bringt nur eine neue Bewertung hervor, die durch neues Kapital (meist ist es Kreditkapital) validiert werden muß. Wird z. B. der Verkehrswert eines Wirtschaftsgutes von 10000 Mark auf 50000 Mark gesteigert, so

[1]) Städtische Bodenfragen S. 98.

ist bei der Veräußerung oder Umsetzung ein Mehrkapital von 40000 Mark erforderlich, das zumeist im Wege des Kreditkapitals beschafft wird; und die Realisierung dieser spekulativen Wertsteigerung ist andererseits davon abhängig, daß das erforderliche Mehrkapital aufgebracht wird. Die Entwickelung der letzten Jahre hat uns die Richtigkeit dieser Auffassung bestätigt. Der Satz, daß die Haussespekulation Kapital gebraucht, der anfänglich vielfach bestritten wurde, ist heute bei Theoretikern und Praktikern wohl allgemein anerkannt.[1])

Wenn der vorangestellte Satz zutrifft, so ist es gewiß, daß es in Deutschland kaum einen größeren Kapitalverbraucher gibt als die Bodenspekulation. Wir gebrauchen heute in Deutschland fast mehr Kapital um den städtischen Boden in die Höhe zu treiben und hoch zuhalten, als um ihn zu bebauen. Die Summen, die für die Einleitung der Bodenspekulation, für das Festhalten des Bodens, endlich für die Realisierung der Spekulationsgewinne und die stehende Verschuldung erforderlich sind, gehen hoch in die Milliarden; und wenn auch der einzelne Spekulant seine Hypothek an eine andere Hand veräußert, die gewaltigen Beträge an Kreditkapital bleiben unvermindert und im wesentlichen ohne Tilgung haften.

Es ist z. T. privates Kapitalvermögen, in der Hauptsache aber ist es das eigentliche Großkapital, das sich in immer steigendem Umfang dem Bodenkredit und dem Bodengeschäft zuwendet. Die für die Spekulation wichtige Beleihung wird besorgt von den Hypothekenbanken und Versicherungsgesellschaften; neuerdings sind es insbesondere unsere großen Depositen- und Emissionsbanken, die sich allgemein dem spekulativen Bodengeschäft widmen und nebenbei auch die Grundstückbeleihung und die Abstoßung der bei ihren Grundstücksverkäufen übernommenen Hypotheken betreiben.

An welchen Stellen finden wir nun das Kapital auf dem weiten Gebiete des Bodengeschäfts und der Bodenbewertung tätig?

---

[1]) Beim Erscheinen meines „Deutschen Kapitalmarkts" 1901 wurde mir von einer angesehenen Fachzeitschrift auf das schärfste entgegnet: „Die Spekulation braucht nicht Kapital, nein, sie schafft Kapital". Die Ansicht wird wohl heute in dieser Form in Fachkreisen nicht mehr vertreten. Über die Wirkung der spekulativen Ansprüche auf den Geldmarkt vgl. die Zeitschrift Plutus 6. Januar 1906 S. 3 und öfter.

Zunächst scheiden wir hier, wie schon früher, die Bodenspekulation genau von einer anderen spekulativen Unternehmung im Städtebau, nämlich von dem spekulativen Baugewerbe, das wir im städtischen Wohnungswesen für unentbehrlich halten. Es mag nun auffallen, daß das Großkapital in Deutschland sich mit seinem ganzen Schwergewicht auf die Bodenspekulation wirft; während es sich im spekulativen Baugewerbe — wenigstens bei dem hier vorzugsweise in Betracht kommenden Kleinwohnungsbau — nur in geringem Umfang betätigt. In andern Ländern, so in England, ist das Verhältnis das umgekehrte. Dort ist das Baugewerbe großkapitalistisch geleitet; es steht auf der höchsten Stufe der Leistungsfähigkeit und ist mit allen Vorteilen des neuzeitlichen kapitalistischen Betriebs ausgestattet. Die Depositenbanken gewähren nicht der Bodenspekulation (die es in unserem Sinne in England nicht gibt), wohl aber den Bauunternehmern leichten und weitgehenden Kredit.[1])

Wie erklärt sich nun der entgegengesetzte, bei uns entwickelte Zustand? Ist das Baugewerbe, das doch neue Werte hervorbringt, so viel weniger kreditwürdig als die unproduktive Bodenspekulation? An sich ist das keineswegs der Fall. Das Baugewerbe würde, wenn es auf gesunde Grundlage gestellt wird, eine durchaus solide Geschäftstätigkeit sein; es würde z. B. in nichts hinter dem Geschäftsbetrieb einer Baugenossenschaft zurückstehen, deren ganze Überlegenheit auf der Unabhängigkeit von der Bodenspekulation und auf der Zufuhr billigen Kreditkapitals beruht. Der Grund für die heute bestehenden Verhältnisse ist vielmehr lediglich der, daß unsere Institutionen des Immobiliarverkehrs — insbesondere die uns zur Genüge bekannte Verschmelzung des Bauwertes mit dem spekulativen Bodenwert — es der Bodenspekulation ermöglichen, den durch die Bautätigkeit erzeugten Wert für sich in Beschlag zu nehmen.[2]) Nunmehr ist es allerdings weit vorteilhafter und bequemer, Bodenspekulation zu betreiben und sich die künstlich hochgeschraubten Wertforderungen durch das Baugewerbe realisieren zu lassen.

Das hierdurch hergestellte Verhältnis ist ein so wirtschafts-

---

[1]) Vgl. meine Abhandlung Depositenbankwesen und Checkverkehr in England, Schmollers Jahrb. XXVII S. 608.

[2]) Oben S. 33.

widriges, daß vielleicht in einem Vergleich, nicht mit dem Auslande, sondern mit inländischen Betrieben, die Verkehrtheit dieses Zustandes noch deutlicher vor Augen treten wird. Stellen wir uns vor, bei dem Aufschwung unserer rheinischen Industrie hätte das Kapital sich lediglich damit befaßt, reine Mutungsrechte zu erwerben und ihren — ganz unbestreitbaren — Wert auf Milliarden zu treiben. Den Bau, den Besitz und den Betrieb der Werksanlagen dagegen hätte man dann, unter Anrechnung aller Spekulationsgewinne, kapitalschwachen Personen wie unseren Bauunternehmern und Hausbesitzern überlassen. Wie würde es dann um unsere Industrie bestellt sein? Allerdings hat man in neuerer Zeit reine Mutungsrechte mit gewaltigen Summen kapitalisiert und weiterverkauft, und die Bodenspekulation beginnt auch auf diesem Gebiete scharf einzusetzen. In der Hauptsache aber hat bisher das Kapital, wo es der industriellen Unternehmung unmittelbar zufloß, dazu gedient, die industriellen Anlagen zu bauen, zu betreiben und zu erweitern; und Industrie und Kapital haben sich dabei gleich gut gestanden.

Das gleiche Verhältnis gilt es in einer unserer größten Industrien — denn das ist der Städtebau — herzustellen. Das Kapital soll sich hier nicht mit der unproduktiven, sondern mit der produktiven Tätigkeit verbünden. Es soll nicht das einzige und unentbehrliche Mittel bilden zur spekulativen Auftreibung der Bodenwerte. Für die wirtschaftsgemäße Gestaltung des Wohnungswesens möchte ich die Formel aufstellen: billiges Land, billiges Baugeld — teures Land, teures Baugeld. Die beiden Teile des Satzes stehen in unlösbarer Wechselwirkung. Wird das Kapital verwendet zur spekulativen Preistreiberei des Bodens, so kann dies nur auf Kosten der Bodenbearbeitung und der Bodennutzung geschehen. Die Verteuerung des Bodens zieht die Verteuerung des Baugeldes und die Herabdrückung des Baugewerbes nach sich und führt zu den Zuständen, die unsere städtische Wohnungsproduktion zu einer dauernd unbefriedigenden machen. Das spekulative Baugewerbe, das Unsummen neuer Werte herzustellen hat und dem zuliebe unsere Einrichtungen für den Realkredit eigentlich geschaffen sind, ist von allen großen Industriebetrieben sicherlich der am wenigsten leistungs- und widerstandsfähige; es ist vielleicht das einzige große Gewerbe, das ebenso von dem Aufschwung einer Konjunktur wie von dem Niedergang nachteilig betroffen wird.[1])

Daß die Fehlleitung des Kapitals durch die Bodenspekulation — und nur von diesem einen Punkt ist hier die Rede — auf die Produktion schädlich wirkt, ist gewiß. Indes auch das Kapital selber wird besser seine Rechnung finden, wenn es aus der Bodenspekulation herausgetrieben wird und, wie auf den oben erwähnten Gebieten der Industrie, mit der produktiven, wertschaffenden Tätigkeit zusammengeht. Die Kräftigung der zahlreichen an der Wohnungsproduktion beteiligten Industrien und Gewerbe — von den günstigen Wirkungen auf die städtische Gesamtbevölkerung ganz abgesehen — kommt vor allem dem Kapital zugute, indem der Umfang wie die Solidität der mit dem Bodengeschäft zusammenhängenden Unternehmungen sich heben wird. Der gegenwärtige Zustand der Kapitalisation des Bodens kann auch vom Standpunkt der beteiligten Institute nicht befriedigen.[2])

Von den Verteidigern der Bodenspekulation werden jedoch mit bezug auf die Wirkungen der Spekulation einige Einwendungen vorgebracht, die in diesem Zusammenhang zu behandeln sind. Zu-

---

[1]) „Das spekulative Baugewerbe, dem die Hauptaufgabe in der Wohnungsherstellung zufällt, arbeitet heute in Deutschland vielfach mit geschäftlichen Einrichtungen, die selbst für die Fabrikation eines Artikels wie Zündhölzer und Nähnadeln glattweg undenkbar wären. Von irgend einer Anwendung neuzeitlicher Formen ist auf diesem wichtigen Gebiet unseres Wirtschaftslebens nur wenig die Rede. Das spekulative Baugewerbe der hier geschilderten Form besitzt weder Selbständigkeit noch Leistungsfähigkeit; es versagt plötzlich, wenn seine Tätigkeit am meisten erforderlich ist, in Zeiten wirtschaftlichen Aufschwungs; es ist ebensowenig imstande, seinen Betrieb in der Periode eines wirtschaftlichen Niedergangs aufrecht zu erhalten. Weder die Herrschaft des Kapitals noch die Vorteile neuzeitlicher Organisation und Technik stehen dem Bauunternehmertum zur Seite". Rheinische Wohnverhältnisse, Jena 1903 S. 38.

[2]) Daß die Kapitalzufuhr durch die Hypothekenbanken und Versicherungsgesellschaften in geschäftlicher wie in sozialer Hinsicht nicht befriedigt, ist wohl allgemein zugegeben. Auch die Bodengeschäfte der Großbanken erscheinen, trotz ihrer Ergiebigkeit, kaum dem Charakter der Institute angemessen. Es ist weder ein wünschenswertes noch eines großen Instituts würdiges Verfahren, wenn Großbanken die Kreditgewährung an Bauunternehmer davon abhängig machen, daß zweitstellige, von Grundstücksgeschäften hängen gebliebene Hypotheken in Zahlung genommen werden.

nächst wird behauptet, daß die Bodenspekulation nicht allgemein preissteigernd wirke; denn manche Spekulation schlage fehl und bringe dem Unternehmer nur Schaden. Die Einrede, die nur als Beweis einer völlig fehlerhaften Auffassung von der Spekulation und ihren einzelnen Formen beachtenswert ist, bedarf eigentlich kaum der Zurückweisung. Mit bezug auf die Spekulation im allgemeinen hat schon Proudhon den treffenden Ausspruch getan: „il ne faut pas confondre les abus de la spéculation avec ses erreurs." [1]) Dieses auf die Spekulation in beweglichen Gütern (Börsenspekulation) gemünzte Wort ist indes nicht erschöpfend für die eigentümlichen Verhältnisse des Grund und Bodens. Schon bei beweglichen Gütern ist es mehr als zweifelhaft, ob das Fehlschlagen einer einzelnen Spekulationsunternehmung für die Volkswirtschaft einen allgemeinen Vorteil bringt; höchstens könnte das Zusammenbrechen einer ganzen Spekulationsbewegung (Hausse bezw. Baisse) für die obsiegende Partei oder für die Gesundung des Marktes von Nutzen sein. Bei der Bodenspekulation ist jedoch eine derartige Wirkung durch die Natur der Dinge ausgeschlossen. Der Verlust eines einzelnen Spekulanten berührt hier nicht einmal einen zweiten Spekulanten, wie viel weniger die Allgemeinheit. Die zwanzigjährige Spekulation in der Wilmersdorferstraße, die wir oben S. 99 besprochen haben, ist gänzlich fehlgeschlagen und brachte dem Bodenbesitzer einen schweren Verlust; indes *nicht einmal die unmittelbar angrenzenden Grundstücke*, geschweige denn die Bodenwerte allgemein, haben auch nur einen Pfennigwert an Wirkung verspürt. Es ist gar nicht abzusehen, wie der Fehlgriff eines einzelnen Spekulanten einen Ausgleich bieten soll für die systematische Preissteigerung des Bodens. Nur wenn die Bodenspekulation als ganzes zusammenbräche und beseitigt würde, hätte die Entwickelung der Bodenwerte einen Vorteil. Besondere Beachtung verdient hierzu eine aus Fachkreisen stammende Beurteilung der Aussichten der Bodenspekulation:

„Jedermann, der Grund und Boden entweder ererbt hat oder der denselben auf Spekulation kauft, behält ihn in der sicheren Voraussicht, daß der zurzeit vorhandene Grundwert sich mit jedem Jahre erhöhen wird und daß er ein besseres Geschäft dabei macht, als wenn er den zeitweiligen Grundwert zu

[1]) Vgl. meine Abhandlung: die Spekulation, ihr Begriff und ihr Wesen, Schmollers Jahrb. XXIX, 4. Heft, S. 1502.

Gelde macht und das Kapital in zinstragenden Papieren anlegt. Wenn es auch zahlreiche Beispiele gibt, in denen solche Spekulationen nicht den gewünschten Erfolg gehabt haben, so ist in der Mehrzahl der Fälle derartigen Terrainbesitzern außer der landesüblichen Verzinsung ein ganz erheblicher Gewinn bei dieser Spekulation verblieben." [1]) —

An zweiter Stelle wird zugunsten der Bodenspekulation eingewendet, daß der spekulative Aufkauf des Bodens berechtigt sei; insbesondere sei der häufig vorgebrachte Vorwurf des „Festhaltens" oder „Aussperrens" von Baugelände unbegründet. Es ist bemerkenswert, daß diese Auffassung weder durch die Beibringung noch durch die Bestreitung exakter Tatsachen begründet wird; es handelt sich um einen frei konstruierten Widerspruch gegen allgemein bekannte und beobachtete Vorgänge.

Die Behauptung von dem der Bodenspekulation zugeschriebenen „Festhalten von Baugelände" beruht auf der allgemeinen Erfahrung der letzten zwei Jahrzehnte. Unter den hier vorgebrachten Einzelbeispielen sei erinnert an die Stadterweiterung von Cassel, bei der das Gelände von 80 Pfg. Kostpreis für den Quadratmeter auf 50—70 Mark gebracht wurde, unter Überspringung jeder Zwischenstufe und unter Ablehnung des Verkaufs unter dem Mietskasernenpreis. In Berlin sind die Fälle des Festhaltens großer Landkomplexe nicht zu zählen. Aus München, Hamburg, fast aus jeder Großstadt liegen die gleichen Feststellungen vor, in denen Verwaltungsbeamte, Techniker und Wohnungspolitiker übereinstimmen. Als bündigster und schlüssigster Beweis dient indes wohl, wie ich glaube, die soeben S. 182 angeführte Darlegung; der Vorstand einer unserer größten Bodengesellschaften bezeichnet hier das Festhalten des Bodens als allgemeine Erscheinung und sogar als die den Interessen jedes Bodenbesitzers entsprechende Handlung. An dieser gewiß sachgemäßen und unanfechtbaren Schilderung dürften sich wohl die Verteidiger der Bodenspekulation genügen lassen.

Ich wüßte in der Tat nicht, wie die Dinge sich unter dem heutigen System des deutschen Städtebaus anders abspielen könnten. Wir haben im Bodengeschäft drei Kategorien des unüberbauten Bodens: 1. landwirtschaftlichen Boden, 2. Spekulationsland, 3. Baustellen. [2])

[1]) Georg Haberland, Der preußische Gesetzentwurf zur Verbesserung der Wohnungsverhältnisse, S. 47; wegen der Stellung des Verfassers vgl. hier oben S. 67 Anmerkung 1 am Ende.

[2]) Oben S. 80.

Wenn man die Preishöhe der Mietskaserne verlangt, wird es, einzelne Fälle ausgenommen, im allgemeinen kaum ein anderes Mittel geben, als das seither angewandte — jahrelanges Festhalten auch während einer Krisis, Zuschlagen der Zinsen und schließlich Parzellierung und „Annahme“ von Bauunternehmern. Die Bodenspekulation hat bei diesem „Festhalten“ indes keineswegs die Absicht, den Boden auf ewige Zeiten von der Bebauung auszusperren; solche Pläne hat ihr gewiß noch niemand zugeschrieben. Was vielmehr seit zehn oder zwanzig Jahren aufgekauft und festgehalten wurde, das wird heute verkauft. Inzwischen ist mit der Ausbreitung der Städte und der Verkehrsmittel die Bebauung weiter hinausgerückt. Das gleiche System wiederholt sich in dem vorgeschobenen äußeren Ring, wenn es auch heute nach dem Ausbau der städtischen Verkehrslinien im einzelnen etwas rascher gehen mag.

Was die Spekulation heute bei Berlin aus Vororten wie Steglitz, Friedenau, Pankow gemacht hat, das wird sie über zehn Jahre aus jedem anderen Bezirk machen, den man ihr unter den gleichen Bedingungen ausliefert.[1]) Was sich damals bei Kilometer 5 des städtischen Außenrings abspielte, wiederholt sich dann bei Kilometer 10. Je billiger und reichlicher das neuerschlossene Land, um so sicherer wird die Spekulation sich seiner bemächtigen, um — unter den heutigen Einrichtungen — durch ihr Dazwischentreten den neuen Boden auf die Preishöhe der inneren Bezirke zu treiben. Zur Beseitigung dieser Mißstände muß sich der Städtebau bestreben, die Kategorie des Spekulationslandes, zwar nicht völlig auszuschalten, wohl aber in ihrem Spielraum nach oben zu begrenzen. Nicht das Festhalten des Bodens an sich, sondern die Erzielung übermäßiger, sachlich nicht begründeter Bodenpreise wird bekämpft.[2])

[1]) Vgl. „Neue Aufgaben in der Bauordnungs- und Ansiedelungsfrage“, herausgegeben von Dr. Karl von Mangoldt, Göttingen 1906, mit Beiträgen von Stübben, Gretzschel u. A.; s. auch Plutus III. Jahrg. 1906 H. 24 S. 434 (Wiedergabe aus der Berliner Morgenpost).

[2]) Vgl. noch die bemerkenswerten Darlegungen, die in jüngster Zeit von Seiten der Bodenreformer bezüglich der Bodengesellschaften (Terraingesellschaften) unter Beibringung umfangreichen Materials veröffentlicht wurden; s. insbesondere Pohlmann, Jahrbuch der Bodenreform I. Jahrg. Jena 1905; Ludwig Eschwege, Deutsche Volksstimme, Einzelartikel. — Die Bodengesellschaften sind, wie von beiden Autoren in zutreffender Weise gezeigt worden ist, zu einem grossen Teil nichts anderes als Gewinnrealisierungs-Gesellschaften. Die Spekulationsgewinne sind in vielen Fällen schon längst ge-

Nicht die Kapitalisierung des Bodens als solche, sondern die Fehlleitung des Kapitals wirkt schädlich auf unsere Volkswirtschaft.

Viertes Kapitel.

Sachliche Grundlagen der Bodenspekulation.

Es bleibt uns nunmehr zu untersuchen, welche sachlichen, durch das System unseres Städtebaus gegebenen Voraussetzungen die Grundlage für die Tätigkeit der Bodenspekulation bilden. Hierbei müssen wir versuchen, die rein technischen und wirtschaftlichen Leistungen der Bodenspekulation zu ermitteln und diese ganz getrennt von jeder spekulativen Ausnutzung zu betrachten. Denn nur, wenn es uns gelingt, die notwendige technische Leistung einerseits und die unzulässige spekulative Ausnutzung andererseits begrifflich zu trennen, nur dann können wir verlangen, daß diese Trennung auch in der Praxis durchgeführt werde.

Als sachliche Grundlage der Bodenspekulation ist das städtische Parzellierungsgeschäft im weitesten Sinne zu betrachten. Das Gelände, das für den Bau oder für die Erweiterung einer Stadt dienen soll, bedarf der Aufteilung, bevor es für den Häuserbau verwendbar wird. Eine Parzellierung der für die städtische Bebauung bestimmten Bodenflächen ist notwendig, gleichviel, ob sie den Eigentümern der Grundstücke selber überlassen wird, oder ob sie nach einem großangelegten Plane erfolgt, oder ob sie endlich sich auf die nächsten Bedürfnisse der Stadterweiterung beschränkt. Bei dieser Bodenaufteilung sind zwei Momente zu unterscheiden: die Aufteilung einerseits für öffentliche und andererseits für private Zwecke. Zu den öffentlichen Zwecken zählt die Anlage der Straßen, die Ausscheidung von Gelände für freie Plätze und öffentliche Bauten; die privaten Zwecke umfassen die Aufteilung und Bereitstellung des Bodens für den eigentlichen Häuserbau. Die einschlägigen Verhältnisse sind in

---

macht, bevor die Bodengesellschaft gegründet wird, die den Boden bereits zu dem gesteigerten Preise übernimmt. Die hierbei aufgeschlagenen Zwischengewinne sind neuerdings selbst der Zulassungsstelle der Berliner Börse zu bunt geworden, und sie erklären es zur Genüge, wenn einzelne Gesellschaften nur eine geringe und mitunter keine Dividende verteilen können. Es wird wohl allseitig zugegeben, daß die Bodengesellschaften, wenn sie von der Bodenspekulation völlig abgetrennt würden, für den Städtebau günstiges leisten könnten.

der Vergangenheit wie in der Gegenwart immer dieselben. Es ist gleichgültig, ob wir uns eine völlige planmäßige Neugründung oder nur eine teilweise Stadterweiterung vorstellen; nur in den seltensten Fällen werden die zur Verfügung stehenden Grundbesitzflächen ohne weiteres für die Bebauung tauglich sein. Regelmäßig wird vielmehr für den Häuserbau eine Bodenparzellierung in irgend einer Form erforderlich sein, sei es durch Straßenanlage oder durch Grundstücksteilung.

Das Parzellierungsgeschäft findet sich deshalb in jeder Periode des Städtebaus; nur seine heutige Form und Handhabung ist der Gegenwart eigentümlich. Selbst die Bodenspekulation als solche war den älteren Zeiten nicht fremd. Daß eine Bodenfläche einen Mehrwert ergab, wenn sie als Baustelle genutzt wurde anstatt als Hofland, Gartenland oder Rebland, war schon im Mittelalter genau bekannt;[1]) es sind uns mehrfach Urkunden überliefert, aus denen hervorgeht, daß man auf diesen Mehrwert besonders rechnete.[2]) Aber jeder weitere, bestimmende Einfluß auf die Entwickelung der Grundstückswerte und auf die Bebauung — Bodenspekulation im heutigen Sinne — war dem Bodenbesitzer durch die rechtliche Trennung von Boden und Bauwerk abgeschnitten.[3])

In der Gegenwart besorgt die Bodenspekulation das für den Städtebau notwendige Parzellierungsgeschäft. Aber diese Tätigkeit bildet leider nicht das Ziel der heutigen Bodenspekulation in Deutschland; sondern die Spekulation will und besitzt die Herrschaft über die gesamte Bodenwertbewegung, über den Häuserbau und das Baugewerbe. Durch diese völlig veränderte Stellung der produktiven Faktoren des Bauwesens scheiden sich vor allem die älteren Perioden des Städtebaus von der gegenwärtigen. Wenn die Bodenspekulation sich auf die notwendige und sachliche Aufgabe beschränkte, den Boden aufzuteilen und in der vorteilhaftesten Weise für den Häuserbau bereitzustellen, so könnte sie nur segensreich wirken. Heute dagegen ist die

---

[1]) Die entgegengesetzte Meinung ist irrtümlich.

[2]) So insbesondere in Köln und in Lübeck. Wegen der Einzelheiten muß ich auf meine später erscheinende Untersuchung zur Geschichte der städtischen Bauweise verweisen.

[3]) Vgl. meine Abhandlung „Die Bedeutung der Bodenparzellirung für das Bauwesen", Zeitschrift Der Städtebau, Februar 1905 S. 18 fg.

Bodenspekulation mit Tätigkeiten verquickt, die mit den sachlichen Aufgaben der Parzellierung nicht das geringste zu tun haben, sie zu befriedigenden Leistungen unfähig machen und ihr nur durch bestimmte fehlerhafte Einrichtungen zugewachsen sind.

Das Parzellierungsgeschäft ist an sich gewinnbringend und von jeder späteren Entwickelung des Bodens genau abzutrennen. Auch hierfür sind uns die erläuternden Beispiele bereits begegnet. Wir haben den Bodenpreis kennen gelernt, der für ein Gelände in der Straßmannstraße von der Stadtgemeinde Berlin bezahlt wurde; er beträgt 30 Mk. für den Quadratmeter anbaufertigen Bodens. In diesem Preis sind alle Preiszuschläge, auch die übermäßigen Lasten des schematischen Städtebaus, enthalten; die Kosten der übertrieben breiten Straßen, die Pflasterung, die Kanalisation, die gesamte Tätigkeit des Parzellierens ist bezahlt und obendrein ein sicherlich nicht zu niedriger Gewinn erzielt. Die Bodenspekulation aber berechnet die angrenzenden Grundstücke mit 70 Mark für den Quadratmeter und höher. An anderer Stelle weigert sich ein Bodenspekulant, sein Gelände, das er mit Groschenstücken bezahlt hat, zu 25 Mark für den Quadratmeter abzugeben, weil er es auf das doppelte und dreifache treiben kann. Allgemein wird das Baugelände in der Hand des Bodenspekulanten durch bestimmte Mittel künstlich in die Höhe getrieben. Das sind Dinge, die mit dem Parzellierungsgeschäft nichts zu tun haben und die von ihm wieder abgetrennt werden müssen.

Die Verkuppelung der Bodenparzellierung mit der von der Beherrschung der Bautätigkeit zehrenden Bodenspekulation ist ebenso naturwidrig wie sie schädlich ist. Die Interessen beider Tätigkeiten sind sachlich einander geradezu entgegengesetzt. Die Bodenparzellierung hat das Interesse, Ackerland in Bauland zu verwandeln; die Bodenspekulation dagegen hat das Interesse, Ackerland in Spekulationsland zu verwandeln und es erst nach Verteuerung durch wirtschaftswidrige Zuschläge und nach Aneignung fremder Werte herauszugeben. Die naturgemäße Bodenparzelierung würde dem Bedürfnis und der Nachfrage folgen. Die Parzellierung durch die Bodenspekulation dagegen geschieht unter Bedingungen, die dem Bedürfnis entgegengesetzt sind und die Befriedigung der stärksten Nachfrage, nämlich der nach Kleinwohnungen, unmöglich machen.[1]) Wir gebrauchen deshalb im Städtebau reine Parzellierungsgesellschaften, die sich lediglich mit der Bereitstellung von Bauland beschäftigen und die, wie in anderen Ländern, glänzend gedeihen würden. Der Preisabstand vom Ackerland zur Baustelle ist groß genug, um ein lohnendes Geschäft für alle Beteiligten zu verbürgen.

Die private Unternehmung und der Umsatz würden hierbei im Bodengeschäft nicht zurückgedrängt sondern mächtig gehoben und belebt werden. So oft der neuzeitliche Staat fehlerhafte öffentliche Zustände gebessert hat, war ein Aufschwung der privatwirtschaftlichen Tätigkeit die unmittelbare Folge. Die private Unternehmung würde allgemein gewinnen, wenn die Bodenparzellierung dem Bedürfnis entsprechend und zugleich aus sozialen Gesichtspunkten geleitet würde. Auch die öffentliche Tätigkeit bedarf auf dem Gebiete der Bodenparzellierung der Erweiterung. Dies um so mehr, als die neuere städtische Ausbreitung, wie oben S. 172 vorangestellt, über die politischen Zuständigkeitsgrenzen hinausgreift, und die Bodenspekulation vollständig außerstande ist, die sich hieraus ergebenden Geschäfte der Stadterweiterung und der Bodenaufteilung planmäßig und in zureichender Weise zu führen.

Als die vornehmste Stütze der deutschen Bodenspekulation ist, wie durch meine Arbeiten gezeigt wurde, unser Grundbuch- und Hypothekenwesen anzusehen. Bodenspekulation ist Hypothekenspekulation. Doch vergessen wir nicht, daß dieses eine Wort „Hypothekenspekulation“ die stärksten Interessen umschließt und daß eine lange Reihe von Geschäftsbetrieben und Einrichtungen mit ihm verknüpft ist.

Die spekulative Aufblähung der Bodenwerte vollzieht sich beim Wohnungswesen nicht unter dem gesunden Gegenspiel entgegengesetzter Kräfte, sondern in einer Reihenfolge von Geschäftsoperationen, die sich Hand in Hand in der gleichen Richtung aneinander schließen. Hierzu gehört die geschickte Ausnutzung des Taxwesens, die Auswahl geeigneter oder gefügiger Bauunternehmer und vor allem die hohe Kunst der hypothekarischen Beleihung, von der — eine herrliche volkswirtschaftliche Paradoxie — die

[1]) Vgl. oben S. 85.

Bewertung der Grundstücke abhängt. Von den auf diesen Gebieten herrschenden Zuständen macht man sich in der Öffentlichkeit schwerlich eine zureichende Vorstellung. Auffällige Gerichtsverhandlungen, die mitunter den Schleier lüften, betreffen vielleicht nur ungeschickte und allzu sanguinische Unternehmer, und sind bald vergessen. Das reguläre Geschäft geht seinen Weg weiter, gestützt auf unsere allgemeinen Einrichtungen und deshalb auch ungehindert durch entgegenstehende Spezialvorschriften. Wir haben gehört, daß hochstehende Kreditinstitute, unbekümmert um die gesetzlichen Bestimmungen, Beleihungen bis zu 75 % der aufgetriebenen Spekulationswerte an erster Stelle gewähren. Daraus mag man abnehmen, wie es erst in den Niederungen aussieht. Die Frankfurter Zeitung, deren unabhängige Stellung in den hier behandelten Fragen bekannt ist, weist neuerdings wiederum auf die Zustände unseres Gebietes hin, unter besonderer Bezugnahme auf Hamburg. In anderen Großstädten dürften die Verhältnisse ähnlich liegen wie in Berlin und Hamburg.[1]) Dabei sind nur wenige Jahre vergangen seit der folgenschweren Erschütterung des Hypothekenmarktes und seit den Aufsehen erregenden gerichtlichen Verhandlungen, die über das Beleihungswesen einiges Licht verbreitet haben. An den Zuständen hat sich indes nichts geändert und kann sich auch unter den bestehenden Einrichtungen nichts ändern.

Die Reformierung unserer Einrichtungen für das Grundbuch- und Hypothekenwesen ist unabweisbar; und hier ist auch die Sicherheit des Gelingens für einen Eingriff gegeben. Die vorerwähnten, der Bodenspekulation anhaftenden Mißstände sind beseitigt, sobald man ihr die freie Verfügung über das Grundbuch nimmt und ihr die Amalgamierung mit den Bauwerten un-

---

[1]) „Während die Hypothekenbank in Hamburg sich von dem hiesigen Baugeschäft so gut wie völlig fernhält, beleihen gewisse Berliner und mitteldeutsche Institute hiesige Neubauten bis zu einer Grenze, welche mit dem Reichsgesetz über die Hypothekenbanken sich nicht mehr vereinbaren lässt. Sie bewilligen Hypothekengelder zum zehnfachen Betrage der jährlichen Miete". Frankfurter Zeitung 3. September 1906. „In Hamburg wie übrigens in einigen anderen grösseren Städten, wurde und wird von Hypotheken-Vermittlern Beschwerde darüber geführt, daß manche Hypothekenbanken allzu koulant in der Beleihung seien, zuweilen infolge von übergroßem Sanguinismus ihrer lokalen Vertreter, vielleicht auch in Betätigung übermäßigen Geschäftseifers der eigenen Verwaltung." Ebenda, 10. September 1906.

möglich macht. Die sich selbst überlassene Bodenspekulation kann nichts ausrichten und nicht schaden; ihre Macht beruht auf der Herrschaft über den Realkredit. Wenn hinsichtlich des Zieles der Reform in der Wissenschaft wohl allgemeine Übereinstimmung besteht, so sind doch für die praktische Ausführung verschiedene Wege denkbar, die der Aufzählung bedürfen.

Meine Untersuchungen haben mich von Anfang an auf den Vorschlag hingewiesen, der in kurzer Formulierung lautet: Wiederherstellung des ursprünglichen deutschrechtlichen Grundsatzes der Trennung von Boden und Bauwerk; Scheidung und dauernde Trennung der grundbuchlichen Belastungen in Meliorationshypothek und einfache Bodenschulden. Als Meliorationshypotheken würden nur diejenigen Beträge grundbuchlich eingetragen, die tatsächlich — unter Statuierung der Verpflichtung zu wahrheitsgemäßen Angaben — auf die Besserung des Grundstücks verwendet sind. Die Eintragung der der Meliorationshypothek nachstehenden und mit ihr nicht verschmelzbaren Bodenschulden bliebe dagegen unkontrolliert und unbeschränkt.[1]) Einen der Vorzüge dieses Systems finde ich darin, daß das Taxwesen wegfällt, das beim spekulativen Bodengeschäft kaum in befriedigender Weise zu regeln ist (s. oben S. 55/58), wenigstens nicht ohne zugleich das legitime Geschäft zu schädigen. Die Spekulation wird, falls die Taxierung der Bodenwerte als Maßstab der zulässigen Beleihung bestehen bleibt, wohl immer Mittel finden, um die Taxwerte zu korrumpieren oder aufzutreiben.[2])

Aus der Baupraxis wurde mir nun der Einwand entgegengestellt, daß auch unter dem System der Meliorationshypothek sich ähnliche Mißstände wie die oben erwähnten ausbilden könnten. Die Spekulation würde gefälschte (erhöhte) Baurechnungen vorlegen und dadurch eine höhere Beleihung erwirken; es scheint in der Tat, daß dieses Verfahren leider schon heute zu Spekulationszwecken mehrfach angewendet wird.[3]) Ich glaube indes nicht, daß

---

[1]) Der Deutsche Kapitalmarkt, S. 271 fg.

[2]) Vgl. meinen Kapitalmarkt S. 266. und 266 a[1].

[3]) Vgl. die folgende Darlegung: „Eine seltsame Manipulation angeregter Firma sei hier noch zum Schluß erwähnt, und zwar als typisch für das, was hier und da hinter den Kulissen agiert war. Die Firma baut auf Rechnung eines Geldkonsortiums ein großes Haus. Für die Lieferungen läßt sie sich zuerst Voranschläge einreichen, die geprüft werden, um danach Bestellungen zu

derartige Mißbräuche allgemein zu befürchten wären, sobald wissentlich falsche Angaben bei der grundbuchlichen Eintragung unter Strafe gestellt werden. Einzelne Betrugsfälle werden immer vorkommen; sie finden sich ebenso auf andern Gebieten, wie z. B. bei der Einkommenserklärung. Doch wird niemand daraus den Vorwurf herleiten, daß etwa unser Einschätzungssystem unwirksam oder nicht zweckentsprechend sei.

Zur Reformierung des Realkredits werden indes noch andere Wege vorgeschlagen. Ein von Bauinspektor Albert Weiß gemachter Vorschlag[1]) geht dahin, den reinen Bodenwert zu taxieren; eine höhere grundbuchliche Belastung des Bodens als die des festgesetzten Taxwertes, solle dann unzulässig sein. Für das Baugelände wäre also eine Verschuldungsgrenze — und damit auch eine Preisgrenze — einzuführen. An dritter Stelle ist die von Fr. C. Freudenberg gegebene Anregung zu erwähnen, die für das gesamte Grundstück (Boden einschließlich Gebäude) eine amtliche Taxierung verlangt. Die grundbuchliche Eintragung von Hypotheken solle nur bis zur Höhe der Grundstückstaxe gestattet sein, sodaß hiermit eine Verschuldungsgrenze für Boden und Gebäude gegeben wäre.[2])

Fünftes Kapitel.

Aufgaben des Städtebaus.

Wir greifen nunmehr zurück auf die drei ersten der Leitsätze, die wir in der Einleitung des Abschnitts aufstellten; sie ergaben als Grundzüge der neuzeitlichen Stadtanlage: entscheidende Bedeutung der Außenbezirke; fortschreitende Trennung von Wohn-

---

effektuieren. Soweit ist alles allright. Nun aber erhält die Lieferantin bald darauf ein zweites Schreiben, sie möchte doch den Anschlag, der, sagen wir mal, auf 50000 Mark festgesetzt war, auf 70000 Mark festlegen, wenn auch die zu liefernden Waren nur 50000 Mark ausmachen werden. Der Lieferant ist zuerst erstaunt, dann lächelt er fein, denkt „business is business" und macht — in vielen Fällen wohl — den „kleinen" Betrug mit". Plutus, 3. Jahrg. 1906 Heft 38 S. 686.

[1]) Die Veröffentlichung der Darlegungen, die zuerst in meinem Seminar an der Berliner Universität vorgetragen wurden, steht in Bälde zu erwarten.

[2]) Freudenberg, Verschuldung und Mietzins in Mannheim, Karlsruhe 1906 S. 53.

bezirk und Geschäftslage; Überwiegen der Kleinwohnung. In diesen drei Punkten ist die Abkehr von der vorhandenen und überlieferten Stadtanlage ausgesprochen, und es sind in ihnen zugleich gewisse Ziele des neueren Städtebaus bezeichnet.

Das Eingeständnis, daß Außenbezirk und Kleinwohnung das Hauptstück des neueren Städtebaus bedeuten, wird manchem schwer fallen. Scheint doch vieles, das in den deutschen Stadtanlagen vor uns steht, auf das Gegenteil dieser Auffassung hinzudeuten. In der Tat ist bis auf unsere Tage der Zug nach der Stadtmitte charakteristisch gewesen für den deutschen — nicht für den englischen — Städtebau. Es war nicht etwa allein der Mangel an städtischen Verkehrsmitteln, der die zentripetale Entwickelung der älteren Stadtanlage bedingte; sondern soziale Anschauungen und Gewohnheiten von jahrhundertealter Überlieferung, ferner die ältere Art des geschäftlichen Verkehrs und des städtischen Gewerbebetriebs, endlich auch Maßnahmen der Behörden und gesetzgeberische Eingriffe haben zusammengewirkt, um die Bevölkerung nach der Innenstadt zu ziehen und dort oder in ihrem näheren Bereich die besten Wohnbezirke zu schaffen. Was den Kleinwohnungsbau anbetrifft, so war die damalige soziale Schichtung der städtischen Bevölkerung derart, daß die Kleinwohnung der Zahl nach nicht ausschlaggebend, nicht überwiegend sein konnte. Der Umschwung trat ein mit der Einwanderung der neuzeitlichen Industrie in die Städte; sie brachte uns die beiden neuen Erscheinungen: die Besiedelung der Außenbezirke und die großen, den Hauptteil der Bevölkerung bildenden Massen städtischer Lohnarbeiter.

Es ist nachdrücklich hervorzuheben, daß für die neuere Behandlung des Wohnungswesens keineswegs die konjunkturmäßigen Schwankungen zwischen Wohnungsmangel und Überproduktion das eigentliche Gebiet der Wohnungsfrage bilden. Sondern die seit den neunziger Jahren des letzten Jahrhunderts hervortretende Auffassung sucht zu zeigen, daß die Wohnungsproduktion in ihrem ganzen Aufbau verfehlt ist und daß die Wohnungen selbst, auch abgesehen von dem Umstand der Verteuerung und der Knappheit, in ihrer Anlage unbefriedigend sind.[1]) Die wohnungs-

[1]) Oben S. 70 und 114; vgl. Wagner, die Tätigkeit der Stadt Ulm auf dem Gebiet der Wohnungsfürsorge, Ulm 1903, S. 3; Oehmke, Bauordnungen für Großstadterweiterungen, Berlin 1906.

politische Untersuchung hat demnach festzustellen, welche Grundsätze und welche Formen den Anforderungen des neuzeitlichen Städtebaus in der Wohnungsproduktion angemessen sind.

Zunächst muß die Gestaltung der Außenbezirke den Bedingungen der städtischen Besiedelung entsprechen. Die wirtschaftswidrige Verteuerung des Außengeländes ist der erste Fehler unseres Städtebaus. Das Außengelände, das für die Entwickelung des städtischen Wohnungswesens bestimmend ist, bildet das Gebiet einer rein künstlich großgezogenen Preistreiberei. Durch bestimmte Maßnahmen wird auf dem Außenboden ein Mehrwert geschaffen, der unabhängig ist von allem was sich als Hausbaurente oder Differentialrente definieren läßt. In früheren Arbeiten habe ich diesen Mehrwert als Kasernierungsrente bezeichnet. [1])

Der Ausdruck „künstlich geschaffener Wert", so unwiderleglich er ist, wird den Vertretern der Bodenspekulation mitunter unbequem. Es ist deshalb gut, daß wir auch ein unanfechtbares Beispiel kennen lernten für die künstliche Entwertung des Bodens durch Bebauungsplan, Bauordnung und Bauformen. Bei dem umfangreichen Gelände der Wilmersdorferstraße konnten wir diese Entwertung feststellen, zugleich mit dem Ergebnis, daß die Bodenspekulation sich mit jeder Herabdrückung des Bodenpreises und mit jeder Beschränkung der Bodenausnutzung abzufinden scheint.[2]) Die Beseitigung der Mietskaserne wirft in diesem Beispiel den Bodenpreis auf weniger als die Hälfte. Die Errichtung der Mietskaserne dagegen treibt den Bodenpreis in anderen Beispielen auf mehr als das Doppelte. Die Wohnungsreform ist jedoch von nichts weiter entfernt, als von dem Verlangen, daß wirtschaftsgemäße Werte vernichtet werden sollen. Sie fordert nur, daß keine künstlichen Werte geschaffen werden. Die vorhandenen Bodenwerte in den Neubaubezirken zwingen niemals und nirgends zu einer verfehlten Bodenpolitik.[3])

In dem Außenbezirk auf billigem Boden ist der Flachbau für Wohnzwecke das naturgemäße. Willkürlich und gekünstelt ist

---

[1]) Städtische Bodenfragen S. 44 fg.

[2]) Oben S. 99 und 103.

[3]) S. oben S. 82. Vgl. Oehmke, Großstadterweiterungen, S. 24 fg.

dagegen die Entwickelung, die in den Außenbezirken die gedrängte Bauweise und insbesondere deren schlechteste Form, die Mietskaserne, einführt. Die Stadtverwaltung bezw. die mit der Planaufstellung betraute Behörde hat es vollständig in der Hand, welches System sie durch ihre Maßnahmen im Stadterweiterungsgebiet festlegen will.[1]) Demgegenüber bleibt es nur fraglich, ob der Städtebau etwa mit Absicht und bewußter Weise von der naturgemäßen Entwickelung des Wohnungswesens abgehen und die gedrängte Bauweise systematisch fördern solle, und welche Folgen sich hieraus ergeben.

Der erste Erfolg der systematischen Anwendung der gedrängten (vielstöckigen) Bauweise in den Wohnbezirken besteht in einer Erhöhung der Wohnungsmieten. So oft innerhalb eines Stadtbezirks die gedrängte vier- und fünfgeschossige Bauweise dem niedrigen Flachbau an die Seite tritt, zeigt es sich, daß bei privatwirtschaftlicher Bautätigkeit der höhere Bau, trotz der stärkeren Ausnutzung der Grundfläche, höhere Mieten fordert. In wenige Worte zusammengefaßt lautet das (schon früher kurz erwähnte) Ergebnis: je höher der Bau, je höher die Mieten. Der Satz gehört zu den bestgesicherten Erkenntnissen des neueren Städtebaus;[2]) es hätte kaum der bedauerlichen Mißgriffe seitens der Vertreter des Kasernierungssystems bedurft, um zu zeigen, daß ein Widerspruch sich auf sachlichem Wege nicht begründen läßt.[3])

---

[1]) Vgl. Jos. Stübben, Stadterweiterungsplan, Schr. d. Ver. f. Soz.-Pol. 95. Bd., S. 113; Adickes, Stadterweiterungen, im Handwb. der Staatsw., 2. Aufl. 6. Bd. S. 968; R. Baumeister, Bauordnung und Bebauungsplan, Zeitschr. f. Wohnungsw. IV. 1906, S. 290; Eugen Jaeger, Die Wohnungsfrage, Berlin 1903, II. Bd.; Spiller, Aufstellung städt. Bebauungspläne, Techn. Gemeindebl. V, No. 14, S. 210; Ewald Genzmer, Entwickelung des Wohnungswesens, Danzig 1906; Gretzschel, Bauordnungsfragen, Zeitschr. f. Wohnungsw. IV, 1906, S. 281 fg.; mein „Wohnungswesen" S. 69.

[2]) Vgl. Karl Henrici, Zentralbl. d. Bauverw. XXIII, 1903 S. 216: „E. stellt (Rhein. Wohnverh. S. 97) den Satz auf: „Je höher der Bau, je höher die Mieten", wobei er ein viertes (drittes; s. nächste S.) Geschoß als Grenze einer — bezügl. der Baukosten — vorteilhaften Bauhöhe für Kleinwohnungszwecke annimmt. Diesem Satz und dessen Beweisführung stimme ich vollkommen zu, möchte jedoch aus ihm noch schärfer ausgesprochene Folgerungen für die Ausgabe der Bebauungspläne ziehen." — Daß die reinen Baukosten nur einen Bestandteil in der Preisbildung der Grundstückswerte bilden, bedarf kaum der nochmaligen Hervorhebung.

[3]) Den Einzelbeispielen, die ich für die Wirkung der gedrängten Bauweise

Die wirtschaftlich ungünstigen Folgen der gedrängten Bauweise für das Wohnungswesen beruhen in der Hauptsache auf drei Ursachen: 1. übermäßig erhöhter Bodenpreis, 2. erhöhte baupolizeiliche Belastungen und 3. Unrentabilität des gesteigerten Bauaufwandes. Zu dem ersten und zweiten Punkt erübrigt sich eine nähere Erklärung; die Steigerung des Bodenpreises durch Stockwerkshäufung ist uns zur Genüge bekannt; die Notwendigkeit der Verschärfung und der Erhöhung der baupolizeilichen Belastungen dagegen ist selbstverständlich; sie ergibt sich ohne weiteres daraus, daß die baupolizeilichen Vorschriften — größere Straßenbreiten, Einschränkungen der bebaubaren Grundfläche, höhere Anforderungen an die Standfestigkeit und die Feuersicherheit — bei der gedrängten Bauweise ganz andere und sehr viel schärfere und zahlreichere sein müssen, als bei den einfachen und niedrigeren Formen des Flachbaus.[1])

Zu dem dritten Punkte — Unrentabilität des gesteigerten Bauaufwandes — ist dagegen eine nähere Erörterung erforderlich. Auf das Verhältnis zwischen Stockwerkshäufung und Baukosten wurde ich zuerst von Theodor Goecke aufmerksam gemacht. Goecke hatte eine Reihe von Berechnungen angestellt, aus denen sich ergibt, daß bei Wohnbauten die Baukosten für das einzelne Geschoß nicht stetig mit der Bebauungshöhe abnehmen, sondern nur bis zu einer gewissen Grenze, dann aber wieder zunehmen.[2]) Bei mehrstöckigen Wohngebäuden können sich darnach die auf das einzelne Stockwerk entfallenden Baukosten zunächst ermäßigen; aber diese proportionale Ermäßigung tritt nur bis zu einer gewissen Bauhöhe ein, nämlich etwa bis zum dritten Geschoß, nur

---

aus deutschen Städten früher gegeben habe, möchte ich hier noch einige Angaben aus Lübeck hinzufügen. In der bei der Schwartauer Allee belegenen Stadterweiterung, einem Arbeiterviertel, finden sich Bauten von 2, 3 und 4 Geschossen in dem gleichen Bezirk. Die Mietpreise sind am höchsten in den viergeschossigen Bauten. Erbauer der Häuser sind vielfach wiederum kapitallose Bauunternehmer, die jeden geforderten Bodenpreis bewilligen und „vom Bauen" leben. Das Gelände in einer der neu erbauten Straßen wurde im Jahre 1898 aus öffentlichem Besitz für 10—11 Mk. den qm an Private verkauft; heute, nach acht Jahren, wird es den Bauunternehmern mit 30 Mk. und darüber in Rechnung gestellt. In der Geverdesstraße wurde der Preis bei einem viergeschossigen Vierfensterhaus auf diese Weise bis auf 38 Mk. getrieben.

[1]) Rheinische Wohnverhältnisse S. 98.

[2]) Der Städtebau, III. Jahrg. 8. Heft S. 110.

teilweise dagegen noch bis zum vierten Geschoß (= dritten Stockwerk). Über diese Grenze hinaus gewährt die Bauausführung aus technischen Gründen keinen Vorteil mehr.

Eine ganze Reihe auf diesen Punkt bezüglicher Erfahrungen und Vergleichsberechnungen ist hier anzuschließen; und jede einzelne bestätigt die wirtschaftliche Inferiorität der Stockwerkshäufung. In einer neueren Abhandlung untersucht Karl Fabarius das Verhältnis von Geschoßzahl und Baukosten städtischer Wohnhäuser.[1]) Fabarius geht von der zutreffenden Bemerkung aus, daß das Baugewerbe „außerhalb des Bereichs der Bodenspekulation" selbst für Zinshäuser stets nur drei Geschosse baut und nur unter dem Zwang der Bodenspekulation höhere Wohnbauten errichtet. Unter den durch die vielstöckige Bauweise bewirkten Verteuerungen werden u. a. erwähnt „die Arbeit und das Material zur Verstärkung der Konstruktionen insbesondere der Mauern in den unteren Geschossen". Denn für die nach oben aufgesetzten Stockwerke muß der Tragfähigkeit wegen jeweils das Mauerwerk der unteren Geschosse verstärkt werden. Beim Flachbau fällt diese wesentliche Verteuerung natürlich weg. Eine Reihe anderer Mehrkosten werden durch die Stockwerkshäufung verursacht, wie denn die bei den hohen Bauten angebrachten Vorkehrungen vielfach nur den Zweck haben, „Schwierigkeiten zu beseitigen, die eben erst durch den großen Zinshausbau entstanden sind".[2]) Weiterhin berechnet Fabarius die Baukosten eines Wohnhauses nach Stockwerken in drei Zahlenreihen und kommt zu nachstehendem Endergebnis, das mit den Goecke'schen Angaben genau übereinstimmt:

Geschoßzahl	1	2	3	4	5
Baukosten	81,7	73,7	70,3	70,7	72,3 Mk. a. 1 qm Wohnfläche
Verhältnis	100	90	86	86,5	88 Proz.

---

[1]) Technisches Gemeindeblatt IX. Jahrg. 1906 S. 39.

[2]) Vgl. hierzu noch: „Die Summe der genannten Mehrleistungen ist darum keineswegs unerheblich. Irgend jemand trägt ihre Kosten, und zwar naturgemäß derjenige, der den ganzen Bau bezahlt. Dies geschieht in der Form, daß die Ausführenden, die ihr Verdienst sich nicht schmälern lassen wollen, die Preise überhaupt erhöhen. Daß diese Preise, die sich in den Städten allgemein nach den Erfahrungen bei hohen Häusern richten, dann auch bei kleinen bezahlt werden müssen, ist natürlich und insofern bewirkt der „Hochbau" auch unmittelbar eine Erhöhung der Baukosten," a. a. O. S. 40.

Fabarius fügt diesem Ergebnis folgende Erläuterung hinzu:

„Die Baukosten vermindern sich also in der Tat vom dreigeschossigen Hause ab nicht mehr, erhöhen sich dagegen bei fünf Geschossen. Dabei wurden nur ganz einfache Grundrißformen vorausgesetzt. Das Verhältnis wird noch ungünstiger für den „Hochbau" bei den so beliebt gewordenen Seitenflügeln, die außerdem, an lange Brandmauern gelehnt und nur an einer Seite freiliegend, allen verständigen Anforderungen an die „Hygiene" der Wohnungen in Bezug auf Luft, Licht und Sonne widersprechen". —

Diese bautechnische Verteuerung durch Stockwerkshäufung bezieht sich nicht allein auf das eigentliche Mauerwerk, sondern auf die gesamte Bauanlage und jeden Bauteil, einschließlich der Korridore, Stichkorridore, Treppenanlage, Baurüstung usw., und ist an jedem praktischen Beispiel zu berechnen. Zu dem wirtschaftlichen Unterwert der Stockwerkshäufung tragen ferner diejenigen baupolizeilichen Eingriffe bei, die lediglich durch die hygienischen Schädigungen der gedrängten Bauweise bedingt sind und — ohne jeden befriedigenden Erfolg — eine ganz nutzlose Verteuerung des Wohnungsbaus bewirken. Auf die Erfahrungen in Berlin wurde zuvor S. 159 hingewiesen. Eine Gegenüberstellung zwischen der dreigeschossigen rheinischen und der fünfgeschossigen Berliner Bauweise haben wir ferner oben S. 50 verzeichnet; die Verteuerung durch Stockwerkshäufung beträgt in diesem Beispiel 8 %, wobei die hygienische Überlegenheit des dreigeschossigen Baus noch in Betracht zu ziehen ist. In Berlin hat man gleichwohl dem Andrängen der Bodenspekulation mehrfach nachgegeben und in den Außenbezirken eine gedrängtere Ausnutzung gestattet, mit dem natürlichen und notwendigen Ergebnis, daß die Mieten insbesondere für die Kleinwohnung unablässig steigen, und die Produktion von Kleinwohnungen immer unzureichender und teurer wird.[1])

---

[1]) S. oben S. 84, 85 und 91. Vgl. Oehmke, Großstadterweiterungen, Berlin 1906, S. 24 fg. Oehmke berechnet a. a. O. S. 25 und 27, wie hier einschaltend bemerkt sei, die Aufnahmefähigkeit der viergeschossigen Bauzone um Berlin auf 12 Millionen Bewohner; bei einer nur teilweisen Wiedereinführung der dreigeschossigen Bauweise würden in diesem die Innenstadt umgebenden Gebiet, also abgesehen von den äußeren Vororten, immer noch 7,3 Millionen Menschen Unterkunft finden. — Vgl. auch Spiller, der (Techn. Gemeindebl. 1903 Nr. 10 S. 148) hervorhebt, daß die übermäßige Bodenausnutzung dahin wirkt, „den Kleinwohnungsbau nach befriedigendem Typus aus dem betreffenden Bezirk gänzlich zu verdrängen."

Ein besonderes Interesse dürfen die Bauten beanspruchen, die im Auftrage des Königlich sächsischen Finanzministeriums durch den Königlichen Oberbaurat Karl Schmidt ausgeführt wurden. Bereits in einer im Jahre 1905 erschienenen Abhandlung hatte Oberbaurat Schmidt darauf hingewiesen, daß „bei den sächsischen forstfiskalischen Neubauten, bei denen mehrere Wohnungen innerhalb eines Hauses untergebracht werden sollten, das System der Kaserne aufgegeben und unter wesentlicher Verbilligung der Anlagekosten zum Bau eingeschossiger Häuser übergegangen worden ist".[1]) Die Abbildungen einer Anzahl der errichteten Kleinwohnungsbauten sind inzwischen veröffentlicht worden unter Beifügung der Kostenberechnungen von Wohnungsbauten des seitherigen und des neuen Systems, aus denen sich ergibt, daß der selbständige Kleinwohnungsbau nicht nur die größten sanitären, wohnungstechnischen und ästhetischen Vorzüge besitzt, sondern daß er auch die bedeutend billigere Bauform darstellt.[2])

Die Stadt Ulm begann im Jahre 1888 ihre Fürsorge für die Kleinwohnungen durch Errichtung eines großen, 21 Wohnungen umfassenden Wohngebäudes; trotz der Geräumigkeit und Billigkeit der Wohnungen waren die Erfahrungen, die hier, wie in anderen größeren Mietgebäuden in der Stadt gemacht wurden, keine günstigen. Die Stadtgemeinde ging deshalb seit dem Jahre 1894 dazu über, Arbeiterwohnhäuser für 1—2 Familien im Flachbau zu errichten, mit dem Ergebnis, daß die Wohnungen im Vollgeschoß zu 230—310 Mk., im Dachgeschoß zu 140—220 Mk. vermietet werden können, wobei zu jeder Wohnung noch ein Nutz-

---

[1]) Kunst auf dem Lande, Bielefeld 1905 S. 170. Eine Hervorhebung verdienen noch die folgenden Darlegungen: „Als weitere Ersparnisse kommen noch hinzu die Entbehrlichkeit massiver Treppen in massiver Umfassung, die Ausbildung der Dachstuben mit geschützten Bundwandumfassungen, ein schlichtes ungekünsteltes steiles Dach, eine bescheidene Außenerscheinung bei mäßigen Gründungsmauern. Aber nicht nur für Gruppenbauten, sondern ebensowohl für einzelstehende Häuser liegt kein Grund vor, von den Erfahrungen abzugehen, welche hervorgegangen aus den lokalen Verhältnissen und emporgewachsen aus den Gewohnheiten der Bevölkerung, durch Jahrhunderte hindurch gereift sind. Auch hierüber haben die praktischen Erfahrungen zu der Erkenntnis geführt, daß die Bauausführung in Anlehnung an die frühere Bauweise nicht nur eine zweckmäßigere, sondern auch billigere ist".

[2]) Forsthäuser und ländliche Kleinwohnungen in Sachsen, bearbeitet von L. F. K. Schmidt, Oberbaurat im Königlichen Finanzministerium, Dresden 1906.

garten gehört, der neben seinem größeren hygienischen Wert noch einen Wirtschaftswert hat.[1]) — Eine Zusammenstellung der Baukosten von 417 Wohngebäuden nach Ortsklassen und Gebietsgruppen gibt die früher erwähnte „Übersicht über die Mietspreise und Wohnverhältnisse in Mietwohnungen von Reichsbeamten.“ Die steigende Erhöhung der Baukosten durch Stockwerkshäufung tritt hierbei allgemein hervor, wobei noch zu bemerken ist, daß in den unten gegebenen Durchschnittsziffern einer der Hauptvorzüge des Flachbaus, die größere Freifläche, nicht erkennbar ist. Bei Auflösung der Ziffern (Sp. 4 der Tabelle) würde sich für den Flachbau noch ein wesentlich größerer, für die fünfgeschossigen Bauten ein wesentlich geringerer Bestand an Freiflächen ergeben.[2])

Erfahrungen über den bautechnischen Wert der verschiedenen Hausformen liegen aus England vor. Das englische Kleinhaus und das aus diesem entwickelte Wohnhaus für zwei oder drei Familien ist von

---

[1]) „Der Garten reicht aus, um aus dem Ertrag den Jahresbedarf einer mittelstarken Familie an Gemüse decken zu können,“ Wagner, Die Tätigkeit der Stadt Ulm auf dem Gebiet der Wohnungsfürsorge, Ulm 1903 S. 4, 25 und 45. Vgl. hierzu unten, Anhang Nr. 3.

[2]) Zusammenstellung der vom Reiche beliehenen Häuser nach Ortsklassen und Gebietsgruppen (a. a. O. S. 27).

1.	2.	3.						4.
Ortsklassen	Zahl der Häuser	Baukosten für 1 qm bebaute Fläche beim						Von 100 qm Bauplatz sind bebaut
		Einfamilienhaus (Geschoßzahl nicht angegeben)	Mehrfamilienhaus mit 1 Geschossen	2	3	4	5	
		M	M	M	M	M	M	qm
Großstädte	182	—	—	—	160	221	347	50
auf 1 Geschoß			—	—	53	55	69	—
Mittelstädte	54	—	—	—	155	309	339	32
auf 1 Geschoß			—	—	51	77	67	—
Kleinstädte	145	(90)	(67)	85	163	—	—	22
auf 1 Geschoß			—	42 1/2	54	—	—	—
Landstädte	36	—	(70)	—	—	—	—	22
Deutsches Reich:	417	(90)	(70)	85	158	224	346	35
auf 1 Geschoß			—	42 1/2	53	56	69	—

Beim Einfamilienhaus und bei dem eingeschossigen Mehrfamilienhaus wird in der Regel eine Bauhöhe von 1 1/2 Geschoß (Erdgeschoß und halbes Dachgeschoß) anzunehmen sein. Vgl. die Abbildungen in der „Übersicht“ Nr. 139 Reichstagdrucksache 1903/1904 S. 58 und 59. Die obigen eingeklammerten Ziffern sind deshalb nicht geschoßweise verteilbar oder vergleichbar.

C. J. Fuchs bereits mehrfach als vorteilhafte Bauform geschildert und empfohlen worden.[1]) Ausführliche Angaben über das Einfamilienhaus (Cottage), das Zweifamilienhaus (cottage-flat), das Mehrfamilienhaus (tenement house) und das Massenmietshaus (Blockbuilding) bringt Wm. Thompson.[2]) Die Baukosten sind am niedrigsten bei dem Einfamilienhaus, das als Reihenhaus gebaut und mit eigenem Hof oder Garten ausgestattet ist; und bei dem Cottage-flat, das meist zwei Geschosse und in jedem eine abgeschlossene und mit gesondertem Zugang versehene Wohnung enthält.[3]) Die höchsten Baukosten dagegen fordert das Massenmietshaus. Eine Tabelle gibt eine vergleichende Gegenüberstellung der Bodenfläche der einzelnen Zimmer, der Zimmerzahl der Wohnungen, der Baukosten auf ein Zimmer und auf je 100 Quadratfuß berechnet:

Bauform:	Durchschnittl. Zimmerzahl der Wohnungen:	Quadratfuß pro Zimmer	Baukosten auf 1 Zimmer £	Baukosten auf 100 Quadratf. £
Massenmietshaus:				
Victoria Square, Liverpool	$2^1/_5$	145	91	66
Juvenal Street "		148	81	57
Oldham Road, Manchester		140	116	83
Pollard Street "		140	98	71
Mehrfamilienhaus:				
Gildart's Gardens, Liverpool	$2^1/_2$	121	44	35
Dryden Street "		110	67	61
Kempston Street "		140	85	60
Sanitary Street, Manchester		160	83	52
Zweifamilienhaus:				
Arley Street, Liverpool	2—3	155	66	44
Milk Street, Birmingham	meist 2—3	151	62	41
Manor Grove, Richmond	$2^1/_2$—$3^1/_2$	127	65	50
Savage Gardens, East Ham	$3^1/_2$	153	54	36[4])
Einfamilienhaus:				
Richmond	6 und Aufwaschraum	107	46	43
"	5 " "	116	49	42
"	4 " "	110	55	50
Manchester	5 kein "	140	65	47
Nottingham	5 und "	144	50	40

[1]) Zur Wohnungsfrage, Leipzig 1904.
Siehe Anmerkung 2, 3 und 4 Seite 201.

Das Massenmietshaus zeigt zu alledem nach den Angaben von Thompson noch die ungünstigsten Wohnverhältnisse.[5]) Die Massenmietshäuser werden übrigens in England regelmäßig nur da gebaut, wo der vorhandene hohe Bodenwert in der Innenstadt und in sanierten Bezirken den Flachbau verbietet. Indes ist auch hier der Versuch, durch die gedrängte Bauweise den hohen Bodenwert auszugleichen, wegen der höheren Baukosten fehlgeschlagen.[6]) Gegen das Massenmietshaus wendet sich auch der mehrfach erwähnte Bericht der Königlichen Kommission über das Londoner Verkehrswesen.[7])

Wertvolle Beobachtungen und Mitteilungen bringt T. C. Horsfall, die die Überlegenheit des Kleinwohnungsbaus über die vielstöckige Bauweise bestätigen. Horsfall gibt die Baukosten für typische Kleinhäuser in Manchester, die die gewöhnlichen Formen der englischen Arbeiterwohnungen darstellen. Das eine dieser Kleinhäuser stellt sich auf 2500 Mk. Bauwert, enthält ein Wohnzimmer, zwei Schlafzimmer und Küche und ergibt 42 Mk. Baukosten auf einen Quadratmeter Grundrißfläche; das andere hat bei 3600 Mk. Baukosten ein Wohnzimmer, zwei Schlafzimmer, Küche und Spülküche und ergibt 44,75 Mk. auf den Quadratmeter. Die Baukosten von Kleinhäusern in der bekannten Siedelung Bournville werden auf 33 Mk. für den Quadratmeter angegeben. Jeder dieser Beträge ist wesentlich niedriger als der Baukostenpreis der Mietskaserne.[8]) Einige beachtenswerte auf die Mietspreise be-

[2]) The Housing Handbook, 2. Auflage London 1903.

[3]) Vgl. die Definitionen des Cottage, Cottage flat und Tenement house, a. a. O. S. 70, 72 und 74.

[4]) Hierzu bemerkt Thompson: The low cost per room of the East Ham cottage flats is largely due to the stairs and floors being of wood, instead of stone and iron as in other cases; a. a. O. S. 158.

[5]) About one-fifth ot these are bad, or very bad, from the standpoint of light, air, and sanitation, but even the best are often injurious to health, especially in the case of young children; a. a. O. S. 67. Dabei ist das englische Block-building in sanitärer Beziehung der deutschen Mietskaserne weit überlegen. Querlüftung ist für die einzelne Wohnung des englischen Block-buildings allgemein vorgeschrieben; Thompson a. a. O. S. 88.

[6]) a. a. O. S. 157.

[7]) S. 16.

[8]) Zeitschrift für Wohnungswesen 4. Jahrg. 1906 No. 18 S. 241 fg. Vgl. hier oben S. 150 und 199 a [2].

zügliche Einzelheiten aus dem Horsfall'schen Aufsatz gebe ich in der Anmerkung wieder.[1]) —

Die selbständige Form des Kleinwohnungsbaus ist überall der gedrängten Bauweise und der Mietskaserne rein bautechnisch weit überlegen. Nur ein fremdes gemeinschädliches Interesse kann dem Baugewerbe allen Berechnungen zum Trotz eine verfehlte Bauform aufnötigen. Der selbständige Kleinwohnungsbau wird sich die Wohnbezirke der Stadterweiterung überall erobern, wo nicht künstlich getriebene Bodenpreise die gedrängte Bauweise erzwingen. — Hierzu kommt noch, daß der neuzeitliche Großbetrieb durchaus nicht die größeren Hausformen begünstigt. Der kapitalistische Großbetrieb mit allen seinen Vorteilen findet sich gerade bei dem Kleinwohnungsbau in England[2]); während er in Deutschland beim Mietskasernenbau so gut wie vollständig fehlt.[3])

In größerem Umfang als die bautechnischen Einzelheiten, sind die sanitären und sozialen Wirkungen der städtischen Bauweise bisher in der Literatur behandelt worden. Die auf Gesund-

[1]) „Dr. Shadwell gibt in seinem Werke „Industrial Efficiency", Band II S. 186 die Durchschnittsmiete pro Raum in englischen Städten, ausgenommen London, auf 1,25 Mk. wöchentlich, in deutschen Städten, ausgenommen Berlin, auf 2 Mk. wöchentlich an. Da die von den englischen Arbeitern gezahlten Mieten alle Steuern und Abgaben einschließen, während die deutschen Arbeiter meines Wissens solche außer der Miete zu zahlen haben, ist der Betrag, den der englische Arbeiter dem Eigentümer seines Hauses zahlt, erheblich niedriger als der Betrag seiner Miete ...." „Außerhalb von London und einigen wenigen anderen besonderen Örtlichkeiten ist das Problem der Quantität der Wohnungen nicht akut, und in den meisten Provinzstädten existiert es überhaupt nicht; das Angebot ist beinahe ausreichend und wird es immer mehr. Und selbst in London ist die akute Schwierigkeit beschränkt auf das innere Gebiet; außerhalb, in Greater London wohnen die Arbeiterklassen ebenso in Einzelhäusern wie anderswo, und das Angebot hält gut Schritt mit der Nachfrage. Ich habe während der letzten 15 Jahre die Erbauung von vielen Hunderten von Kilometern von Straßen an der nördlichen und östlichen Peripherie beobachtet, die ausschließlich aus solchen Häusern bestehen. Wir haben nichts, was mit der Wohnungsnot zu vergleichen ist, die in Deutschland herrscht, und die verhältnismäßig niedrigen Mieten in England sind ein Ergebnis dieses verhältnismäßig reichlichen Angebots". Citiert von Horsfall a. a. O. S. 244.

[2]) In England besitzen Baugesellschaften, die lediglich Kleinhäuser bauen, eigene Ziegeleien und erzeugen eine Reihe der wichtigsten Baumaterialien in eigenem Betrieb.

[3]) Vgl. auch Schriften des Vereins für Sozialpolitik Band 98 S. 81.

heit und Lebensführung einwirkenden Schädigungen der gedrängten Bauweise, insbesondere der Mietskaserne, standen, ihrer allgemein erkennbaren Bedeutung gemäß, von Anfang an im Vordergrund der Bestrebungen für die Wohnungsreform. Es bleiben uns deshalb nur einige Gesichtspunkte hervorzuheben, die für die Bewertung der städtischen Wohnhausformen bestimmend sind.

Hierbei müssen wir zunächst die Altersklassen der Bevölkerung trennen und die Kinder gesondert von den Erwachsenen betrachten. Die Lebensbedingungen, die den Kindern geboten werden, bilden einen der entscheidenden Punkte bei der Erörterung über die soziale Bedeutung der städtischen Wohn- und Bauformen. Es bedarf nicht der Erklärung, daß in gesundheitlicher, in sittlicher und gewiß auch in wirtschaftlicher Hinsicht der Stand eines Volkes von den Bedingungen abhängt, unter denen die Bevölkerung heranwächst und erzogen wird. Die Voraussetzungen, die die Mietskaserne hier schafft, sind derartig schlecht und verderblich, daß sie allein genügen würden, um die Verwerfung dieser Bauform zu rechtfertigen. Die Wohnungen im Keller, in dem dunkeln und feuchten Erdgeschoß der Hofgebäude, wie in den übermäßig hoch gelegenen Stockwerken sind für die Entwickelung der Kinder durchweg ungünstig. In ihren Raumverhältnissen sind die Wohnungen ganz allgemein ungenügend; von den Eindrücken, die die Kinder bei der Einpferchung der Menschen in den Mietskasernen in sich aufnehmen müssen, wollen wir schweigen. Die Gefahr der Übertragung und die Ausbildung von Krankheiten ist eine vielfach vermehrte. Die sanitären Mißstände, die in der Kasernierung begründet sind und sich aus dem System ganz von selbst ergeben, sind hier nicht entfernt alle aufzuzählen. Nur eine Einzelheit mag hervorgehoben werden. Mit bezug auf deutsche Verhältnisse bemerkt Paul Möller, daß „Weichheit der Knochen (Rhachitis, englische Krankheit) mit folgender Verkrümmung der Rippen und Veränderung der Lunge zum mindesten zeitweilig drei Viertel der Großstadtkinder befällt.“ [1]) Als Gegenstück hierzu sei die Darlegung angeführt, in der A. Grotjahn das Verhalten der Kinder gegenüber dieser Krankheit in der kasernierten und der nicht kasernierten Großstadt vergleicht:

---

[1]) Wohnungsnot und Grundrente; Conrads Jahrbuch Band 78 1902 S. 3.

„Zu meinem größten Erstaunen wurde ich gewahr, daß die Krankheit die sich in Berlin und seinen Vororten an der Mehrzahl der sorgfältig gekleideten Proletarierkinder schon im Vorübergehen diagnostizieren läßt, mit verschwindenden Ausnahmen unter den zerlumpten Rangen des Londoner Arbeiterviertels vollkommen fehlt. Vielmehr weisen die Kinder einen ganz vortrefflichen Ernährungszustand auf, sind rotwangig und kräftig in allen ihren Bewegungen." [1])

Als einen Hauptgrund der „auffallend guten Körperbeschaffenheit der Kinder in den (ärmsten) Arbeitervierteln des Londoner Ostens und Nordens" bezeichnet Grotjahn die in London fast ausschließlich übliche Wohnweise in einstöckigen Häusern.

Für das Gedeihen der Kinder bedarf es indes nicht nur einer tauglichen Wohnung, sondern ebensosehr der Bewegung und des Aufenthalts in freier Luft. Zunächst ist in den hochgelegenen Stockwerken die Verbindung nach außen erschwert.[2]) Die Mietskaserne versagt indes den Kindern jede Freifläche in oder bei dem Hause; während diese beim Flachbau stets vorhanden ist. Auf den Höfen der Mietskaserne ist den Kindern das Spielen regelmäßig verboten, und es ist auch schwer abzusehen, was dieser ummauerte Luftschacht, der obendrein noch Wirtschaftszwecken dient oder durch Bepflanzung gesperrt ist, den Kindern von 25 Familien bieten sollte. Aber der durch die Kasernierung aufgetriebene Bodenpreis verhindert auch die Beschaffung zureichender Freiflächen außerhalb des Hauses.[3]) Für den Aufenthalt und das Spielen der Kinder bleibt also nur die Straße. Das Spielen auf der Straße ist unbedenklich und sogar erwünscht in reinen Wohnstraßen, in denen keine oder nur wenige Fuhrwerke verkehren und das Ausweichen auf den Bürgersteig leicht möglich ist.[4]) Anders in den kasernierten Städten, die nur das gleichmäßige Schema der breiten Verkehrsstraßen kennen. Hier ergeben sich Zustände, die zu dem schlimmsten gehören, was das Gebiet der Wohnungsfrage aufzuweisen hat.[5])

---

[1]) Handbuch der Hygiene, herausgegeben von Theodor Weyl, 4. Supplbd. (Soziale Hygiene) Jena 1905 S. 769. Vgl. zu dem obenstehenden noch den bereits erwähnten Aufsatz von Horsfall, Ztschr. für Wohnungswesen IV. Jahrg. 1906 S. 244

[2]) Vgl. Horsfall a. a. O. S. 245.

[3]) Oben S. 92.

[4]) Böhmert bezeichnet die leichte und gefahrlose Spielgelegenheit als einen besonderen Vorzug der Bremer Wohngänge, s. oben S. 133 Anm. 1.

[5]) Vgl. meinen Aufsatz „Die Kinderunfälle im Berliner Straßenverkehr", Technisches Gemeindeblatt VII. Jahrg. 1904 No. 10

Um die Wirkung der Kasernierung auf die Erwachsenen und das Familienleben abzuschätzen, möge man sich den Grundriß der Mietskaserne oben S. 72/73 fünfmal übereinander geschachtelt vorstellen und sich dabei gegenwärtig halten, daß die hier gegebenen Beispiele die neuesten und besten Formen darstellen, also weit über dem allgemeinen Durchschnitt stehen.[1]) In solchen Massenpferchen wird die Bevölkerung in der Mehrzahl unserer Großstädte untergebracht. Den Behausungen fehlt in ihrer Anlage schon alles, was zum Begriff der selbständigen Wohnung und der Häuslichkeit gehört. Die Luftzufuhr ist auf den Höfen, die Lufterneuerung ist in den Wohnungen abgeschnitten; dagegen ist die Verbreitung schlechter Dünste und fauler Luft durch die gemeinsamen Treppen, Korridore und die Höfe unbedingt gesichert. In jeder der Einzelheiten, die nach den verschiedensten Richtungen von Ärzten und Hygienikern untersucht worden sind,

---

S. 141. Der Abdruck der kurz gefaßten polizeilichen Berichte aus einem Zeitraum von zehn Wochen (!) füllt $2^1/_4$ Quartseiten in Kleindruck. Ich gebe hier einige Ausführungen aus dem erläuternden Text wieder: „Man wird diese, die kurze Spanne von zehn Wochen umschließende Chronik nicht ohne Entsetzen lesen können. Die Unfälle wiederholen sich mit statistischer Regelmäßigkeit; eine erhebliche Zahl von Kindern wird für die Lebenszeit verstümmelt, einige werden auf der Stelle getötet. Dabei gibt der obige Bericht noch kein richtiges Bild von dem Umfange des Notstandes. Es muß vielmehr dem polizeilichen Bericht ein starker Prozentsatz zugeschlagen werden ..... Für die Kinderunfälle ist der großstädtische Straßenverkehr als solcher — so auffallend dies zunächst erscheinen mag — nicht das gefährliche; die Verkehrsstraßen erster Ordnung kommen für die Kinderunfälle wenig in Betracht. Weiter ergibt sich ein Unterschied nach der Lage der Straßen. Die vornehmeren Wohnbezirke zeigen keine oder nur wenige Kinderunfälle. Das eigentliche Gebiet der Kinderunfälle bilden vielmehr die Stadtteile mit Mittel- und Kleinwohnungen, in denen eine kinderreiche Bevölkerung in Mietskasernen und Hofwohnungen dicht zusammengedrängt wohnt ..... Die Unfälle beim Spielen machen den erschütterndsten Eindruck, und die knappen Schilderungen des Polizeiberichts sind hier in der Tat ergreifend. Ein Kind spielt auf dem breiten Fahrdamm; es wird vom Kutscher des herannahenden Fuhrwerks angerufen, sieht in der breiten Straßenfläche keinen Ausweg, und blindlings rennt es in seinem Schreck in den Wagen hinein, von dem es gerädert wird. Auch das Spielen an sogenannten „verbotenen Orten" — Kanalböschungen, Bauplätzen — führt zu Unfällen. Man fragt sich demgegenüber, welche nicht verbotenen Orte eigentlich den Kindern heute in Berlin zur Verfügung stehen."

[1]) Über die Zustände der Berliner Mietskasernen aus verschiedenen Bauperioden vgl. die jährlichen Veröffentlichungen der Ortskrankenkasse der Kaufleute usw., herausgegeben von Alb. Kohn, Berlin 1903 ff.

erscheint die Mietskaserne darauf berechnet, Gesundheit und Volkskraft zu untergraben.[1]) — Was unter solchen Voraussetzungen gedeihen kann, ist nicht das Familienleben, sondern das Wirtshausleben. In der kasernierten Bevölkerung wird jedes Heimgefühl und Heimatsgefühl zerstört, und Unbehagen und Unzufriedenheit werden großgezogen.[2])

Die durch die Kasernierung verursachten gesundheitlichen und sozialen Verluste stellen ein Kapital dar, das — rein volkswirtschaftlich genommen — den Belastungen durch die Spekulation vielleicht gleichkommt. Das System der verderblichsten sozialen Schädigung ist aber, wie längst nachgewiesen, „zugleich wirtschaftlich das verkehrteste; die schlechteste Wohnform ist zugleich auch die teuerste.“[3]) Der Widerspruch der tatsächlichen Zustände mit den naturgemäßen Grundlagen ist ein gleich vollendeter auf dem Gebiet der Volkswirtschaft, wie der Technik und der sozialen Verhältnisse. Und diese gewaltsame, gekünstelte Entwickelung dient nur dem einen Zweck, dem einen Vorteil, der seine Nahrung aus dem Mark unseres Volkstums zieht.

Die Aufgaben unseres Städtebaus erscheinen heute größer als in irgend einer früheren Periode — größer gewiß, wenn wir die Summe der heutigen Mißstände und der mit ihnen verbundenen Interessen betrachten. Anders dagegen wird das Bild, wenn wir die uns zu Gebote stehenden gewaltigen Mittel ins Auge fassen. Was ältere Zeiten an öffentlichen Machtmitteln im Städtebau mühsam schaffen mußten, das wurde uns fertig überliefert; der richtige

---

[1]) Vgl. die zusammenfassende Schilderung von Dr. Ludwig Bauer, Der Zug nach der Stadt und die Stadterweiterung, Stuttgart 1904.

[2]) Städtische Bodenfragen S. 15. Mit Recht hat Bauinspektor Weiß neuerdings hervorgehoben, daß der internationale Charakter, der gerade der deutschen Sozialdemokratie eigen ist, sich aus der Vernichtung des Heimgefühls durch die Mietskaserne erklären lässt; vgl. oben S. 191 Anmerkung 1. — Wegen der sogenannten „hygienischen Verbesserungen“ der Mietskaserne vgl. oben S. 75/76.

[3]) Städtische Bodenfragen S. 2. Vgl. Wm. Thompson, a. a. O. S. 157: „Broadly speaking, it may be said that it is fortunately more costly to build a dwelling of an unhealthy type than it is to build one of a healthy type; a large building, divided into an unduly large number of separate dwellings, costs more per square foot than a building with fewer divisions.

Gebrauch nur und die zeitgemäße Anwendung wurden von uns verlangt.

Nahezu unerschöpflich ist die Zahl der Einzelheiten, die uns das Wohnungswesen bietet, und unsere Darstellung konnte hier nicht entfernt nach Vollständigkeit streben. Aber alle diese Einzelerscheinungen mit ihrer Mannigfaltigkeit stehen auf einer einzigen Grundlage; es sind die Institutionen des Rechts, der Verwaltung und der Technik. Niemals zuvor ist mir die Gewalt der Institutionen so deutlich zum Bewußtsein gekommen, wie bei der vorliegenden Untersuchung, die doch gerade einzelne Betriebe, einzelne Personen, einzelne Unternehmungen schildern wollte. An keiner Stelle begegnete uns ein Geschäftsberuf, ein Stand oder eine Volksschicht, die auf unserem Gebiet individuell, persönlich, aus eigenem Willen und aus eigener Kraft handelten. Ich spreche nicht von den „Mietern", die hier nur ein Objekt der Rente und des Einkommens darstellen; nein, von den Herren und Schöpfern des Städtebaus — den Bodenspekulanten, den Bauunternehmern bis zu den Hausbesitzern. Was sind diese Leute; wo ist ihr Wille, ihre Macht, wenn nicht einzig und allein in den Institutionen? Es ist keiner unter ihnen, der das, was wir gesehen und festgestellt haben, aus eigenem Willen und aus eigener Kraft hervorgebracht hat. Der vierprozentige Hausbesitzer, der die aufgeblähten Bodenwerte hütet und weiter steigert, steht genau so unsicher, wie die ganze Reihe von Spekulanten, die die voraufgehenden Beleihungen und Taxierungen geschaffen haben. Sie sind allesamt nichts weiter als Prekaristen, die von der Gnade unserer Institutionen leben.

Daß solche Zustände aber dem Recht und der Ethik eines Kulturstaates entsprechen, wird niemand behaupten dürfen. Die grundlegenden Einrichtungen unseres Städtebaus dienen nicht dem Nutzen, sondern der Ausnutzung unserer städtischen Bevölkerung. Staatliche und öffentliche Institutionen sind es, die, wie die Einrichtungen des Grundbuchwesens, des Hypothekenrechts, des Taxwesens, der Parzellierung, des Hausbesitzrechts und der Stadterweiterung, ihrem Zweck entfremdet worden sind; sie haben ihren sozialen Charakter vollständig verloren und sind antisozial geworden.

Hieraus ergibt sich auch ein weiterer Schluß für die Reformierung unseres Städtebaus. Unsere Schilderung hat uns den Aufbau des Wohnungswesens in einzelnen, abgestuften Stadien gezeigt. Leicht und für den Sozialpolitiker naheliegend wäre es nun wohl, an einer bestimmten Stelle, wo die Mißstände besonders kraß zutage treten, einen Eingriff anzuraten. Aber ein derartiges Vorgehen wäre zwecklos und würde schwerlich eine auch nur vorübergehende Besserung, wahrscheinlich sogar eine Verschlechterung bewirken. Es genügt wohl, auf die beiden Kapitel hinzuweisen, die uns (auf S. 52fg. und S. 214fg.) die Entwickelung der spekulativen Bodenwerte und die Verteilung der wirtschaftlichen Kräfte zeigten. Jeder vereinzelte Eingriff, der die Grundlagen unverändert läßt, muß hier notwendigerweise vom Übel sein. Denn so gewiß es ist, daß jeder Spekulationsgewinn in eine Belastung unserer Bevölkerung ausläuft, so sicher ist es, daß jede neue Belastung der Grundstücksspekulation nach den oben geschilderten Verkettungen durch Weiterdruck abgewälzt würde; das Endergebnis würde eine nochmalige Verschlechterung der Zustände sein. Die Reformierung unserer städtischen Bodenverhältnisse ist ein Problem der inneren Verwaltung und kann nur durch die zweckentsprechende Gestaltung unserer Verwaltungseinrichtungen gelöst werden. Die Stelle, an der es einzusetzen gilt, ist bekannt; ob die Kraft der Entschließung bei Staat und Volk vorhanden ist, muß die Zukunft lehren.

Anhang.

I. Anmerkung zur Grundrententheorie.

Unsern obigen Darlegungen S. 18 fg. und S. 164 sind, insbesondere auch mit Rücksicht auf die neuerdings von verschiedenen Autoren — Karl Diehl, Jolles, Franz Oppenheimer u. a. — geführten Erörterungen, einige ergänzende Bemerkungen hinzuzufügen. Für die Anwendung der Ricardo'schen Rententheorie auf den städtischen Boden sind zunächst zwei Punkte zu berücksichtigen, nämlich:

1. die allgemeine Voraussetzung, daß rentenfreies Land, ohne jede Belastung mit Grundrente, zu haben ist;

2. die besonderen Umstände, unter denen dieses rentenfreie Land in Beziehungen zu dem allgemeinen Markt steht.

Die erste der beiden Bedingungen bedarf nicht der näheren Besprechung, da sie zu keinem Zweifel Anlaß gibt. Es ist unbestritten, daß der Begriff der Ricardo'schen Differenzialrente das Vorhandensein von rentenfreiem Boden voraussetzt. Anders verhält es sich mit dem zweiten Punkte. Wir dürfen wohl annehmen, daß Gelände zur Genüge vorhanden ist, das heute noch frei ist von städtischer Hausplatzrente. Mit dem Augenblick dagegen, in dem derartiges Land in den städtischen Grundstücksmarkt hineingezogen wird, nicht etwa allein durch Verkehrsanlagen, Strassenaufschließungen und industrielle Anlagen sondern auch nur durch spekulativen Aufkauf, entsteht Rente, u. z. können sich verschiedene Rentenformen bilden.[1])

Karl Diehl faßt sein Urteil über die praktische Anwendbarkeit der Ricardo'schen Grundrententheorie in folgende Worte:

„Die klare Erkenntnis einzelner wichtiger naturgesetzlicher Tatsachen ist hinreichend, um daraus das eigentliche Wesen der Grundrente zu deduzieren und das „isolierende" Verfahren ist hinreichend; denn um zu erkennen, was Grundrente ist, brauche ich nicht auf die Grundeigentumsverteilung, auf die Pachtverhältnisse, auf die in einem Volk erreichte industrielle und agrarische Entwicklung einzugehen ..... Wenn aber Ricardo weiter auch „Entwicklungsgesetze" des volkswirtschaftlichen Einkommens aufstellen will, so muß derartige „Isolierung" zu verhängnisvollen Irrtümern führen — wer eine Einkommensart erklären will, kann auf dem von Ricardo angegebenen Wege verfahren; wer die die Einkommenshöhe beherrschenden Tendenzen aufweisen will, darf das reale Leben mit seinen vielen Macht- und Interessenkämpfen nicht außer acht lassen." [2])

[1]) Städtische Bodenfragen S. 43 bis 47..

[2]) David Ricardos Grundgesetze, Leipzig 1905 Bd. I S. 315.

Die Ausführungen Diehls dürfen der allgemeinen Zustimmung gewiß sein. Es ist erfreulich, daß Diehl den Unterschied zwischen der begrifflichen Untersuchung und der Erforschung tatsächlicher Zustände klar hervorhebt. Der Begriff der Grundrente (die Einkommensart, nach Diehl) ist genau zu scheiden von der Entwickelung der Grundrente (die Einkommenshöhe). Vgl. hierzu oben S. 164. Die begriffliche Untersuchung hat ihre hohe Bedeutung innerhalb ihres eigenen Gebietes und ist in ihrem Bereich ebenso selbständig wie die realistische Forschung und die Verwaltungslehre in dem ihrigen. —

Auf die Gegensätze in der Gestaltung der Bodenentwickelung haben wir zuvor bei der Erörterung über ländliche und städtische Bodennutzung hingewiesen (oben S. 112). Wir haben gesehen, daß in dem gleichen Zeitabschnitt mit rasch wachsender Bevölkerung die Getreidepreise trotz der Einführung hoher Schutzzölle stark gefallen, die städtischen Mieten auf das dreifache gestiegen sind Für die Theorie der Grundrente liegt hier kein Widerspruch vor. Auf dem Gebiet der Nahrungsmittelversorgung hat die Umgestaltung der Volkswirtschaft und der Verwaltung gemäß den veränderten Anforderungen des Zeitalters stattgefunden; in der städtischen Bodenpolitik muß sie erst angestrebt werden. — Auf einen zweiten Gegensatz in der praktischen Entwicklung der ländlichen und städtischen Grundrente habe ich an anderer Stelle (Zentralblatt der Bauverwaltung XXIII Jahrgang 1903 No 65 S. 409) hingezeigt und verweise auf die Erörterungen a. a. O., aus denen hier folgende Stelle erwähnt sei: „Die Grundrente der sogenannten Urproduktion (Landwirtschaft, Bergbau usw.) beruht im wesentlichen auf dem unmittelbaren Bodenertrag und der Hervorbringung von Wirtschaftsgütern; sie bildet einen der wichtigsten und stärksten Bestandteile des nationalen Vermögens und Reichtums. Der städtische Boden dagegen bringt unmittelbar gar nichts hervor; die Rente muß hier erst erwirtschaftet werden, d. h. der Bodennutzer (Mieter) muß den Betrag der Rente hervorbringen. Hierin liegt eine Hauptschwierigkeit in der Behandlung des städtischen Grundrentenproblems. Es handelt sich um die Frage, ob die Renten- und Mietssteigerung ein volkswirtschaftlicher Vorteil ist oder nicht. Hierauf antwortet uns die von mir nachgewiesene Tatsache, daß der spekulativ gesteigerte Bodenwert in keiner anderen Form in Erscheinung tritt als in einer gewaltig gesteigerten Bodenverschuldung. Die spekulativ gesteigerte Rente stellt sich tatsächlich dar als eine drückende Belastung".

2. Anmerkung zu Abschnitt II Kap. I.

Zu der Besprechung der V. & G'schen Tabelle (oben S. 45) ist noch eine Einzelheit nachzutragen, auf die ich erst beim genaueren Durchlesen der Abhandlungen von Fabarius und Horsfall (oben S. 196 und 202) aufmerksam wurde. V. & G. haben zur Ermittelung der Baukosten für die einzelnen Geschosse „die Kosten des Keller- und Dachgeschosses auf die fünf Wohngeschosse proportional deren Baukosten verteilt, und dann die so erhaltenen Baukosten auf den Quadratmeter der Grundfläche jedes Geschosses bezogen". (Kleinhaus und Mietkaserne S. 212.) Sind diese Angaben richtig, so wären auch die Verteilungsziffern der Baukosten für wissenschaftliche Zwecke unverwendbar. Denn die Baukosten der oberen Stockwerke stecken zu einem großen Teil in den unteren Stockwerken, deren Mauern jeweils für die Aufsetzung der oberen Geschosse verstärkt werden müssen (hier oben S. 196). Die Kostenziffern des I. Stocks bei V. & G. enthalten also nicht nur die Aufwendungen für dieses Stockwerk schlechthin, sondern zugleich die Mehrkosten der Mauerverstärkung für die oberen Stockwerke; die Baukosten des IV. Stocks andererseits erscheinen zu niedrig, weil ein Teil der Kosten dieses Stockwerks eben in der notwendigen Verstärkung des I. Stocks enthalten ist. Für die Ermittlung der Boden- und Mietwerte nach Stockwerken sind, ganz abgesehen von der sinnlosen V. & G'-schen Bodenwert-Formel, die Verteilungsziffern der Baukosten nicht zu verwenden; ebensowenig können sie zu einem Vergleich zwischen Mietskaserne und Kleinhaus gebraucht werden (s. oben S. 201 Anmerkung 8), da sie nicht die relativen Kosten eines Stockwerks beim Mietskasernenbau zeigen.

Um die tatsächlichen Kosten des IV. Stocks einer Mietskaserne zu ermitteln, müßten dem IV. Stock alle Mehrkosten hinzugeschlagen werden, die in den unteren Geschossen lediglich für Rechnung des IV. Stocks, zur Verstärkung der Mauern usw., aufgewendet werden müssen.

3. Anmerkung zu Abschnitt V Seite 198.

Im Anschluß an die Erörterungen oben S. 198/199 a[1] ist hier noch auf die nicht immer genügend beachtete Verschiebung hinzuweisen, die in der Wirtschaftsführung des städtischen Arbeiters, wie der städtischen Bevölkerung überhaupt, während der letzten Jahrzehnte, zugleich mit der veränderten Wohnweise, eingetreten ist. Jede Eigenproduktion der Wirtschaftsbedürfnisse hat für den großstädtischen Arbeiter heute so gut wie vollständig aufgehört; alles, was zur Lebenshaltung gehört, muß gekauft werden und ist der Preissteigerung unterworfen. Vgl. hierzu die in meinen Rhein. Wohnverh. S. 47/48 wiedergegebene Abbildung eines städtischen Arbeiterwohnhauses, wie es bis in die sechziger Jahre vielfach typisch war. An das Haus schließt sich ein kleiner Garten, der für die Eigenwirtschaft des Haushalts eine wesentliche Bedeutung hatte. Während die Wirkung der Mietssteigerungen zahlenmäßig wahrnehmbar ist, ist die durch den Wegfall der Eigenproduktion bewirkte Verschiebung, trotz ihrer Wichtigkeit, zahlenmäßig überhaupt nicht erfaßbar. Vgl. hierzu meine Ausführungen, Concordia XII, 1. Februar 1905, S. 37; ferner G r o t j a h n, Über Wandlungen in der Volksernährung, Schmollers Forschungen, Bd. XX, S. 2; P a u l M ö l l e r, Wohnungsnot und Grundrente, Conrads Jahrbücher 78, 1902 S. 38, der auf die Bedeutung des in der erwähnten Eigenproduktion liegenden „Ernährungsrückhalts" hinweist; K a r l v. M a n g o l d t, Neue Aufgaben in der Bauordnungs- und Ansiedelungsfrage, Göttingen 1906.

4. Nachträge.

Zu den Angaben S. 68 und 86 a (Kiel und Osterode) bezüglich des Leerstehens von Wohnungen sind noch nachzutragen die Ausführungen von B. B e u i n g, Vereinssekretär des westf. Vereins zur Förderung des Kleinwohnungswesens: „Wenn im übrigen der Preis einer Sache sich nach Angebot und Nachfrage richtet, so trifft dieser Satz für die Wohnung nicht ohne weiteres zu. Trotz eines die Nachfrage übersteigenden Angebots wird der Preis der Wohnungen nicht herabgedrückt, und es bleiben eher Wohnungen leer stehen, als daß der Hausbesitzer im Preise herunterginge. Naturgemäß finden die minderwertigsten und daher billigsten Wohnungen zuerst Absatz bis zu der oberen Preisgrenze, bis zu der der Arbeiter gehen kann; der Rest kommt für ihn schon wegen des Preises nicht in Frage, auch wenn er nicht bewohnt ist"; Zeitschr. f. Wohnungsw. III. Jahrg. 1904, No. 4, S. 46. Wegen der Ursachen s. hier S. 63 und 174. —

Während des Abschlusses meiner Korrektur ist im Bank-Archiv VI Nr. 3 Nov. 1906 S. 26 ein bemerkenswerter Artikel „Zur Praxis der Hypothekenbanken" von Professor Georg Schanz erschienen. An der Entwickelung Bayerns zeigt Schanz, wie sich dort während der neunziger Jahre des letzten Jahrhunderts eine vollständige Umwälzung im Hypothekengeschäft vollzogen hat. Die Schuldentilgung wurde von den städtischen Hausbesitzern grundsätzlich abgelehnt, und gegen den Willen der Hypothekenbanken wurde die Abschaffung der Amortisationshypothek durchgesetzt. Dabei sind die Banken selber von der volkswirtschaftlichen Schädlichkeit der Verschuldung überzeugt. Die Festhaltung der Verschuldung entspringt „einer volkswirtschaftlich anfechtbaren Geschmacksrichtung der Kreditnehmer"; „sie geht Hand in Hand mit der äußersten Anstrengung, die Kreditausnutzung unter Preisgebung jedes vernünftigen Wertmaßstabes weit über die Grenze des Zuträglichen hinaus zu forzieren," (a. a. O. S. 31). — Über die Ursachen dieser, allen gesunden volkswirtschaftlichen Gesetzen widerstreitenden Entwickelung werden die Darlegungen oben S. 52 fg. genügend Aufschluß gegeben haben. Vgl. noch meinen „Kapitalmarkt" S. 258 bis 260. Daß gegen die Macht dieser Zustände im Aufsichts- und Verordnungswege nichts auszurichten ist, bedarf kaum der Hervorhebung.

Berichtigung.

Auf Seite 146 sind die Zeilen 9 bis 16 der Anmerkung von „Daß hier jede" bis „in der Bodenspekulation" verhoben und gehören an das Ende der Anmerkung.

Sachregister.

Lippert & Co. (G. Pätz'sche Buchdr.), Naumburg a. S.

www.ingramcontent.com/pod-product-compliance
Lightning Source LLC
Chambersburg PA
CBHW060804310726
48980CB00002B/227
* 9 7 8 3 8 6 3 8 3 2 8 7 2 *